中國古代哲學史

陳元德著

中華書局印行

弁言

一、中國哲學史一書，坊間已數見不鮮。作者何為再有此書之著？緣古人所行所言，其當時情跡，已泯滅太半，賴文字之記載，實物之遺留，或歷史上、社會上所存餘之影響，後人據為材料，以推測古人在古代之情狀。後人又兼其時代之思想及環境，以觀察古人之生活。後人之主觀色彩，不免影射於古人身上。故古代實況，難以宣露。於是後世之學者，盡其才智以求得古人之實情。書籍之數見，乃探古者對此工作努力之結果。作者此書之著，亦貢獻其工作之結果而已。

二、作者對探古之工作，曾抱有其態度與方術。茲述之於下。作者探古，多根據於載籍。此是否妥善，誠屬問題。孟子云：「盡信書則不如無書。」但作者之意，書之可信與不可信，當視其書之眞與僞而定。若為眞實之書籍，則當信之；虛僞之書籍則否。無游移疑慮可存在於其間。作者所根據之書籍，皆為縝密抉擇者，務求其眞實可靠，而摒除一切可懷疑之書籍。作者所持之態度，是「寧闕無濫。」

三、求得確實材料之後，須將此等材料，加以探討。首要者為明瞭其中之意義。中國前代之學者，常不注重此點。陶淵明云：「好讀書，不求甚解。」此乃中國唯情文化有以致此。只求偶然間之頓悟，而忽略以理智逐步研究之知識。故讀書雖多，皆在可解與不可解之間。作者譬書與陶氏異趣；乃抱哲學之態度。哲學是什麼？美哲詹拇斯（James）云：「哲學是一種非常堅持之努力，去思想得很清楚。」（Philosophy is an unusually persistent effort to think clearly.）作者好讀書，尤好求得其解。

四、窮討史料，乃所以探究古人生活。作者觀察生活，效法古代希臘詩人蘇和克理士（Sophocles）。蘇氏穩定的觀察人生，整部的觀察人生。（To see life steadily and see it whole.）作者亦抱此種態度，將全部古代作一整個的觀察。古人所行所言，皆有密切之關係。若窺其一面，則失其整體之意義。人生是整個的，故觀察人生亦須整個的。古人就單人而言，不過佔古代時間中之一片段。時代有其主流，單人之言行，唯有在此潮流中得着意義。故判別古代某單人之思想與行爲，須從古代之時代性以識別之；須用穩定之方法以觀察之。

五、從載籍中窮討古人生活，有一種方法，爲近世學者所常用，即字源學（Etymology）。此法爲從文字之結構，以推測古代之社會與文化。吾國當春秋之世，已有採用此種方法者。楚莊王曰：「夫武，定功戢兵，故止戈爲武。」又韓非曰：「蒼頡作字，自營爲厶，背厶爲公。」皆從字之結構，以求得此字之意義與來源。作者研求古代，亦參採此種字源學之方法。

六、載籍窮討之後，將各種書籍內所包含之思想，加以整理及組織，使整個之古代影象，得以建立。吾國以前之學者，多喜求得片段之印象，故所著述，多爲筆記、劄記、撮錄、集語之類，無偉大之組織能力，無整個有系統之著作。此乃因吾國傳統文化不重理智，故思想中常缺組合力。作者則注重組織思想，將所搜討之材料製成科學。美國首都國會圖書館壁上書有一語句云：「科學是有組織之知識。」(Science is the organized knowledge.)

七、思想既加以組織，則必用文字以表述之。作者運用文字，力避二弊：(一)辭晦：文字少而意義多。一句文辭包含多數意義，致文句含義閃灼不定，或闇昧難索。中國文人常喜採用此法，易繫辭云：「書不盡言，言不盡意。」即患此弊。(二)辭費：文字多而意義少。此爲文辭之浪費，亦爲一弊。作者所用之方法，是：「用足夠之文字，述明確之思想。」

八、作者在此書內，凡爲前人所已道者，皆採引原文，以明來源。所引用之文辭，皆從各家之校訂善本。

九、本書探討古代之文明與文化，時有年歲之載明。爲使年代先後明瞭起見，參用西歷紀元年歲。西歷以耶穌降生爲紀元。民國紀元，爲耶穌降生後一千九百十一年。在耶穌降生前者，亦以降生年爲起點，從以前推算，如降生前一年，降生前二年，以至降生前百年，千年等。

十、本書根據作者於民國二十一年度，在武漢大學演講稿，整理增補而成。全書皆述作者個人所見，欠善之處，諒所不免，尚希海內通人，有以教正之。

中華民國二十三年，歲在閼逢閹茂，十月初吉，南昌陳元德君任氏識於仁壽居。

中國古代哲學史目錄

中國古代哲學史

南昌陳元德著

第一章　緒論

我思古人，
俾無訧兮。——詩，綠衣

第一節　引言

中國自啓關以來，歐化東漸，社會間發生新混合；舊制度文物，漸呈改變之狀態。於是國內才智之士，有主張維持舊有文化者，有主張接受西洋文化者，有主張參合東西文化而建立一新文化者，聚訟紛紜，莫衷一是。在未決定文化策略之前，吾人應將舊有之文化與文明，加以詳細之分析與考念，而得着一明白正確之認識。持此認識，參以社會之要求，然後文化策略有所依據矣。本書之努力，卽在求得此種正確之認識。

第二節　史

文化與文明之擘討，可分二種：一為橫的研究，即將現今社會間文物間之現象，加以考察，將本國社會現象與外國社會現象比較推考，以求得其存在之意義。二為直的研究，即將文化與文明，從歷史中之演變，以求得其起源與發展之意義。本書所採取之方法，為第二種。

從歷史中之演變，以觀察現象之意義。

然則所謂「史」者為何？

史，記事者也。（說文）

人類在時間內所發生之活動，皆為事蹟。將此等事蹟用文字記載之而成「史」。古者「史」有史官，以司記事之職。

史，載筆，大事書之於策，小事簡牘而已。（曲禮）

史官在古代可分二種。

矧太史友，內史友。（書酒誥）鄭注：太史內史，掌記言記行。

故史官有專記言者，有專記行者。所謂言與行：

言，心聲也。（法言，問神）

言，宣也，宣彼此之意也。（釋名，釋言語）意，志也；从心音，察言而知意也。（說文）

行，人之步趨也。（說文）

言與行，即人類之心靈與身體二種活動。此二種活動，由史官記之於簡策，而成「史」。

第三節　哲學

人爲一整體，而其活動可分心與身二種。此二種活動，可從兩方面考察之：一從人羣方面考察，二從學術方面考察。茲先從人羣方面考察之。

人類羣居，其各種活動，有從心靈發動者，有從身體發動者。心靈常爲指引一種趨向，決定人類行爲之動向。心靈有若身體之指導者。

心者，形之君也，而神明之主也。（荀子，解蔽）

人類在社會中之行爲，其動向決之於心靈。此行爲之動向，即爲文化。

文，錯畫也。（說文）段注：錯，當作逪。逪畫者，㕘逪之畫也。

化，教行也。（說文）

社會行爲由簡單而變複雜，其中有一趨向，即爲文化。

國有俗化。（人物志）

文化在英文爲 Culture。此字從拉丁文 Cultura 而來，義爲耕植；爲一種有意向之培養，後爲教化之意義。

人之身體，爲物欲之總集體。由物欲而發生之各種社會製品，卽形成現社會之外形。人類行爲之表現於外者，可名爲文明。

文明以止，人文也。觀乎天文以察時變，觀乎人文以化成天下。（易賁象）

人文，卽天下化成之可觀者；卽爲文明。文明在英文爲 Civilization。此字從拉丁文 Civilis 而來，義爲公民。卽人類羣居所發生之制度文物。

人類心與身之活動，亦可從學術方面考察之。人類之心意，決定行爲之動向。此種心意，隨人類經驗之發展，而改善其內容與應用。心靈明瞭事物間之關係，卽爲知識。

心徹爲知。（莊子外物）　徹，通也。（說文）

知之另字作哲。

哲，知也。（說文）　既明且哲。（詩烝民）

心靈活動，從知識發展方面言之，卽爲哲學。

身體活動表現於社會間者，若從學術方面研究之，卽爲社會學。社會學亦可分爲二種擘討：一爲橫的擘討而爲社會學（狹義的）經濟學，政治學；二爲直的擘討，而爲史學。

第四節　中國

世界人類，因有人種與環境之不同，故所發展之文化與文明，其形態有互相殊異之處。

史佚之志有之曰：「非我族類，其心必異。」（左成四），

本書所研究，乃東亞一民族名爲華族者所發生之文化與文明。

孔丘曰：「夷不亂華。」（左定十），疏：中國有服章之美，謂之華。

華族所建之國，名曰中國。此名稱始於周初。

周武王云：「皇天既付中國民越厥疆土於先王。」（書，梓材）

第五節　古代

華族所發展之文化與文明，歷時長久。本書研究其一部分，卽古代。何謂古？

古，故也。从十口，識前言者也。（說文）注：鍇曰：「古者無文字，口相傳也。」鉉曰：「十口所傳，是前言也。」

古代卽前代；可分爲數階段。

班固云：「世歷三古。」孟康云：「宓犧爲上古，文王爲中古，孔子爲下古。」

本書所研究之古代，與此大概相似。從邃古至夏代爲上古，商代爲中古，周代爲下古。中國有文化

之歷史，約四千餘年，本書即研究此文化史之上半段，約二千餘年，從夏代經商周秦而至漢初。若以西歷言之，則爲紀元前二千二百年至二百年間之時期。

第二章　上古

太古之事滅矣，孰誌之哉！
三皇之事，若存若亡；
五帝之事，若覺若夢；
三王之事，或隱或顯，億不識一。——楊朱

第一節　遠古

世界當洪荒時期，其中一切情形，末由考知。

屈原云：「遂古之初，誰傳道之？上下未形，何由考之？」（天問）

世界歷長久世紀，至西歷紀元前六千萬年之時期，始有生物發現。更經若干萬年，而人類纔出現於地面。人爲動物之一種。

戴德云：「倮之蟲三百六十，而人爲之長。」（大戴記）

人爲高等動物；其較他種動物爲高者，在其腦與手之特殊結構。腦具靈敏之知覺力；手則拇指與四指分開，可以執握物件。有此二種優異之工具，人類可以求得其生命之要求。生命之要求爲何？

即生物固有之衝動與本能。生物內蘊之衝動甚多，然其主要者有二種。第一種爲生存衝動。生物要維持其身體之存在，避免身體之滅亡，支持身體，保存現狀，其必要之條件爲食物。故生物有求食之衝動。第二種爲生育衝動。生物不獨維持其個體之存在，並必永久存留其種類於地上。個體歷一定之時間，卽就死亡。若無蕃殖，其種類亦將歸消滅。但生物有內蘊之欲求，使種類永存。故生物具有性交之衝動，以產生新個體，而維持種類之存在。

人爲生物之一種，亦具備此二種主要衝動。

戴聖云：「飲食男女，人之大欲存焉。」（禮運）

人兼心身二種活動，以求滿足生命之食性二種基本衝動。

滿足求欲，必與外物接觸。

淮南子云：「稽古太初，人生於無，形於有，有形而制於物。」（詮言訓）

生物有生存之欲求。人類因手有特殊之構造，可以執握物件。故在尋求食物時，見他種動物距己體遙遠，或碩大非徒手可以撲殺，於是拾取地面之土塊或石片以擲擊之。此第一次運用身體以外之工具，以求得食料，卽爲人類全部文化之開始。人類最古之器具，始見於西歷紀元前六十萬年間。

中國當西歷紀元前十餘萬年已有人類居住於現北平附近之地方。其遺迹有人牙在此地域發現最早之器具，爲在河套南所發現之石器，約當西歷紀元前四萬年。又在外蒙古發現石器，約當西歷紀元前一萬年。後期之石器，在中國北部發現甚多。

當遠古時代，人類之生活狀況，皆甚簡陋。

上古之世，民食果蓏蜯蛤，腥臊惡臭。（韓非子，五蠹）

古之時，衣皮韋。（白虎通義，號）

上古穴居而野處。（易，繫辭）

昔者先王未有宮室，冬則居營窟，夏則居橧巢。未有火化，食草木之實，鳥獸之肉，飲其血，茹其毛。未有麻絲，衣其羽皮。（禮記，禮運）

人類亦有生育之欲求，此衝動引至男女配合。但當遠古時期，人類只感有此衝動，而無制度之設立，故初期配偶爲亂婚，隨合隨散，有若禽獸。如遇生育子嗣，皆依母生長，不知其父。

天地設而民生之，當此之時也，民知其母而不知其父。（商君書，開塞篇）

昔太古嘗無君矣，其民聚生羣處，知母不知父，無親戚兄弟夫妻男女之別，無上下長幼之道，無進退揖讓之禮，無衣服履帶宮室畜類之便，無器械舟車城郭險阻之備。（呂氏春秋，恃君覽）

在遠古散漫之情況中，最稚形之制度，爲子嗣依隨其母而居。此漸形成母性中心之社會。母爲社會中之首領，指揮調度社會內之事務。人民之區分，皆依其母族之關係而定。人民之姓氏，皆從其母而得故姓字从女生二字合拼而成。

母爲社會中之首領，可名爲母權社會（Matriarchy）。其遺跡尚可考知。近在殷墟所發現之甲骨上鐫有占卜之辭。在此等卜辭內，有「多毓」及「五毓」等語辭。考毓字之意義爲先王。毓

，後遲也。（說文）

卽古育字。育爲生育。卽以生育子嗣之母，爲社會首領。卜辭中又有「後祖乙」字樣。

後字从彳幺夊所組成

彳小步也；象人脛之屬相連也。（說文）

幺小也；象子初生之形。（同）

夊，从後至也，象人兩脛，後有致之者。（同）

觀此數義，後字乃婦人抱子而慢步，故行動遲後。後字復通假爲后。尚書湯誓中有「我后，」盤庚篇有「古我前后」皆顯示前代有一母權社會。

第二節　部落

遠古自散漫的人羣，進至母性中心之集團。此集團漸次擴大而成部落。當時在廣大之地面上，有無數的部落林立；彼此互不相涉，各自爲政。此等部落中有一二部落，對於生存之技術，略有

改善；於是此一二部落之文明較爲進步。當時部落中有一虞部落，即爲文明略進者。後人有以其文明略高，遂謂其爲一朝代者。

周內史過曰：「虞夏商周皆有之。」（左，莊三二）

其實，虞乃衆部落中之一部落；對其他之部落無統馭號令之權。其所以特出者，爲其文明略高而已。

虞部落之生存技術，已無直接史料可考。其生存狀況，只可從間接之材料探得之。

周代爲古代之後期朝代，其權力較爲集中，以各部落有其特長，即以其部落中人司其特長技術，而定爲官職。周代有「虞人」之官。

周之秩官有之曰：「虞人入材。」（國語，周語）　注：虞人掌山澤之官。

昔周辛甲之爲大史也，命百官官箴王闕。於虞人之箴曰：「……獸臣司原，敢告僕夫。」（左，襄四）　注：虞人掌田獵。

從虞人之官守，以推知虞部落之生活狀況爲漁獵。

昔虞閼父爲周陶正。（左，襄二五）

虞部落之工藝有陶器。

初期部落時代，皆爲漁獵社會。經若干時間，人類之經驗漸增，技術漸進；以人類食料，從漁獵之方式求得，乃不穩定而有失誤之慮。於是馴養幾種畜類，以供人類食品，生存問題，得有保障。當部落時代，有一部落，其酋長特具卓識，發明馴養畜類之方法；人類文明，因以更進一階段。此酋長被名為「伏羲氏」。「伏」是馴伏，羲字从羊，乃是牲畜。伏羲氏，易繫辭作包犧氏；三皇本紀作庖犧氏。

司馬貞曰：「養犧牲以充庖廚，故曰庖犧。」

蓄養牲畜，必須追逐水草。此時人類已進入游牧社會。在此時期；男女在社會間之地位，有一大更易；引導及照顧大羣牲畜，並游涉各地，此非女人所能勝任。男子起而代之，以為社會首領。母權社會乃進於父權社會（Patriarchy）。

父，本作[illegible]，从手舉杖。（說文）

父之初現，乃在游牧時期。父之職務，乃以手舉杖，以驅使畜羣。父因生存方式之改變，而得提高其地位。

中國古代文物之興盛，在此游牧時期。後人追溯華族之始祖，乃以一游牧部落之酋長當之。古稱祖為帝，稱始祖為大帝。

湯曰：「昔大帝作道，明教士民。」（逸周書殷祝）

大字與皇字相通。

皇，大也。（說文）

大帝又作皇帝。（附註二）

當部落時代，有數部落，因牲畜蕃盛而漸强大。於是有部落間之爭奪，及盟主地位之競爭。此時部落之强盛，大概相距無幾，故部落間之稱雄，此起彼伏，無維持其雄長地位至數世之久者；故無朝代之建立。此部落之稱雄，乃由多元之部落社會，進至一元之集中社會之最初動力。此時之部落戰爭，有虞族與苗族之戰爭。

虞有三苗。（左，昭元）

虞族之酋長，爲華族公認之始祖，苗族之酋長爲蚩尤。

蚩尤惟始作亂，延及于平民，罔不寇賊鴟義姦宄奪攘矯虔，苗民弗用靈，制以刑，……皇帝哀矜庶戮之不辜，報虐以威，遏絕苗民，無世在下。（書，呂刑）

皇字古與黃字相通假。苗賁皇在說苑，皇作黃。

苗賁皇。（左，宣十七）　釁蚠黃（說苑，善說）

皇帝又作黃帝。

晉侯使卜偃卜之，曰：「吉。」遇黃帝戰于阪泉之兆。（左，僖二五）

蚩尤作亂，不用帝命。於是黃帝乃徵師諸侯，與蚩尤戰于涿鹿之野；遂禽殺蚩尤。（史記，五帝本紀）

此時戰爭之武器，華族運用石器。

風胡子云：「赫胥之世，以石爲兵……至黃帝之時，以玉爲兵。」（越絕書）

蚩尤首先發現金屬，而製爲兵器。

尸子云：「造冶者，蚩尤也。」

管子云：「蚩尤受廬山之金而作五兵。」

蚩尤雖有金屬兵器，但因他種關係，卒爲黃帝所敗。

黃帝爲一游牧部落之酋長。

黃帝舉風后，力牧，常先，大鴻以治民。（史記）　班固云：「力牧，黃帝相也。」

第三節　朝代

黃帝爲部落時代之最後稱雄者。當時尙有其他之强大部落，各從事整理部內事務。

皇帝清問下民，鰥寡有辭于苗；德威惟畏，德明惟明。乃命三后，恤功于民。伯夷降典，折民惟刑，禹平水土，主名山川。（書呂刑）〔附註二〕

有一部落，其中宗教甚爲發達；酋長名伯夷。

伯夷能禮於神。（國語，鄭語）

游牧時期之宗教爲多靈教（Animism）。宇宙中之萬物，皆具有神靈，皆當敬崇。

另有一部落，其酋長名禹。禹字古作⿱个内；兹分析觀察之。

内，獸足蹂地也。（說文）

个，古丁字。（集韻）　丁者，言萬物之丁壯也。（史記，律書）

⿱个内字乃蓄養牲畜使之丁壯。牲畜須追隨水草，行歷各地，故獸足蹂地。禹所率領之部落，亦以游牧爲生者。尚書記「禹平水土，主名山川。」平字與辨字相通。名字，大戴記作明字。禹辨別水土，以觀察其所產生之牲畜食料，因逐水草，故行歷之山川甚多，而明識其情況。禹游牧之地域甚廣大。

周公云：「其克詰爾戎兵，以陟禹之迹；方行天下，至于海表。」（書，立政）

周大史辛甲之箴曰：「芒芒禹跡。」

信彼南山，維禹甸之。（詩，小雅）

奕奕梁山，維禹甸之。（詩，大雅）

豐水東注，維禹之績。（詩，大雅）

鄭玄云：「甸同敶。」績字與跡字相通假。禹曾陳列其牲畜於南山及梁山之上。豐水亦爲其游跡所至之地。

禹因游牧事業發達，其部落漸漸富强，於是整頓其內部之政治軍事。

古之人迪惟有夏，乃有室大競，籲俊尊上帝，迪知忱恂於九德之行，乃敢告教厥后曰：「拜手稽首，后矣。」曰：「

宅乃事，宅乃牧，宅乃準；茲惟后矣。」（書，立政）

夏政三項爲政事、牧畜、法度。其部落以游牧爲生，故牧畜占政治設施中之一項。

修明政治之後，禹致力武備之擴充，首先用金屬製造兵器。金屬初由蚩尤發現，禹與蚩尤同時而略後，故金屬在當時尙不多。禹乃命其部屬尋覓進貢。

昔夏之方有德也，遠方圖物，貢金九牧。（左，襄三）

禹得金之後，用以製造兵器。

風胡子云：「禹穴之時，以銅爲兵。」（越絕書）

按金屬之發現在中國爲當黃帝與禹之時，其年代大概在西歷紀元前二千一百年間。至禹之子時，已有專司開採金屬者。

昔者夏后啓使蜚廉折金於山川，而陶鑄之於昆吾。（墨子，耕柱）

禹自擴張武備之後，亦思稱雄於諸部落之間，而爲盟主。禹後卒將此志願完成。

夏書有之曰：「衆非元后何戴。」（國語，周語）

禹已爲羣后中之元后，或稱爲王。

夏諺曰：「吾王不遊，吾何以休。」（孟子，梁惠王）

夏王率遏衆力。（書，湯誓）

字鑑云「王字作王，中畫近上。」故王字从干一。一象地，干乃武器。干立地上，乃表示權力；此卽爲王。禹既爲諸部落之盟主，嘗召聚衆部落朝會。

> 禹合諸侯於塗山，執玉帛者萬國。（左，哀七）

夏民族之文物，漸傳播於部落之間。其被同化者，稱爲「諸夏。」

> 管敬仲言於齊侯曰：「戎狄豺狼，不可厭也；諸夏親暱，不可弃也。」（左，閔元）

夏民族之權力，不獨被於衆部落，且維持至數世之久。於是中國始建立朝代。

> 相古先民有夏，天迪從子保，面稽天若。……有夏服天命，惟有歷年。（書，召誥）

禹雖由游牧而强大，而建立朝代，人類生存方式，在黃帝時已初現變易之趨向。當部落時代，有二大文化集團：一爲華族，處中國之北部；二爲苗族，處中國之南部。苗族於黃帝之時，已進入農業生產。苗族之酋長名蚩尤，卽農業之標識。蚩字从屮从一从虫。屮卽艸字。一爲地，卽艸生出於地上。虫大概爲其部落之圖騰。尤字本作尢。

> 乙，象春艸木冤曲而出。（說文）

> 𠂇，手也。（說文）

尢爲用手培養艸類。蚩尤二字卽農業之意。此部落亦因農業得名。

> 苗，艸生於田者。（說文）

初期農業所種植之艸類，最早爲黍，次爲稷，故稱農產品皆舉黍稷。

戊戌貞我黍年。（卜辭）

貞叀小臣令衆黍。（卜辭）

不服田畝，越其罔有黍稷。（書盤庚上）

純其藝黍稷。（書酒誥）

苗族又因其種植黍類而名爲黎。黎字从黍从勹，勹字爲挹取之意。黎字爲挹取黍類，亦卽農業之意。苗族又名爲黎。

王無亦鑒於黎苗之王，下及夏商之季。（國語）

孔安國曰：「九黎君號蚩尤。」

苗族在部落時代曾一度稱雄，而爲諸部落之盟主。

應劭曰：「蚩尤古天子。」

苗族處於中國南部，南方氣候炎熱，故名炎天。

南方曰炎天。（淮南子）

苗族古代之始祖亦名炎帝。

郯子曰：「炎帝氏以火紀。」（左，昭十七）

當苗族文化興盛之時，中國之名稱，專指此族。

騶衍曰「中國名曰赤縣神州。」（史記）

苗族之酋長，發明農業而處於神州，故又名神農氏。炎帝、神農氏、蚩尤實爲一人。

華族之始祖黃帝與蚩尤戰而勝之，遂奪得部落間盟主之地位。

黃帝與炎帝戰於阪泉之野。……與蚩尤戰於涿鹿之野，遂禽殺蚩尤。而諸侯咸尊黃帝爲天子，代神農氏。（史記，五帝本紀）

阪泉與涿鹿爲一地。

晉太康地理志云「涿鹿城東一里，有阪泉，上有黃帝祠。」

黃帝建立盟主地位之後，乃命夏部落之酋長禹，發展畜牧生產。後禹乃得創設夏代。又命周部落之酋長棄，發展苗族之農業生產，此爲華族務農之始點。棄所種之禾草，因地域及需要之關係，多爲稷類，故棄又名稷。

皇帝……乃命……稷降播種，農殖嘉穀。（書，呂刑）

華族中之周部落，爲最早由畜牧生產而轉至農業生產者。

周棄能播殖百穀蔬，以衣食民人者也。（鄭語）

棄與禹同時。禹稱王，亦服事之。

昔我先王世后稷，以服事虞夏。（周語）

華大事發展農業種殖各種禾穀後華族之社會，漸由畜牧而轉至務農。畜牧生產至禹時告一結束，農業生產繼起而爲人類生存之方式。

赫赫姜嫄，……是生后稷，降之百福。黍稷重穋，稙穉菽麥，奄有下國，俾民稼穡，有稷有黍，有稻有秬，奄有下土，纘禹之緒。（詩，閟宮）

農業繼畜牧而起。農業中之工作，後漸用牲畜爲之。

稷之孫曰叔均，是始作牛耕。（山海經，海內經）　注：始作牛耕，始用牛犂也。

夏代農業中所開發之田地，皆屬私有。

夏書曰：「……且爾卿大夫庶人，予非爾田野葆士之欲也。」（墨子，明鬼下）

本章附註

〔一〕華族稱始祖爲大帝，後轉爲皇帝，由皇帝變成黃帝。春秋戰國時，由黃帝而造出五帝之說。五帝後有三王。三王後轉成三皇，而置於五帝之前，成爲三皇五帝。秦始皇聯合三皇五帝而成皇帝。此爲第二次出現之皇帝。

〔二〕書籍中曾有禹治水之說。此傳說之由來可考證之於下。（一）尚書中有「禹平水土，主名山川」二句。後人將平字訓爲治，將士字及山字遺忘。於是解此二句爲「禹治水名川。」（二）詩大雅云：「豐水東注，維禹之績。」此績字與跡字相通。豐水爲禹游跡所至之處。後人將此績字訓爲功績。而解爲「豐水之所以能東注，乃禹之功績。禹曾治豐水。」從此二項誤解，而有禹治水之故事。周中世正考父作商頌云：「洪水芒芒，禹敷下土。」後人更造出全部治水故事。周語云「其後伯禹念前之非度，釐改制量，象物天地，比類百則，儀之於民，而度之於羣生。共之從孫四嶽佐之，高高下下，疏川導滯，鍾水豐物；封崇九山，決汩九川，陂鄣九澤，豐殖九藪，汩越九原，宅居九隩，合通四海。」此傳說更進一步，則爲劉子所云「美哉禹功，明德遠矣。微禹，吾其魚乎。」（左昭元）

近人有謂禹具天神性，由天神而變爲凡人。此實與歷史演變之定例相反。歷史中之人物，多由凡人而神格化（Deificaiton）。如馬其頓之亞歷山大，中國之孔子、關公，皆是。無天神而平凡化者。禹爲一部落之酋長，乃爲凡人。周初皆作如是觀。東周以後，漸具神祕性。仲尼曰：「丘聞之，昔禹致羣神於會稽之山。」（魯語）再後則爲「祭山川鬼神之所以莫敢不寧者，以謀佐禹也。」（墨子明鬼下）

第三章　中古

我不敢知曰：有殷受天命，惟有歷年。——召公

第一節　革命

夏部落所建立之朝代，僅為盟會時之首領；有時可以發出號令，命其他之部落順從。夏以外之多數部落，仍保存其獨立之狀態。夏建代以前，有虞部落，曾一度稱雄。當夏成立朝代之後，虞部落仍自存在。有一次夏王因內亂逃往此處。

少康……逃奔有虞。（左，哀元）

當禹之時，強大之部落，除虞與周外，尚有一商部落。

禹敷下土方，外大國是疆，幅幀既長，有娀方將，帝立子生商。（詩，商頌）

商部落之始祖名契，時代較禹略後。此時農業已漸發達，各部落皆改變其生存方式。商部落亦然。在農業工作內，其重要者為視察土壤及禾穀。

誕后稷之穡，有相之道。（詩，生民）

商契之孫，已採用農業，故名相土。

相土烈烈，海外有截。（詩，商頌）

商民族因務農而繁盛。繁盛之結果，引至武備之擴充。商族之酋長，傳至湯時，武力已甚發展。湯又爲一好武之酋長；於是有奪取衆部落盟主之欲望。

> 湯曰：「吾甚武，號爲武王。」（史記，殷本紀）
>
> 武王載旆，有虔秉鉞，如火烈烈，則莫我敢曷。（詩，商頌）

此奪取盟主之欲望，乃引至朝代之改革。

更換朝代，常有二因素。一爲建新朝代之民族，武力發展。二爲舊朝代之社會，發生紊亂。

> 孟子曰：「天下之生民久矣，一治一亂。」（滕文公下）

此爲歷史事變中之一精確觀察。人類之社會，常呈一治一亂之形態。社會之有治理，必在人類羣居之時，各份子擁有生活資料，然後安居樂業，太平無事。若生活資料缺乏，必至攘奪，於是社會發生紊亂。夏代傳至桀時，內部已呈紊亂之情形，其所以至此者：

> 桀德，惟乃弗作往任，是惟暴德。（書，立政）

桀有暴德，此暴德爲何？

> 惟帝降格于夏，有夏誕厥逸，不肯慼言于民，乃大淫昏。（書，多方）
>
> 夏王率遏衆力，率割夏邑，有衆率怠弗協。（書，湯誓）

暴德爲貴族壓迫民衆貴族淫昏逸樂，此享樂之資料必取之於民衆。民衆之生活資料被奪，乃發生抗爭，發生擾亂。社會內之生活資料，原爲分攤於各份子之間，若傾注於一隅，爲貴族所積聚，則社會發生紊亂，發生「弗協」。

有征服者之軍事，及被征服者之經濟二原素，於是有朝代之更易。

湯自把鉞以伐昆吾，遂伐桀。（史記）

湯奪得夏桀盟主之地位，及發命令之權，此名爲革命。

湯武革命。（湯彖）

革命二字之意義。

革，去故也。（易雜卦）

命，使也，从口令。（說文）　段注：令者，發號也；君事也。

革命爲更改發命令之權；由夏族之酋長傳至商族之酋長。從此建設商代，其紀元約在西歷紀元前一千六百年左右。商代成立之後，夏部落依然存在，此有如當夏代之時，商部落依然存在。

伊尹去湯適夏，既醜有夏，復歸於亳。（書序）

所謂朝代之更易，不過是命令權之轉移。

第二節　社會

商部落爲一大集團，人數衆多。

盤庚云「爾謂朕曷震動萬民以遷。」（書）

此集團內，可分爲三階級〔附註一〕一爲貴族；

古我先王，亦惟圖任舊人共政。（書，盤庚上）

舊人卽貴族。二爲官吏。

爾殷多士。（書多士）　邦伯，師長，百執事之人。（書，盤庚上）

三爲小人及奴僕。

無或敢伏小人之攸箴。（同）

汝共作我畜民。（書，盤庚中）

我罔爲臣僕。（書，微子）

此三階級，以貴族居最高地位，統馭全社會之事務。官吏或士，爲居中階級，擔任社會內之政治工作。小人爲最下之階級，擔負社會內之經濟工作，凡笨重的、勞苦的事務，皆此階級中人所執行。如農業生產之工作皆是。

貞叀小臣令衆黍。（卜辭）

在社會內，另有二種人之地位不同。一爲老人地位之高崇。

汝無侮老成人。（書，盤庚上）

吾家耄遜於荒。（書，微子）

二爲婦女地位之降落，婦女自牧畜社會以後，因生存技術，不能勝任，其在社會中之地位漸次降低。至商代多妻制度盛行。

祖乙之配，曰妣己，又曰妣庚。（卜辭）

武丁之配，曰妣辛，又曰妣癸，又曰妣戊。（卜辭）

歸妹以娣。（易，歸妹初九）

遯有疾厲，畜臣妾。（易，遯九三）

婦女不能主掌家族內之事務，只可居輔佐地位。

古人有言曰：「牝雞無晨，牝雞之晨，惟家之索。」（書，牧誓）

第三節　經濟

商民族爲務農之民族。

若農服田力穡，乃亦有秋。（書，盤庚上）

戊戌貞我黍年。（卜辭）

丙辰卜永貞乎相田。（卜辭）

農業中之重要條件爲田地。田地畫爲阡陌之制。

樹穀曰田，象形口十，阡陌之制也。（說文）

種植之法則爲區田制，每耕種之地域分爲三區，輪流耕種，使地力得以恢復。此因古代肥料缺乏，而地面廣闊，供過於求，乃有此制度之創立。

氾勝之書區種法曰：「湯有旱災，伊尹作爲區田，敎民糞種，負水澆稼。區田以糞氣爲美，非必須良田也。又不耕旁地，庶盡地力。」（齊民要術）

三區田，因耕種之情形而有名稱。

不耕穫，不菑畬。（易无妄六二）

田一歲曰菑，二歲曰畬，三歲曰新田。（禮記注）

一歲爲菑，始反艸也。二歲爲畬，漸和柔也。三歲爲新，謂已成田而尚新也。（詩詁）

商代之田地，皆屬私人所有。

王曰：「告爾殷多士，……爾乃尚有爾土，爾乃尚寧幹止。」（書多士）

土即是田地，爲上層階級所擁有。因田地私有，而產生私有財富。當西歷紀元前一千三百年左右，盤庚將遷都於殷，地主階級恐喪失田產，皆不欲遷。盤庚顧全民衆之利益，勸告上層階級。

盤庚曰：「嗚呼，邦伯師長百執事之人，尚皆隱哉。予其懋簡相爾，念敬我衆。朕不肩好貨，敢恭生生。……無總於寶貨，生生自庸。」（書，盤庚下）

第四節　政治

夏民族因社會之紊亂，以致傾覆其朝代。商民族繼之，其首要之工作，即使社會復臻治理。

亦越成湯……其在商邑，用協於厥邑。（書，立政）

湯使社會協調，從事整理經濟與政治。在經濟方面，提倡農業生產，使生活之供給品不致缺乏。在政治方面，樹立統治之制度，設置官職，訪求人才。商代之官職，今可考知者，有尹、師、史等。

貝参尹父。（卜辭）

肆予告我友邦君，越尹氏，庶士，御事。（書，大誥）

董仲舒云：「殷湯受命，名相官曰尹。」（春秋繁露）

尹之本義：

尹，治也，从又丿，握事者也。（說文）段注：又為握，丿為事。

尹為執掌治理社會事務之人員。尹後轉為君子。

庶士有正，越庶伯君子。（書酒誥）

君字之意義：

君，尊也，从尹口，口以發號。（說文）

尹或君子，擁有治理之權勢，在社會間取得尊貴之地位。與君子同性質之官有士。

士，事也。（說文）　士，任事之稱也。（白虎通）

士亦爲任事之官，與「御事」「執事」之職責相同。商代之官職尙有師與史。

乙卯卜𠂤𠨘史。（卜辭）

𠂤即師字，𠨘爲詔字。

𠂤，衆也，與師同意。（說文）

師爲統馭衆人之官員，此官職常見於書冊。

邦伯師長百執事之人。（書盤庚上）

父師，少師。（書微子）

由自字衍出官字，爲擔負治理責任之人。

官，吏事君也，从宀自。（說文）

商代已有官之名稱：

官有渝，貞吉出門交有功。（易，隨初九）

另有一職位爲史：

乃問諸史與百執事。（書，金縢）

由史衍出吏字，爲與官同性質之人員。

吏治人者也，从一从史。（說文）

注：吏之治人，心主於一，故從一，史者爲君使也。

以上各種事務人員，皆爲輔佐貴族以統馭民衆之居中階級；其所有之任務，爲職掌一切治理社會之事務。此輩人員可名爲官吏階級，或士君子階級。

前代之政治，皆爲貴族掌握實權。

古我先王亦惟圖任舊人共政。（書，盤庚上）

從夏代以後，漸有一種平民，獵取輔佐貴族之職務，以顯榮自身在社會間之地位，並以解決生計問題。從此產生一批以官吏爲職業之人羣，卽士君子階級。

惟夏之恭多士。（書，多方）

湯時之伊尹，卽此階級中之一人。

我聞在昔，成湯既受命時則有若伊尹，格于皇天。（書，君奭）

彭氏之子曰：「伊尹，天下之賤人也。」（墨子，貴義）

伊尹名阿衡，阿衡欲干湯而無由乃爲有莘氏媵臣，負鼎俎以滋味說湯，致於王道。（史記，殷本紀）

武丁時之傅說，亦是一賤人而得官者。

傅說舉於版築之間。（孟子）

得傅說以來，升以爲公。（楚語）

第五節　宗教

第一段　概述

人類具有宗教性質，對於宇宙間一切不可了解之現象，常有驚愕詫異之心理，以爲有神祕不可測度之力量存在於萬物之上，於是對此神祕力量而起一種誠虔頂禮。此種力量，可以約束人類之信仰而不可背叛。由此而產生宗教。宗教在英文爲 Religion。此字又從拉丁文 Religare 而來，義爲約束。宗教有一種約束能力，使人類就其信仰之領域中得着宇宙與生命之解釋，得着人生之安慰與歸宿。

宗教之發展，因人類生存方式之改進，而有變遷。人類在牧畜生產之時代，游歷各地，觀察多物，以爲萬物皆有靈性，皆具神祕力量。此種信仰爲多靈教。人類由牧畜而轉至務農，於是定居一地，家族得以集會。在此集族而居之情況中，家庭中之各員皆發生親密關係，由親密之關係而發生親密之情感。父母爲己身之所從出，又居家長地位，常令子嗣發生尊敬之態度，父母又有父母，敬父母，更當敬父母之父母，由此上推，家族之始祖，遂爲尊敬之對象。此爲一種宗教，可名爲祖先教（Ancestor worship）。

第二段　敬祖

在牧畜社會所發生之宗教，其宗教意識常模糊而淡薄，宗教中之對象爲宇宙中之萬物。在農業社會所發生之宗教，其宗教意識則明確而濃厚，宗教中之對象爲人生。宗教中所引起之人生問題爲生命之來源。吾人之生命從父體而來，父則從祖而來，然則人類始祖之生命從何處而來邪？此爲不可理解之處。此必有神祕之力量存焉。從此力量而得吾人之生命，吾人當如何敬崇及感謝此神祕之力量？美哲善台耶納（Santayana）有言：「人類對於生命之源泉，常有一種誠虔之心」（Man is pious to the sources of being）。此即祖先宗教之基礎。

生命爲從祖先而來，然就其自身觀察，生命之產生，乃從男女生殖機關之交接，生殖器之神祕，亦有如始祖之神祕。祖先教之發展，有一階段爲生殖器崇拜。商代曾有此種崇拜。近在殷墟發掘出一石刻男生殖器，甲骨上所鐫之卜辭，祖字象男根，妣字象女陰，皆爲生殖器崇拜之表現。在書籍中亦有此種記載。

且，古且字。（玉篇）　段玉裁云：「且，古音俎。」

且，古且字。（集韻）

匕，古牝字。（集韻）

且即祖字。且與匕爲男女生殖器之象形。殷人對生殖器崇拜，亦有一種儀式。

殷士膚敏，祼將於京。厥作祼將，常服黼冔。……殷之未喪師，克配上帝。（詩文王）

殷人在高丘之上赤露身體，戴黑白之冠，祭祀上帝。此種儀式，有時亦舉行於室內。卜辭中有「太室，」即爲生殖器崇拜之室。太字从大。

大，象人形。（說文）　注：古文亦以此爲人字。

、，有所絕止，、而識之也。（說文）

太字即識生殖器之部分。太室爲室內行禮之處。

王入太室祼。（書洛誥）

此種崇拜至周代仍存在。直至春秋之時始衰微。

大室屋壞。（春秋，文十三）

此時乃告結束。

第三段　上帝

商代宗教中有一神曰上帝。

湯曰：「予畏上帝。」（書湯誓）

上帝即農業社會祖先宗教中之始祖。在家族之內，家人應尊敬者，爲本族之祖。但族祖爲人類中之一員，人類亦有一始祖。此始祖即名爲上帝。帝字之本義，與祖字同出一源，其含義亦相同。祖字出於生殖器崇拜，象男根之形。帝字亦然。

（一）在祖先宗教內，神即是祖，祖即是神。當農業社會之初期時，稱神爲示。

顏師古云「周官古文所論神祇，皆以爲示字。」（匡謬正俗）

示字亦作丌字。卜辭中之示字作丌或丅。

丌古示字。（說文）　　桂注：示从二，此从一，皆古文上字。

丌又作丅丨。即象男根。一爲上字，乃推衍生殖器之源始至於最初點。

丨上下通也。……引而下行，讀若退。（說文）

退與帝聲近。故丅字若讀出之聲爲上退，即上帝。

（二）示字音諟，又音歧，後轉爲帝。諟音與帝音爲一音之軟硬。

（三）帝字之代替丌字，因帝字原爲花蒂之形。吳大澂以爲是與「鄂不」之「不」同意。花蒂或「不」，與丌字形近，故帝字借爲丌字。

（四）帝字與祖字同義，常與父字並用。

貞帝多父。（卜辭）

(五)殷代之先王中，名多有祖字，如祖乙，祖辛，祖丁等。亦有名取帝字者，如帝乙，帝辛。帝字之應用與祖字相同。

(六)殷王中有一人名祖甲，見書無逸篇。在周語中，此人之名作帝甲。是祖字與帝字可通用。

(七)帝具有時間性，且為遠古之時代。

古帝命武湯。(書商頌)

淵兮似萬物之宗，……吾不知誰之子，象帝之先。(老子四)

(八)帝為始祖，常與子嗣相對。

帝立子生商。(詩商頌)

(九)上帝為家族中之先神。

先王之書太誓之言然曰：「紂夷之居而不肯事上帝，棄闕其先而不祀也。」(墨子，非命中)

(十)上帝為祀於廟中，廟為尊敬祖先之處。

王用享于帝。(易益六二)

王假有廟。(易，萃)

先王以享于帝立廟。(易，渙大象)

廟，尊先祖兒也。(說文) 段注：古者廟以祀先祖。凡神不為廟也。為神立廟者，始三代以下。

第四段　天

前代宗教中又常稱引「天」「天」與「帝」同義。天字从一大。大為古人字。天字有二義，(一)為自然之義，一象天空在人之上。(二)為宗教之義，人從父而來，父之上為祖，推而上之，至於始點，大在一下，即人之源始，與帝字之義相同。天之古字作兲，即前祖之意。

胡然而天也，胡然而帝也。(詩，鄘風)

鄭玄云：「帝，天也。」(禮記注)

司馬貞云：「天亦帝也。」(史記，殷本紀索隱)

祖先宗教，由人類之生育衝動而起源。人類生命之源泉，引出心靈虔敬之態度，乃造出宗教。其中之神為上帝或天。

第五段　社

人類除生育衝動以外，尚有生存衝動。人類要維持其生命之存在，故食物最為重要。在農業社會時，食物為穀類，皆從地所出。地對於人生佔一特殊之位置。人類表示此特殊之意義，另造一土方以為人類生計之標識。此即古代之所謂「社。」夏代始提倡農業生產，在此時即有「社」之建置。

湯既勝夏，欲遷其社；不可，作夏社。(史記，殷本紀)

社爲一方土，意義在其生產人類之食料。故有時亦稱社稷。

社者，封也。（公羊哀四）

社稷，封土爲社，故變名謂之社，別於衆土也。（白虎通）

社爲人類表示希望豐年之處。

求年于邦社。（卜辭）

社爲地之代表。

社，地主也。（說文）

人類有生育與生存之衝動。從生育衝動發生宗教而尊崇於天。從生存衝動發生經濟，而傾向於地。古代此二者並重。

用命賞于祖，不用命戮于社。（書甘誓）

第六段　禮

宗教爲敬崇神祇。當敬崇之時，必有一定之儀式。此儀式爲禮之所從出。禮字古作礼。

乙，象春草木冤曲而出。（說文）

人冤曲於神示之前，即敬崇神祇也。禮字又作履。

禮，履也；所以事神致福也。（說文）

履，禮也；飾足所以爲禮也。（釋名，釋衣服）

商代宗教崇尚上帝與天。在宗教儀式內人向天帝行禮：

湯曰「惟予小子履，敢用玄牡，告於上天后。」（墨子，兼愛下）

湯用玄牡在上天后之前行禮。禮從天的宗教發展而出。

故殷禮陟配天，多歷年所。（書，君奭）

第六節　季世

朝代之覆亡，皆因社會紊亂。商代當其季世，社會間亦極紊亂。人類社會內之重要事務爲宗教與經濟；宗教約束人羣之信仰，經濟維持人羣之生活。社會紊亂，必於其社會內之信仰破壞無維繫人羣之中心思想；在經濟方面，社會內之生產品及生活資料，傾注於一隅。於是一部分人擁有衆多之財富，生活趨於逸樂；另一部分人則生活不能維持，處於饑饉之狀態。此種生活資料分攤之不勻，形成兩種人之對立。因生活必須維持，餓者乃與逸者抗爭；於是引起社會間之紛擾。

殷代當季世，其宗教已漸次崩潰。上帝與天神已喪失其尊嚴之地位，已不能令人頂禮。殷末之君主皆有反宗教之表示。

武乙無道，爲偶人，謂之天神，與之博，令人爲行，天神不勝，乃僇辱之。爲革囊盛血，仰而射之，命曰射天。（史記，殷

本紀）

於太誓曰：「紂夷處，不肯事上帝鬼神，禍厥先神禔不祀。」（墨子，非命上）

殷人由宗教信仰進於玄學信仰。神祇已被破壞；宇宙不是由神祇所管領，乃有定命運行。宇宙是有其定律的。

紂王曰：「嗚呼，我生不有命在天？」（書，西伯戡黎）

殷末思想轉變，舊宗教已破壞，新思想尚未完全成立，社會間喪失維繫人羣之中心思想。

在經濟方面，殷季之社會，其中所生產之財富，集中於貴族，民衆則生活艱苦，貴族淫逸享樂。

乃惟爾商後王逸厥逸，圖厥政不蠲烝，天惟降時喪。（書，多方）

殷其弗或亂正四方，我祖底遂陳于上，我用沈酗于酒，用敗厥德于下。（書，微子）

困于酒食，朱紱方來。（易，困九二）

貴族淫樂之資料，必取之於民，於是聚斂民間之財富。

降監殷民用乂讎斂，召敵讎不怠，罪合于一，多瘠罔詔。（書，微子）

民衆之生活資料被奪，處於饑饉艱苦之地位。貴族日事享樂及宗教內之占卜，民衆則無食果腹。

舍爾靈龜，觀我朵頤。（易，頤初九）

此爲民衆對貴族之呼籲。民衆因無食物，乃從事盜竊，而與貴族爲敵。

殷罔不小大好草竊姦宄，卿士師師非度，凡有辜罪，乃罔恆獲，小民方興，相爲敵讎。（書微子）天下於是大亂。

本章附註

〔一〕階級爲前代社會中之現象。社會中區別數種人，其地位有高下之不同。如貴族佔社會內之最高地位，奴僕則佔最下之地位。故階級之區別人，是有高下之分。近代人類中發生一種經濟機構，在此機構內，一部分社會中人，對於經濟之關係是「投資」，另一部分社會中人，其經濟之關係是「出力」。此二種人只是經濟機構內二種不同之關係，並無社會間地位高下之不同。投資者並不高於出力者，出力者亦然。此二羣人之區分，在英文用「克拉斯」（Class）一字。此字譯成華文，應爲「社會集團」或「社團」，近人譯此字爲「階級」，實爲錯誤。

第四章　下古

周道如砥，其直如矢；君子所履，小人所視。——詩，大東

第一節　創業

前代雖有朝代之設立，但各民族仍保存其獨立之國家。商民族爲衆民族中之大集團；商與各民族並立所不同者乃大邦小邦之殊。當時小邦中有一周邦，漸次强大，與商競爭王號。

柔遠能邇，安勸小大庶邦。（書，顧命）

皇天改大邦殷之命。（書，康王之誥）

天休于寧王，興我小邦周。（書，大誥）

周民族當夏禹之時卽存在，其公認之始祖后稷與禹並時，在夏商之時，居小邦地位。殷季社會紊亂，周乃乘機建立周代。

周雖舊邦，其命維新。（詩，大雅）

周民族在殷季之時，有一酋長名昌，爲黷武好戰，野心侵略之人。曾侵伐戎、密、耆、邘、崇等國，擴張個人之權勢，並將權勢分給與親隨之人，故諡爲文王。

錫民爵位曰文。（逸周書，諡法解）

昌懷代商稱王之野心，先翦滅附近之國家，然後聯絡不忠實於商王之國家，以爲後日獨自稱王之預備。

文王帥殷之叛國以事紂。（左，襄四）

三分天下有其二，以服事殷。（論語，泰伯）

文王稱王之心急切，在未滅商之前，已稱王號。

文王卽位四十二年，歲在鶉火，文王更爲受命之元年，始稱王矣。（帝王世紀）

此爲周代之紀元，當西歷紀元前一千零三十五年。稱王之後八年，文王卒，而滅殷之願未償。

文王受命惟中身，厥享國五十年。（書，無逸）

文王之子發繼立，是爲武王。周邦素爲農業繁盛之國，因首領好戰崇武，擴充軍備，國內經濟漸感緊逼，人民擔任兵役，影響農務，故侵略事業之結果，引起國內饑荒。由饑荒壓迫，首領更積極整頓武備，從事侵略，以爲國家生計之出路。此爲侵略主義之連環性。周邦現正表示此連環性質。

內部經濟壓迫，滅殷之志益急。殷滅，則侵略者可以大得其收穫矣。

周饑，克殷而年豐。（左僖十九）

周邦受經濟壓迫，有武力準備，尙不敢輕易侵殷；待殷社會紊亂，然後有自信心。

武王使人候殷，反報岐周曰：「殷其亂矣。」武王曰：「焉至？」對曰：「讒慝勝良。」武王曰：「尙未也。」又復往，反報曰：「賢者出走矣。」武王曰：「尙未也。」又往，反報曰：「百姓不敢誹怨矣。」武王曰：「嘻！遽告太公。」（呂氏春秋）

有侵略者之軍事因素，及被侵略者之社會因素，然後爭奪王號之戰事爆發。在出動之前，周邦之首領武王發表宣傳性質之誓辭，以飾掩其侵略之內幕，列舉殷王三大罪狀。

王曰：「……（一）今商王受，惟婦言是用，（二）昏棄厥肆祀弗答，（三）昏棄厥遺王父母兄弟不迪，乃惟四方之多罪逋逃，是崇是長，是信是使，是以爲大夫卿士，俾暴虐于百姓，以姦宄于商邑。」（書牧誓）

此三大罪狀，第一罪狀關於社會，爲提高婦女之地位。第二罪狀關於宗教，爲用玄學之定命論代替宗教。第三罪狀關於政治，爲用官吏人才佐治，而不用貴族。周民族主張維持故舊之文化習俗，而反抗殷族之文化。此文化之抗爭，不足引起戰事。戰事之主要動機爲經濟因素，謀經濟之出路，而有侵略之行爲。武王卽位之十一年，侵略之時機已熟，乃伐殷。

惟十有一年，武王伐紂。（書序）

伐紂之事，實現於武王，然爲文王之志。

爲文王木主，載以車中軍，武王自稱太子發，言奉文王以伐，不敢自專。……乃遵文王，遂率戎車三百乘，虎賁三千人，甲士四萬五千人，以東伐紂。……紂聞武王來，亦發兵七十萬人距武王。（史記，周本紀）

甲子昧爽，受率其旅若林，會于牧野；罔有敵于我師，前徒倒戈，攻于後以北，血流漂杵。（書，武成）

紂之兵數遠超過周兵，然而致敗。致敗之原因爲倒戈。倒戈是對外不抵抗，對內相殘殺。商代因此倒戈而傾覆。

周代至此時，始完全設立。軍事動作可告結束，政治動作繼之而起。擔負此政治建設之重任者，爲周公。周公屬於貴族。

武王之母弟八人，周公爲太宰。（左，定四）

周公之政治建設，可分二大項，一爲外部建設，二爲內部建設。

外部建設爲封建。周公鑑於前代稱王之國，與其他諸國並立，故朝代易於覆亡。爲鞏固朝代之久存，必須設立多數親近王國之國家。封貴族中人物，以爲諸國之君主。周代之王，其擁有之權力，已較前代之王爲廣大，能設立諸親族之國家，此等新國，建立於殷代舊國之上。

昔武王克商，成王定之，選建明德，以藩屏周，故周公相王室，以尹天下，於周爲睦。分魯公以大路大旂，夏后氏之璜，封父之繁弱，殷民六族，條氏，徐氏，蕭氏，索氏，長勺氏，尾勺氏，使帥其宗氏，輯其分族，將其類醜，以法則周公，用卽命於周。是使之職事於魯，以昭周公之明德，分之土田陪敦，祝宗卜史，備物典策，官司彝器，因商奄之民，命以伯禽，而封於少皞之虛。分康叔以大路，少帛，績茷，旃旌，大呂，殷民七族，陶氏，施氏，繁氏，錡氏，樊氏，饑氏，終葵氏。封畛土略，自武父以南及圃田之北竟，取於有閻之土以共王職，取於相土之東都以會王之東蒐。聃季授土，陶叔授民，命以康誥而封於殷虛，皆啓以商政，疆以周索。分唐叔以大路，密須之鼓，闕鞏，沽洗，懷姓九宗，職官五正；命以唐誥而封於夏虛，啓以夏政，疆以戎索。（左，定四）

昔武王克商，光有天下，其兄弟之國者十有五人，姬姓之國者四十人，皆舉親也。（左，昭二八）

內部之建設爲治理。商代之覆亡，爲社會紊亂，周代建立，其內部之重要工作爲社會治理。周公對於社會治理之策略有二途徑。一關於社會內物質方面之整理，二關於社會內精神方面之整理。物質方面之問題爲經濟。社會內之經濟狀況，若不得一平衡，必引起社會紛擾。前代社會之紊亂，皆因社會內所生產之生活資料傾注於社會中之一隅；換言之，卽社會中所生產之財富，有集中之現象。財富皆爲貴族階級所吸引，民衆之生活資料顯示不足之狀態。爲生存欲望所驅使，民衆乃發生爭奪，卒至社會紊亂。若使社會治理，首要者爲將社會內所生產之財富，在社會中向各方分流而保持一平衡狀態。財富之分配，必使得一大致之均勻；然後社會中之各份子皆得存全其生命，皆得安居樂業，從事社會工作。周公之治理政策，首先注意此點，使社會內之財富有一拒中之形態。爲實現此經濟政策，周公從社會內之上下二層階級加以勸告。第一爲對貴族階級之請求；減少逸樂，奢侈；浪費明瞭平民在生產中之艱苦，然後少加請求，使民衆得保存其生活資料。

周公曰：「嗚呼！君子所其無逸。先知稼穡之艱難，乃逸，則知小人之依。……嗚呼！繼自今嗣王則其無淫於觀，於逸，於遊，於田，以萬民惟正之供。無皇曰今日耽樂，乃非民攸訓，非天攸若，時人丕則有愆。無若殷王受之迷亂酗於酒德哉。」（書無逸）

天畏棐忱，民情大可見，小人難保。往盡乃心，無康好逸豫，乃其乂民。（書康誥）

第二爲對平民階級之振導，提創農務，增進生產。雖上層階級有所聚斂，出產豐裕，平民亦不致饑餓而創亂。

茲予其明農哉，彼裕我民，無遠用戾。（書洛誥）

爾乃自時洛邑，尙永力畋爾田。（書多方）

周公之經濟政策，是使社會內財富均勻分佈於社會各方之上。

周公對於社會內精神方面之整理，爲建樹一中心思想，以維繫社會內之各份子，使之協調而免除衝突，故離異之思想與言論皆須取締。

古之人猶胥訓告，胥保惠，胥敎誨，民無或胥譸張爲幻。（書無逸）

以鄉八刑糾萬民。……七曰造言之刑，八曰亂民之刑。（周禮）

鄭注：造言，訛言惑衆；亂民，亂名改作，執左道以亂政也。

周公採用統制文化之政策，社會內之思想使之集中，然後無離異之事變發生。周公之政治建設，從社會內之物質與精神二方面整理，周祚賴之以歷悠久之年代，周公之偉績，不可滅也。

從周公之治理策略，及前代社會治理時之條件，吾人可以歸納得一社會治理之定律如下：

「思想集中，財富拒中。」

任何社會，當其治理時，皆顯示此二條件。若欲社會治理，亦可實行此二條件以求得之。治理之反面爲紊亂。故社會紊亂之定律爲：

「思想拒中，財富集中。」

凡此二條件表現時，社會皆呈紊亂之現象。此治理與紊亂之二定律，運行於人類社會中，不受時間與空間之影響。二定律具有普遍性。

第二節　社會

第一段　家族

周民族爲務農之民族。農業使人民有一定居。在定居之情狀下，夫婦及其子女得以團聚，而形成家族。

克定厥家。（詩，桓）　疏：家者承世之辭。

家人聚居而發生一種家族情感。年幼者見父兄勤勞於生計之工作，以維持家族中人之生命；父母又爲自身生命之源泉。年幼者對父母有愛慕及虔敬之心。

蓼蓼者莪，匪莪伊蒿；哀哀父母，生我劬勞。

父兮生我，母兮鞠我，拊我畜我，長我育我，顧我復我，出入腹我。欲報之德，昊天罔極。（詩，蓼莪）

棘心夭夭，母氏劬勞。（詩，凱風）

此種尊敬長老之態度，成爲農業社會之風俗。風俗後衍變爲道德責任，而成爲社會制度。周代初次肇造，卽欲將此舊制度固定化，恢復農業社會之秩序。

王曰：「元惡大憝，矧惟不孝不友。子弗祗服厥父事，大傷厥考心。於父不能字厥子，乃疾厥子。於弟弗祗天顯，乃弗克恭厥兄，兄亦不念鞠子哀，大不友於弟。惟弔茲，不於我政人得罪，天惟與我民彝大泯亂。曰：乃其速由文王作罰，刑茲無赦。」（書，康誥）

用政治之力量，復興以家族爲基礎之社會秩序。社會道德建築於孝友二字之上。

孝，善事父母者；从老省，从子，子承老也。（說文）

同志爲友，从二又相交。（說文）　注：二手相應也。

農業社會之道德，爲孝敬父母，友善兄弟。卽家族中之親睦。家族中能得和諧，社會亦可保持秩序。

爲子弟宜善事父兄，供養長老。

妹土嗣爾股肱，純其藝黍稷奔走事厥考。厥長肇，牽車牛，遠服賈，用孝養厥父母，厥父母慶，自洗腆致用酒。（書，酒誥）

不能藝稷黍，父母何怙。（詩，鴇羽）

爲子女者必聽從父母之言，己身之婚姻由父母主持。

父母之言，亦可畏也。（詩，將仲子）

聚妻如之何，必告父母。（詩，南山）

農業社會之重心，是繫於父母身上，爲子女者無獨立之人格。子女皆須秉承父母之意旨，以定其行爲之動止。

第二段　階級

前代之社會，皆分成三階級。周代亦然。

大人虎變，君子豹變，小人革面。（易，革九五，上九）

此三階級，第一級爲大人，即貴族，權勢最大，有如猛虎。第二級爲君子，即官吏，爲居中之階級，亦有權勢，然較貴族爲小，有如豹。第三級爲小人，即民衆，爲勞苦階級，無有權勢。此三階級中，大人爲逸樂階級，小人爲勤勞階級。治理社會之責任，乃在君子。故君子在當時爲社會中之重要人物，從夏代起，卽有君子階級之發生。君子原爲民衆中之一部分，以職業爲官吏，而擁有權勢，乃形成一居中之階級。君子以佐治爲職務，故對於生產事業概不參加，生產技術亦不諳識。至於社會中之制度文物因職業關係，須加以學習。

　如有一介臣，斷斷猗無他技，其心休休焉，其如有容。人之有技，若己有之；人之彥聖，其心好之，不啻如自其口出，是能容之，以保我子孫黎民，亦職有利哉。（書，秦誓）

　君子與小人，在社會中所擔任之職務不同。

　君子尙能而讓其下，小人農力以事其上。（左，襄十三）

君子階級是處於小人階級之上，君子有能幹，小人務農植。君子之能幹爲何？

劉子曰：「君子勤禮，小人盡力。勤禮莫如致敬，盡力莫如敦篤。敬在養神，篤在守業。」（左，成十三）

君子勤禮養神，禮與神皆宗教中之事。君子所司之職務，基於宗教。小人盡力守業，乃從事生產工作，其職務基於經濟。君子所任之活動，發源於人類生育衝動；小人所任之活動，發源於人類生存衝動。君子與小人，分擔人類二大基本衝動所發生之活動。

　君子習禮，禮爲社會行爲中之儀式。人與人交接，皆有一定之禮儀，此成爲社會中之制度，故社會治理，乃在維持社會中之秩序。人民能有秩序，則社會安定矣。

曹劌曰：「夫禮，所以整民也。」（左，莊二三）

叔向曰：「禮，政之輿也。」（左，襄二一）

禮與政相輔而行。君子習禮亦兼理政事，故君子爲佐治之人物，後爲官吏階級。

曹劌曰：「君子務治，而小人務力。」（國語，魯語）

君子之工作，不用氣力，只用心智。

知武子曰：「君子勞心，小人勞力，先王之制也。」（左，襄九）

君子之勞作，爲心靈動作。小人之勞作，爲身體動作。君子不從事生產，故生計須依靠小人。小人從事經濟勞作，需要安定之社會。擔任治理之工作者爲君子。君子與小人，分擔政治與經濟之工作。

孟子曰：「無君子莫治野人，無野人莫養君子。……或勞心，或勞力。勞心者治人，勞力者治於人。治於人者食人，治人者食於人。」（孟子，滕文公上）

君子以官吏爲職業，然亦有失業之時。在失業之時，君子之生活，非常艱苦。若一旦得職，則生活豐裕，遠勝小人階級。

其達士，絜其居，美其服，飽其食，而摩厲之於義。（國語，越語）

君子之飲食，尤其豐盛，常以肉食佐餐。

彼君子兮，不素餐兮。（詩，伐檀）

公將戰，曹劌請見。其鄉人曰：「肉食者謀之，又何間焉。」（左，莊十）

小人因生活困難，無力食肉，只可用蔬菜佐餐，故從飲食上區別君子與小人；可名君子爲肉食階級，小人爲菜食階級。

第三節　經濟

第一段　農業

第一目　農器

周民族之始祖稷，發展農業，本民族皆以務農爲業，經長久之時期，至夏代末世，有一酋長名公劉，定居於豳，農業忽大進展，其所以興盛之故，爲此時有新農器應用，

篤公劉，匪居匪康，迺埸迺疆，迺積迺倉，迺裹餱糧，於橐於囊，思輯用光，弓矢斯張，干戈戚揚。（詩，大雅）

公劉因發明新農器而有此名。劉字本作鐂，鐂字从金从丣从田，據說文丣爲古文酉字，

酉就也八月黍成。（說文）　段注：就，高也，黍以大暑而種，至八月而成，猶禾之八月而就也。

丣與田，爲田中之禾類，已長至成熟之時。金字即爲收割禾類之農器。鐂字之本義如此。

鐂，殺也。（說文）　劉，殺也。（說文）

殺字有薙草之義。

利以殺草。（禮記，月令）

劉字本爲芟刈草類之意。從上引禮記之文觀察，此芟草之器是堅利的。公劉發明堅利之農器。利字从禾刀。原始割禾之刀，必爲堅利之器。刀爲金屬所製，公劉必發現一堅强之金屬，以製農器。

篤公劉，於豳斯館，涉渭爲亂，取厲取鍛。（詩，大雅）

公劉在豳地鎔鑄金屬。

鍛，小冶也。（說文）　朱駿聲云：「鎔鑄金爲冶。以金入火焠而椎之爲小冶。」

以火灼金而後椎之，此金屬之性質必堅韌。

厲，旱石也。（說文）　桂注：砥細於厲，皆可磨刀刃。

厲爲磨厲堅金之石。鑄金用鍛，用厲，此必爲堅强之金屬。

荀子云：「鈍金必將待礱厲然後利。」（荀子，性惡）

金屬中之堅强者爲鐵。故在理論上，公劉鍛鐵爲農器。公劉發明堅利割禾之器具，割禾爲收穫。

穫之挃挃。（詩，良耜）

收穫卽割斷禾穎。

截穎謂之挃。（小爾雅）

收穫亦可名爲截斷禾穎。截禾二字合併爲⿰禾截，此字之意義爲收穫。

⿰禾截，穫也。（玉篇）

截禾之農器亦可名爲截。當時之農器爲金屬所製。故截字加金字爲鐵，卽爲截禾之器。後製造此農器之金屬亦名爲鐵。

戴古鐵字，（集韻）

公劉所發明堅利之農器爲鐵所製。鐵之初發現亦用於製農器。公劉爲中國發明鐵之人物，年代大概當西歷紀元前一千六百年左右。

公劉既發明鐵而用於製農器農器不專爲截禾之器，亦有插土之器如鋤類等。此等器具亦爲鐵所製造。鋤類中有一種名爲銕。夷字加金字爲銕。

銕，古文鐵，从夷。（說文）

製夷之金屬爲鐵。夷爲農器。

管子曰：「美金以鑄劍戟，試諸狗馬。惡金以鑄鉏，夷，斤，斸，試諸壤土。」（國語，齊語）

惡金卽爲鐵，所製之器如夷等，皆爲農器，用於壞土。故古代農器爲鐵所製。鐵爲製農器之金屬，亦可爲農器之名。鐵卽爲農器，農器卽爲鐵。

孟子曰：「許子以鐵耕乎？」（孟子，滕文公上）

周初農器之名，尙有數種，皆爲鐵所製造。

有略其耜。（詩，載芟）　注：略，利也。

三蒼曰：「耜，耒頭鐵也。」（莊子釋文）

另有三種農器。

庤乃錢鎛，奄觀銍艾。（詩，臣工）

第一種爲錢。

錢，銚也，古田器。（說文）

管子曰：「今鐵官之數，……耕者必有一耒一耜，一銚。」（管子，海王）

第二種爲鎛。

鄭玄云：「田器正鎛，迫地披艸而有此稱。」（考工記注）　攻金之工……段氏爲鎛器。（考工記）

段氏卽鍛鐵之工。故鎛爲鐵所製。第三種爲銍。

銍，穫鐵也。（釋名）

鐵原用於製造農器。至春秋之時，鐵乃用於製造兵器。楚昭王時有一劍工提及此事。

風胡子云：「當此之時，作鐵兵。」（越絕書）

干將作劍，采五山之鐵精。（吳越春秋）

此時鐵漸用於製造他物。

晉趙鞅……遂賦晉國一鼓鐵以鑄刑鼎。（左，昭二九）

鐵字之古文作䥫與銕。後作鐵从戜。

氏，國名。（字彙補）

戜氏地方，大概爲古代產鐵之區域；故鐵字从戜。現所知中國最早產鐵之地帶，除幽與戜外，尙有一地。

戰于鐵。（春秋哀二）　注：鐵，衞地。在戚城南。

戚城在今河北開縣。

古代以鐵爲黑色之金屬。

鐵，黑金也。（說文）

故言黑色常以鐵字爲形容詞。

駟鐵孔阜，六轡在手。（詩秦風）　傳：鐵，驪也。

此爲鐵字之最早見於文獻者。秦風駟鐵作於周平王之時，約當西歷紀元前七百七十年左右。鐵字用於同樣之性質者，又見於禮記。

乘玄路，駕鐵驪。（月令）　注：鐵驪色如鐵。

後鐵字用於馬色者作驖。

驖，馬黑色。（說文）

第二目　田地

商代之伊尹創區田制，將耕種地域，劃成三區，輪流種植，使地力易得恢復。此區田制又名代田制。

趙過能爲代田，一畮三甽，古法也。（漢書，食貨志）

三甽卽三區，周承商制，三區依其耕廢之情形而有名稱，爲葘，畬，新。

若稽田，既勤敷葘，惟其陳修，爲厥疆畎。（書，梓材）

依集韻，畎字同甽，卽一區。

厥父葘厥子乃弗肯播，矧肯穫。（書，大誥）

葘，不耕田。（說文）　徐鍇曰「葘，从艸，从巛，从田。田不耕則草塞；故从巛。」

田荒廢至第二年，名曰畬。以火焚草，餘灰留爲肥料。

如何新畬。（詩，臣工）

畬，火種也。（集韻）

田中積存肥料，至第三年則爲可耕種之田，名曰新田。田之三甽，更迭廢種，則地力恢復，而收穫豐盛。

於彼新田，於此葘畝。（詩，采芑）

夏商二代之田地皆爲私有周代亦然。各階級皆各有其私自之田地，無公田之制度。〔附註一〕

古代王室有私田九畡，爲王室生計之源泉。

天子之田九畡。（國語，楚語）

各階級皆有私田。但當周中世以後，社會中之財富有集中之趨勢，故上層階級所擁有田畝之數，大爲激增。

大國之卿，一旅之田，上大夫一卒之田。（國語晉語）　注：五百人爲旅，爲田五百頃。百人爲卒，爲田百頃。

士田十萬。（左，哀二）　注：十萬畝也。

小人階級亦有私田。

我民迪小子，惟土物愛。（書，酒誥）

今爾尙宅爾宅，畋爾田。（書，多方）

率時農夫，播厥百穀。駿發爾私，終三十里。亦服爾耕，十千維耦。（詩，噫嘻）　箋：使民疾耕發其私田，竟三十里。

第三目　賦稅

古代公務之費用，可分二種，一爲臨時，二爲平時。臨時費用爲軍旅行役等，皆考察當時情形，以規定人民應納之米穀或錢財。事役已畢，則此負擔亦隨之而撤銷。此種徵收，無恆久性。

篤公劉，……其軍三單，度其隰原，徹田爲糧。（詩，大雅）

徹，通也。（說文）　注：支之而養育之，而行之，則無不通矣。

公劉有戰事，兵士需糧食。此糧食唯有觀察農夫及田畝之情形，而令人民繳納。並非一種法定之稅制。此種徹法，至周代仍應用。

王命申伯，式是南邦。因是謝人，以作爾庸。王命召伯徹申伯土田。……王命召伯，徹申伯土疆，以峙其粻，式遄其行。（詩，嵩高）

周王命召伯兩次徹申伯之土田。因申伯有兩次事故。第一次爲謝邑之人築城，第二次爲申伯有行役。故用徹法以徵收穀糧。王命召伯執行，可見並非法規所定之稅制。

有軍旅之出則徵之，無則已。（國語，魯語）

二爲平時費用，即公室支持之經費。周代各階級皆有私田。公室之支持，倚靠私田所生產之財富。不過貴族不操勞役，田地工作，須徵民力爲之。此爲籍法，創始於周公。

欲其法也，則周公之籍矣。（魯語）

宣王即位，不籍千畝。……庶民終於千畝。（周語）　注：籍，借也。借民力以爲之。

先王制土，籍田以力，而砥其遠邇。（魯語）

王室除有籍法外，尚有貢法。令貴族依其爵位而納貢。

昔天子班貢，輕重以列。列重貢重，周之制也。（左，昭十三）

王室經濟倚靠此二種來源。諸侯之公室，亦有此二法。

> 溥彼韓城，……實畝實籍。（詩，韓奕）
>
> 侯主侯伯侯亞侯旅，侯彊侯以，有嗿其饁，思媚其婦，有依其士，有略其耜，俶載南畝，播厥百穀，實函斯活。（詩，載芟）

此皆爲諸侯籍民力以耕種其私田。諸侯又令較低級之爵位納貢。

> 公食貢。（晉語）

大夫階級除有其私田外，尚可食祿於邑。

> 大夫食邑。（晉語）
>
> 上大夫受縣，下大夫受郡。（左，哀二）

春秋之時，公室費用日繁，籍與貢所入不敷應用。於是規定民田應繳納一定之穀米於公室。

此爲稅制之始。

> 初稅畝。（春秋，宣十五）
>
> 稅，租也。（說文）　租稅者，所以彊求也。（管子）

稅爲民衆所不欲，而公室彊求以得之。初起之稅制，爲十取其一。

> 稅，十取一。（大戴記，王言）

後公室日漸奢靡，有稅收亦不足處用。乃頒行重稅名曰賦。

賦，斂也。（說文）

聚斂民財，以供給公室應用。賦字从武貝，乃以武力强取民財。

春，用田賦。（春秋，哀十二）

賦制爲十取其二。

哀公曰：「二，吾猶不足。」（論語）

第二段　工業

工業爲小人階級之事，屬於人類之生存活動。人類之生存，首要者爲食，發展出農。次要者衣與住，發展出工業。在古代，衣與住之工作，皆人民自爲，故無以此二業爲職務者。此二種工作在社會內之初次出現，爲替貴族服務。貴族不自勞作，需小人爲其製衣造屋，而畜養一批擔任此種工作之平民。此爲工業之始。原始之工人即爲貴族之奴隸。

在民衆方面，衣與住之工務，皆家人自作。

若考作室，既底法，厥子乃弗肯堂，矧肯構。（書，大誥）

若作室家，既勤垣墉，惟其塗塈茨；若作梓材，既勤樸斲，惟其塗丹雘。（書，梓材）

造屋之工作，需多人合作，且需技巧，故較製衣之工作爲先發達。故古時稱工匠，皆指擔任居住工務之人。

工，巧飾也。象人有規榘。（說文）　注：直中繩，二平中準。是規榘也。

匠，木工也。从匚，从斤。斤所以作器也。　注：百工皆稱工稱匠，獨舉木工者，其字從斤也。匚者榘也。

工業以造屋之工作始先發展。故普通稱工人時，卽指木工而言。

周諺有之曰「山有木，工則度之。」（左，隱十一）

工業技巧，首發展於造屋。

天子之室，斲其椽而礱之，加密石焉。諸侯礱之。大夫斲之。士首之。（晉語）

以工爲職業者，初見於貴族所畜養之工人。此輩工人皆依貴族而居。

處工就官府。（齊語）

席工於西階上。（儀禮，燕禮）

後工人加多，貴族設一管理工人之官，以資監督。

齊侯使敬仲爲工正。（左，莊二二）

楚王使爲工尹。（左，文十）

初期之工人，皆貴族之奴隸，司造屋及製衣之任務。此等工人被視爲貴族貨品而互相贈送。

楚侵陽橋。孟孫請往賂之以執斲，執鍼，織紝，皆百人。（左，成二）

至周代末世，工人漸有顯達者。

公於匠麗氏。（晉語）　注：嬖大夫。

第三段　商業

小人階級之任務，除擔負人類生存之食、衣、住三項工作外，尚有一種行的工作。

古代以農業爲基本生產工作，人民皆須定居。此種羣居於固定之地域，而造成邑。在邑內，有一部份民衆從事務農。另有一部份民衆，從事製造作業，如構屋、縫衣、織布等事項。此數種人所生產之物品，有超過其自身需要之時，乃將其剩餘物品，以換易其所欠缺之物品，此種交易，即發生商業。但此輩生產之人，並無兼顧交易之暇時。於是另有一部份民衆，專理物品交換之事，社會中始發生以商務爲職業之人。彼等不操作生產工作，其生活費用，則於物品轉移之時，而抽得少數利益，以爲生命支持之資。在此商業發生之後，社會中除上述之消耗貨品外，另有一種流通貨品的出現，以爲消耗貨品交換時之媒介物。此種通貨，在初期商業時爲貝類。

古者貨貝而寶龜。（說文）

商人爲支持其生活，乃於交易時，從中收取少數通貨。商人古稱爲賈。賈字从而貝。

而，覆也。从冂，上下覆之。（說文）

賈之本義爲覆藏財貝。即商人於交易時，而積聚財富。商人不獨調劑邑內物品之分配，並調劑邑與邑間貨品之流通，於是始發生行旅。社會中之人，可分邑人與行人二種。

或繫之牛，行人之得，邑人之災。（易，无妄六三）

商人爲流通各地物品，故有行役。

商其遠近，度其有無，通四方之物，故謂之商也。（白虎通）

周初已有行旅之商人。

厥長，肇牽車牛，遠服賈。（書，酒誥）

見輿曳，其牛掣，其人天且劓，无初有終。（易，睽六三）

大車有載，有攸往。（易大有九二）

此輩行旅之商人，皆積有財富。

旅卽次，懷其資。（易旅六二）

旅於處，得其資斧。（易旅九四）

後商人之利益優厚。

如賈三倍，君子是識。（詩，瞻卬）

當時商人之貨物，除農產品外，尙有紡織品。

氓之蚩蚩，抱布貿絲。（詩，氓）

商人後發展一種商業技術.從人類需要之緩急,而操縱物品之價值.更於此價值之漲跌時,以取得盈餘之利潤。

大夫種曰:「臣聞之賈人夏則資皮,冬則資絺,旱則資舟,水則資車,以待乏也。(越語)

商業後漸漸發達,貴族乃設立管理商務之官。

郈魴假使爲賈正焉。(左,昭二五)

子胥至吳徒跣被髮乞於吳市三日,市正疑之。(越絕書)

商人積有財富而享奢侈之生活,並參加政治活動。

夫絳之富商,……能金玉其車,文錯其服,能行諸侯之賄。(晉語)

鄭商人弦高將市於周,遇之,以乘韋先牛十二犒師。(左,僖三三)

第四節　政治

政治是維持社會之秩序,保存社會之安寧。

政,正也。(說文)

惟弔茲,不於我政人得罪,天惟與我民彝大泯亂。(書,康誥)

社會之秩序爲何?卽各階級皆務其應爲之事,皆安其業而不相雜亂,古代之上層階級,勤於宗教事務，下層階級務於經濟工作。故原始之政治，卽使此二種活動，皆得執行無礙。政治之目的有二，一爲神，二爲民。

> 隨季梁曰「所謂道，忠於民而信於神也。」（左，桓六）
>
> 侯主社稷，臨祭祀，奉民人，事鬼神。（左，昭七）

祭祀與鬼神，爲宗教之事。社稷與民人，爲經濟之事。換言之，卽神與民二務。

> 聖人參於天地，並於鬼神，以治政也。處其所存，禮之序也。玩其所樂，民之治也。（禮記，禮運）

古代之政治，卽以此二事爲務。故稱述至政治或國家之時，卽舉此二事爲代名。

> 越王曰「吳爲不道，求殘吾社稷宗廟。」（吳語）
>
> 君若不來，羣臣不忍社稷宗廟，懼有二圖。（左，襄七）
>
> 恐宗廟之不掃除，社稷之不血食。（齊語）
>
> 出可以守宗廟社稷，以爲祭主也。（易，震象）

宗廟社稷，卽宗教與經濟，而爲政治及國家之代名。宗教與經濟，爲人類生育與生存二衝動所發出之活動。故政治之目的，在處理人類二大衝動所發生之事務。

擔任政治工作者，爲社會中之上層階級。政治與宗教有密切之關係，而來源亦相同。人類政治之始生，爲在遠古時代。散漫之人羣，依附其母而聚居。此爲由生育關係而造成之母權社會，爲後世政治之源流。近古之政治，爲由宗教中之禮儀僵硬化。故政治與宗教相輔而行。皆爲上層階級之任務。

貴族除禮於神外，尚須治民。

襄王曰：「夫政自上下者也上作政而下行之不逆，故上下無怨。」（周語）

貴族皆爲逸樂階級，政治實際之事務，須擇人擔任之。

晉士文伯曰：「政不可不愼也務三而已。一曰擇人。二曰因民。三曰從時。」（左昭七）

政治是使人民有一安定之社會，而得從事生產。政治實爲人民之利益而設立。政治中之最高領袖，即負此種使命。

邾子曰：「天生民而樹之君，以利之也。」（左文十三）

丕鄭曰：「民之有君，以治義也。義以生利，利以豐民。」（晉語）

政治原爲使社會治理，但貴族斂收財富，則社會紊亂。政治已失其效力。貴族欲聚斂與治理並行，乃加強政治之統馭能力而施行刑法。

賞慶刑威曰君。（左昭二八）

刑法只用於小人階級，亦猶禮儀之通行於貴族階級。

禮不下庶人，刑不上大夫。（曲禮）

刑法產於亂世，來源甚早。法之原意爲使人民皆得其公平。法字本作灋。

灋者，荆也。平之如水，从水。廌所以觸不直者去之，从廌去。（說文）

荆，罰辠也。从刀井。易曰：井，法也。（說文）

人民有不正當之行爲，卽爲犯罪，而須以刑法糾正之。刑法始創於蚩尤之時。

王曰「若古有訓，蚩尤始作亂，延及於平民。罔不寇賊鴟義，姦宄奪攘矯虔。苗民弗用靈，制以刑，作五虐之刑曰法。殺戮無辜，爰始淫爲劓刵椓黥。越茲麗刑，並制罔差有辭。」（書，呂刑）

自後三代皆制有刑法。

叔向曰：「夏有亂政而作禹刑。商有亂政而作湯刑。周有亂政而作九刑。三辟之作，皆叔世也。」（左，昭六）

周作九刑並制定刑書。

維四年孟夏。……王命大正正刑書。……大史筴刑書九篇，以升授大正。（逸周書，嘗麥）

哀敬折獄，明啓刑書，胥占，咸庶中正。（書，呂刑）

魯大史克云：「先君周公作誓命曰『毀則爲賊，掩賊爲藏，竊賄爲盜，竊器爲姦。』……有常無赦，在九刑而不忘。」（左，文十八）

周王室有九刑。至春秋之世，社會紊亂，各諸侯之國，皆創刑制。

楚子曰：「吾先君文王作僕區之法。」（左，昭七）

晉文公蒐被廬，修唐叔之法。（左，僖二七）

晉趙鞅……遂賦晉國一鼓鐵，以鑄刑鼎，著范宣子所爲刑書焉。（左，昭二九）

三月，鄭人鑄刑書。（左，昭六）

第五節　宗教

人類之宗教，至農業時期有一大進展。家人聚居，而發生親密之關係，及愛慕之情感。爲子女者尊敬父老，在倫理方面，建設以孝爲基礎之道德，在宗教方面，建設尊敬祖先之禮俗。故祖先宗教，實由農業時期家族聚居而產生。

言孝必及神。（周語）

率見昭考，以孝以享。（詩，周頌）

社會間之各階級，皆各尊敬其家族之祖先。但各階級有財富及權勢之不同，最低階級只祀其先考先祖。居中階級則祀較遠之祖先。最高階級之首領，卽天子，則祀人類之始祖。

天子祀上帝，公侯祀百辟，自卿以下，不過其族。（晉語）

天子祀上帝，諸侯會之受命焉。諸侯祀先王先公，卿大夫佐之受事焉。（魯語）

上帝卽人類之始祖。地下之人類，爲上帝之子孫。人類社會之領袖，爲上帝之元子。元子又稱天子，死後歸於上帝之處。

能事鬼神，……乃命於帝庭敷佑四方用能定爾子孫於下地。（書，金縢）

皇天上帝改厥元子。……王來紹上帝。（書，召誥）

三后在天。……文王陟降在帝左右。（詩，下武）

天子祀上帝，民衆則祭其近祖。近祖皆死亡未久，在家族中之情感仍厚。故當祭祀時，令族人飾其祖先與家族中人燕敍，一如生前之團聚情形。此裝飾之祖先，名爲尸。

段玉裁云：「祭祀之尸本象神而陳之，而祭者因主之。」

家族祭祀有一定之儀式。

禮儀既備，鐘鼓既戒，孝孫徂位，工祝致告，神具醉酒，皇尸載起，鼓鐘送尸，神保聿歸。（詩，楚茨）

當祭祀之時，此裝飾之祖先飲酒燕享。

鳧鷖在涇，公尸來燕來寧，爾酒既清，爾殽既馨，公尸燕飲，福祿來成。（詩，大雅）

祭養尸，饗養上賓。（魯語）

祭祀時之儀式，即爲禮之發生。

爲酒爲醴，烝畀祖妣，以洽百禮，降福孔皆。（詩，周頌）

禮之精神在虔敬，即一種宗教心理。

內史過曰：「敬，禮之輿也。」（左，僖十一）

曲禮曰「毋不敬。」（禮記）

禮後衍成社會間行爲之規律。

孟獻子曰「禮，身之幹也。敬，身之基也。」（左，成十三）

孟僖子曰「無禮，無以立。」（左，昭七）

至春秋之時，禮與儀有所分別。

晉侯謂女叔齊曰「魯侯不亦善於禮乎？……」對曰：「是儀也，不可謂禮。禮所以守其國，行其政令，無失其民者也。」（左，昭五）

衞侯曰：「何謂威儀？」北宮文子對曰：「有威而可畏，謂之威。有儀而可象，謂之儀。君有君之威儀，其臣畏而愛之，則而象之，故能有其國家，令聞長世。臣有臣之威儀，其下畏而愛之，故能守其官職，保族宜家。順是以下，皆如是。是以上下能相固也。」（左，襄二八）

第六節　亂世

周代分爲二期，卽西周與東周。從嚴格言之，周代只包括西周，東周實可名爲亂世。周代何由而致紊亂？從社會紊亂之定律言之，周室之致紛擾，一因社會之財富集中，二因社會之思想拒中。

茲先就「財富集中」以推考周室之致紊亂。

周代紊亂之序幕，始於西周末世。周室之厲王好逸樂，作夷宮，王室財用匱乏，乃斂取民間財貨，暴虐於國。

厲王說榮夷公。芮良夫曰「王室其將卑乎！夫榮夷公好專利而不知大難。……今王學專利，其可乎？匹夫專利，猶謂之盜，王而行之，其歸鮮矣。」（周語）

厲王之貪戾，引起民衆暴動，放逐厲王。

至於厲王，王心戾虐，萬民弗忍，居王於彘。（左，昭二六）

周幽王爲西周最後之周王，從嚴格而言，周代亡於其世。幽王寵褒姒。

周，幽王……中人、鄫人召西戎以伐周，周於是乎亡。（晉語）

赫赫宗周，褒姒滅之。（詩小雅）

十一年，幽王乃滅，周乃東遷。（周語）

幽王九年，而王室始騷，十一年而斃。及平王之末，而秦晉齊楚代興。秦景襄於是乎取周土。（鄭語）

周代自東遷以後，卽爲亂世。

鄭伯曰「王室而既卑矣，周之子孫，日失其序。」（左，隱十一）

西周之末世，社會已呈紊亂之現象。貴族侵奪民衆之財貨，如侵佔田地及掠奪農產品。

人有土田，汝反有之。（詩，瞻卬）

倬彼甫田，歲取十千。（詩，甫田）

不稼不穡，胡取禾三百廛兮。不狩不獵，胡瞻爾庭有縣貆兮。（詩，伐檀）

貴族及士君子之生活甚爲奢侈。小人則反是。

西人之子，粲粲衣服。（詩，大東）亶侯多藏。（詩，十月）

彼有旨酒，又有嘉肴。洽比其鄰，昏姻孔云。念我獨兮，憂心慇慇。佌佌彼有屋，蔌蔌方有穀。民今之無祿，夭夭是椓。

哿矣富人，哀此惸獨。（詩，正月）

出自北門，憂心殷殷。終窶且貧，莫知我艱。（詩，衛門）

社會間之貧與富益趨尖銳化，卽社會間之財富集中於上層階級，社會乃大亂，而周代因之覆亡。

降喪饑饉，斬伐四國。……周宗既滅，靡所止戾。（詩，雨無正）

旻天疾威，天篤降喪。瘨我饑饉，民卒流亡。（詩，召旻）

當春秋之世，此種財富集中之趨勢仍繼續運行，且加高強度。農業社會之財富源泉爲田地，故上層階級皆務於攘奪土地，及與土地爲賄賂。

范宣子與和大夫爭田。（晉語）

郉侯與雍子爭田。（晉語）

中大夫里克與我矣吾命之以汾陽之田百萬。丕鄭與我矣吾命之以負蔡之田七十萬。（晉語）

上層階級爲財富所擁有之階級。

夫郤昭子，其富半公室其家半三軍恃其富寵，以泰於國。（晉語）

鄭駟秦富而侈嬖大夫也而常陳卿之車服於其庭。（左，哀五）

子服惠伯曰：「天殆富淫人，慶封又富矣。」（左，襄二八）

范氏富。（晉語）

下層階級則生計產破，無以爲活。

齊侯言魯曰：「室如懸磬，野無青草。」（魯語）

宋華元曰：「敝邑易子而食，析骸以爨。」（左，宣十五）

鄭……其民人不獲享其土利夫婦辛苦墊隘無所底告。（左，襄九）

社會益形紊亂。

叔向曰：「齊其何如？」晏子曰：「此季世也……民參其力，二入於公室，而衣食其一。公聚朽蠹，而三老凍餒。……」叔向曰：「然。雖吾公室，今亦季世也。戎馬不駕，卿無軍行，公乘無人，卒列無長。庶民罷敝，而宮室滋侈。道殣相望，而女富溢尤。民聞公命，如逃寇讎。……政在家門，民無所依。君日不悛，以樂慆憂。公室之卑，其何日之有。」（左，昭三）

晉，師曠曰：「今宮室崇侈，民力彫盡。」（左，昭八）

君外內頗邪，上下怨疾。動作辟違，從欲厭私。高台深池，撞鐘舞女。斬刈民力，輸掠其聚，以成其違，不恤後人，暴虐淫從，肆行非度，無所還忌。不思謗讟，不憚鬼神。神怒民痛，無悛於心。……山林之木，衡鹿守之。澤之萑蒲，舟鮫守之。藪之薪蒸，虞候守之。海之鹽蜃，祈望守之。縣鄙之人，入從其政。偪介之關，暴征其私。承嗣大夫，彊易其賄。布常無藝，徵歛無度。宮室日更，淫樂不違。內寵之妾，肆奪於市。外寵之臣，僭令於鄙。私欲養求，不給則應。民人苦病，夫婦皆詛。（左，昭二十）

周代紊亂之第二因素，爲「思想拒中。」周初之大政治家周公旦，曾用文化統制策略，以臻進社會間之治理。但此策略，隨年代而鬆弛，至西周之末世，已發生歧異之思想。有多數人物，橫發議論。

謀夫孔多，是用不集。發言盈庭，誰敢執其咎。……維邇言是聽，維邇言是爭。（詩，小旻）

民間亦有多數議論，發揮己見，卒至善惡不明，是非雜亂。

民之訛言，亦孔之將。……好言自口，莠言自口。……具曰予聖，誰知烏之雌雄？（詩，正月）

言論愈多，社會愈亂。

盜言孔甘，亂是用餤。（詩，巧言）

在此言論紛紜之中，而周代滅亡。

當春秋、戰國之時，思想更加離異，於是產生諸子之學說，而社會亦極紊亂。

孟子曰：「世衰道微，邪說暴行有作……聖王不作，諸侯放恣，處士橫議。」（孟子滕文公下）

荀子曰：「假令之世，飾邪說，文姦言，以梟亂天下，矞宇嵬瑣，使天下混然不知是非治亂之所存者，有人矣。（荀子非十二子）

班固曰：「諸子十家，其可觀者九家而已。皆起於王道既微，諸侯力政，時君世主，好惡殊方。是以九家之術，蠭出並作，各引一端，崇其所善，以此馳說，取合諸侯。」（漢書藝文志）

本章附註

〔一〕中國舊傳說中，有所謂公田制，或稱井田制。關於此種之記載，始見於孟子書中。

滕文公使畢戰問井地。孟子曰：「夫仁政，必自經界始。經界不正，井地不均。」

從此段文字，可得下列之推想。

(一)當孟子之時，及其相近之前代，無井田制度存在。若此制已在，或曾在社會上見諸實行，則當時之人，必皆知之。滕文公不致使人問此制於學者。(二)井田制之說，始創於孟子。滕文公不使人至他處問此制，而使人至孟子處問此制，必因孟子創說井田，時人不得其解，故使人問之。

孟子所說之井田制為何？

「方里而井，井九百畝。其中為公田，八家皆私百畝，同養公田。公事畢，然後敢治私事。」

此爲不切實際之理論。八家所耕種之地域，佔九百畝。且劃爲方形。社會內之家數甚多，則田野必不能皆區分爲佔九百畝之方井。田野且有丘陵川流之貫穿，使方井制無從實現。

孟子何由而得此井田制之理想？其來源有二：一爲公田，二爲井田。孟子以爲前代有公田。

「詩云，雨我公田，遂及我私。惟助爲有公田。由此觀之，雖周亦助也。」

孟子之公田思想，是由周詩中得來。並因此公田二字，聯思到助法。以爲助法，即井田之實行情況。孟子所見之助法爲何？

「夏后氏五十而貢，殷人七十而助，周人百畝而徹，其實皆什一也。徹者徹也，助者藉也。」

助法爲一種稅制。助爲藉，意義爲藉民力以種植田地。徹爲徹，意義不明。孟子之言論，有數錯誤。（一）藉即籍，爲周制。徵民力以耕種貴族之私田。並非國家有多數屬於公衆之田，而令人民耕種之。（二）孟子又云：助與徹皆什一之稅法。是人民之私田，已出什一之稅，人民又何必耕種公田。若二者兼而有之，則爲苛政，必非孟子所謂之仁政矣。助法既是什一之稅制，則助之意義，不是助耕公田。若助法不是助耕公田，則助法不能證明公田制之存在。

然孟子尚以爲周詩中有公田二字，可以說古有公田制。茲將周詩加以研究。

「有渰萋萋，興雨祁祁。雨我公田，遂及我私。彼有不穫穉，此有不斂穧。彼有遺秉，此有滯穗。伊寡婦之利。」（詩，大田）

此大田詩作於周代擾亂之時，人民生活艱苦。

「大田刺幽王也。言矜寡不能自存焉。」（詩序）　注：「幽王之時，政煩賦重，而不務農事。蟲毒害穀，風雨不時。萬民飢饉，矜寡無所取活。」

在此饑饉載途之時，何以此不能自存之矜寡，希望時雨先降在屬於公衆之田，而後及其私田？豈其不欲生存耶？抑此解釋容有錯誤？

案公田之公非公衆之義，乃公侯之意。周代各階級皆有私田，公侯亦有其私田，如載芟詩中所述之「侯彊侯以。」公侯當費用不足之時，常掠奪民衆之收穫。

「不稼不穡，胡取禾三百廛兮。」（詩，伐檀）

「碩鼠碩鼠，無食我黍。」（詩碩鼠）

貴族時常有掠奪民衆之事。在此情境之下，大田詩中之矜寡，希望時雨先降於公侯之田。使公侯有豐收，然後此寡婦私田中所生產之穀，纔能保留。若公侯欠收，則寡婦之穀概被侵奪矣。故大田詩云：若公侯之田內無收穫，則其私田，不能保留禾束。若公侯田內有存留之禾把，則此私田有滯積之穗。所以希望公侯之田有收穫，實爲寡婦私自之利益。此爲亂世貧民之苦況。孟子將公田釋爲公衆之田，而遺忘此詩之下段，斷章取義，以迎合其性善論之玄學，而造成中國歷史中之虛僞事實。孟子之過，爲不小矣。

或謂大戴記中之夏小正亦曾言及公田。其文云：「初服於公田，古有公田焉者，古言先服公田，而後服其田也。」夏小正一篇，有人以爲夏代遺書，實非確論。(一)夏小正之立春日在東壁初度，非夏制。(二)夏小正言「古有公田。」若爲夏代書，則此所謂古，必爲夏代前千餘年。案農業起於神農時，遠古決無田制。大戴記爲漢代戴德所撰，此數言爲戴氏受孟子之影響而發之議論，不能爲公田制之論證。

孟子以爲古有公田，何以揣測此公田制爲井田之形式？此不外下列數種暗示。(一)耕字从耒井，耕字之古文作畊，从井田。孟子遂以爲古田界爲井字形狀，其實井爲一田區之名。(二)魯語云：「收田一井，出稯禾秉芻缶米，不是過也。」井爲田區之名。風俗通云：「古者二十畝爲一井。」(三)齊語云：「陵，阜陸，墐井，田疇，均則民不憾。」此處之井與田爲二物。

孟子誤解周詩中公田之意義，保存助法之二重解釋（助耕與什一制）秉受不明晰之暗示，而造成井田制。

第五章　羣哲一

惟聖罔念作狂。
惟狂克念作聖。——周公

第一節　綜論

第一段　哲知

人類之生存，爲執行生命之動作。生命之內容，爲生存與生育。其動作，則爲身體與心靈。藉身心二活動，以求滿足生命之生存與生育二衝動。生存衝動多與身體活動相聯，而生育衝動多與心靈活動相聯。生存與身體，發展出人類社會之文明。而生育與心靈，發展出人類社會之文化。人生有二重動作，然人生爲整個的。故動作雖有二種，而其發展組合則爲一個。人生爲「一樣中之多樣。」(Variety in Unity)。

人類文化即人類心靈之活動。人類社會之進步，與人類心靈之演進，相輔而行。人類之心靈活動，其演進，爲由直認而至折思。直認爲心靈攝取外境之印象。折思爲憑此印象而加所思維。心靈之活動爲一曲折之形。人類智識，皆在曲折思維之內。曲折思維又名反射思想，(Reflective thought）在中國名曰哲。哲字之古文作悊，即心靈之曲折活動。人類之知識由此活動而產生。

哲，知也。（說文）　哲，智也。（釋言）

知識爲何？

知，詞也。（說文）　注：識敏，故出於口者疾如矢也。

智，識詞也。（說文）

識與詞之意義。

識，認也。（玉篇）

詞，意內而言外也。（說文）　注：詞者，謂摹繪物狀，及發聲助語之文字也。

知識即心靈攝印物狀，又憑反射思想以了解其意義，再用語言或文辭之符號以表述之。

第二段　智者

人類知識之發展，依其階級之次序而嬗遞。中國在古代分爲三階級，即大人、君子、小人。中國之知識發展，初期在大人階級，次期在君子階級，末期在小人階級。

中國初期之知識份子，皆在大人或貴族階級。如伏羲、神農、黃帝、伯禹、后稷、公劉以及殷代之君王皆是。

別求聞由古先哲王，用康保民。（書康誥）

> 在昔殷先哲王，迪畏天顯小民，經德秉哲。（書，酒誥）

> 由湯至於武丁，聖賢之君六七作，天下歸殷久矣。（孟子，公孫丑）

次期之知識份子，則在君子階級。

> 爾庶邦君，越爾御事，爽邦由哲。（書，大誥）

君子爲輔助貴族之官吏，其職務可分三種，第一種司天文。黃帝最初設立觀測天象之官。

> 皇帝乃命重黎絕天地通，罔有降格。（書，呂刑）

> 乃命南正重司天以屬神，命火正黎司地以屬民。（楚語）

第二種官吏爲巫史，司宗敎內之事務。

> 夫人作享，家爲巫史。（楚語）

> 古者民神不雜，民之精爽不攜貳者，而又能齊肅衷正，其智能上下比義，其聖能光遠宣朗，其明能光照之，其聰能聽徹之，如是則明神降之，在男曰覡，在女曰巫，是使制神之處位次主，而爲之牲器時服，而後使先聖之後之有光烈。（楚語）

巫史之見於殷代者，有巫咸等。

> 巫咸乂王家，在祖乙時則有若巫賢。（書，君奭）

第三種官吏，司佐理政治之事。

鞠人謀人之保居敍欽。（書，盤庚）

惟古之謀人。（書，秦誓）

書曰「聖有謩勳，明徵定保。」（左，襄二一）

於先王之書，豎年之言然曰「晞夫聖武知人，以屛輔而身。」（墨子，尚賢下）

自周代以後，學識思想皆在此輩官吏階級之內。

仲尼曰：「天子失官，學在四夷，猶信。」（左，昭十七）

末期之知識份子，在小人階級。戰國時之墨家，即此期中之人物。

第二節　遲任

中國最古之智者，而有言論遺留於後世者為遲任。初期之知識份子，屬於大人階級。遲字與後后同義，意為先王。任字與壬字通假。遲任大概為外壬，當西歷紀元前一千四百年左右。

遲任有言曰：「人惟求舊，器非求舊，惟新。」（書，盤庚上）

遲任之思想有二點。第一點關於政治，即維持貴族統治。

盤庚曰：「古我先王，亦惟任舊人共政。」

第二點關於經濟，即求器具之更新。遲任於此處表現其偉大之智慧。人類文明之進步，即以器具更新爲動力此點智慧之熘火，後爲道家所摧滅，致令中國文明進步滯緩。

第三節　武丁

武丁爲殷高宗，當西歷紀元前一千二百年左右。

其在高宗時，舊勞於外，爰曁小人，作其卽位，乃或亮陰，三年不言。其惟不言，言乃雍。不敢荒寧，嘉靖殷邦，至於小大，無時或怨。肆高宗之享國五十有九年。（書，無逸）

昔殷武丁能聳其德，至於神明，以入於河，自河徂亳，於是乎三年，默以思道。卿士患之，曰：王言以出令也，若不言，是無所稟令也。武丁於是作書，曰：「以余正四方，余恐德之不類，茲故不言。」如是而又使以象夢旁求四方之賢。得傅說以來，升以爲公，而使朝夕規諫，曰：「若金，用女作礪。若津水，用女作舟。若天旱，用女作霖雨。啓乃心，沃朕心。若藥不瞑眩，厥疾不瘳。若跣不視地，厥足用傷。」（楚語）

在武丁，時則有若甘盤。（書，君奭）

武丁在政治方面任用賢人如傅說、甘盤以佐治。在哲學方面，沉思默念以體道。故三年不言。此種默念（Meditation）爲哲學中之重要方法。武丁是具有哲學態度之君王。〔附注一〕

第四節　祖己

祖己爲武丁時之貴族，曾訓於王。

高宗肜日越有雊雉。祖己曰：「惟先格王正厥事。」乃訓於王，曰：「惟天監下民，典厥義。降年有永有不永。非天天民，民中絕命。民有不若德不聽罪，天既孚命正厥德，乃曰其如台。」（書，高宗肜日）

祖己首先發現宇宙中之人性。人性在社會間，有其重要之地位。故祖己注重民之「中」。

中，內也。（說文段注）

人應保持其內部和諧而正當之性格。

各設中於乃心。（書，盤庚中）

爾克永觀省，作稽中德。（書，酒誥）

有中正之性格，則有健全之自我。此謂之義。

董子曰：「義者我也。義必由中斷制也。」

自我性格之本身爲正當。

義，正也。（釋名，釋典藝）

自我性格之外應爲適宜。

義者，宜也。（禮記，中庸）

多數自我組織社會。在社會內，此等自我之運動，彼此因應得宜，而成一和諧之狀態。此種運動，即謂之德或悳。

德，得也得事宜也。（釋名，釋言語）

悳，外得於人，內得於己也。（說文）

故人能正其中，在個人方面則有義，在社會方面則成德。

第五節　周易

第一段　引言

周易之名，始見於載籍，爲當春秋之世。

周史有以周易見陳侯者，陳侯使筮之。（左，莊二二）

易字之意義。

祕書說曰：「日月爲易，象陰陽也。」

易與筮相聯。

筮，易卦用蓍也。（說文）

筮爲殷代之巫祝所造。

巫咸作筮。（呂覽）

在太戊，……巫咸乂王家。（書，君奭）

巫咸，殷中宗時神巫。（楚詞注）

巫咸之年代，當西歷紀元前一千五百年左右。其鄉里據史記索隱為吳人。筮字从巫从竹，即巫祝以竹策排列而成卦。後筮傳至北方，無竹而用蓍草代之。

蓍，蒿屬生千歲，三百莖。易以為數。（說文）

第二段　筮卦

筮為殷代之巫祝所造。巫祝司宗教之事，故筮為宗教中之物事。宗教為人類生育衝動所發生之活動，其本眞與形式皆與生育有關。生育之形式為男女接觸而產生一繼體，故男女配合為重要之條件。男女在宗教中又稱陽陰或乾坤，此為宗教中之基礎觀念。宗教所製造之筮或易，亦以此二觀念為骨幹。

易以道陰陽。（莊子，天下）

乾坤其易之門邪。乾，陽物也，坤，陰物也。陰陽合德，而剛柔有體。（易，繫辭下）

陰陽會合為生育之肇始。易之精蘊為生。

生生之謂易。（繫辭上）

天地絪縕，萬物化醇。男女構精，萬物化生。（繫辭下）

筮爲殷代宗教中產品，故爲殷代文化之一部。

孔子曰：「我欲觀殷道，是故之宋而不足徵也。吾得坤乾焉。」（禮運）　注：得殷陰陽之書也。

殷代宗教初爲生殖器崇拜。筮即生殖器崇拜之符號表現。筮爲用竹策或蓍草排列成卦。卦爲宗教中之生育形式。

觀變於陰陽而立卦。（易，說卦）

卦字从圭从卜。

圭，瑞玉也。上圜下方。（說文）

圭字之意義，可由奎字相發明。

奎，兩髀之間。（說文）　髀，股也。（說文）

奎字从大从圭。大字爲古文人字。圭字當人之兩股之間，即生殖器。圭玉爲男根之象形器，用於宗教祭祀之時。圭又與璧同時使用，璧爲女陰之象形器。圭璧爲生殖器崇拜禮儀中所用之象徵祭器。

王用享於帝。（易益六二）　告公用圭。（六三）

是月也，祀不用犧牲，用圭璧。（禮記，月令）

卦字中之卜字，當爲匕字之譌。匕字爲古文牝字，象女陰。卦字从圭从匕，爲男女生殖器之配合，義

爲生育形式。〔附註二〕

卦用兩種符號造成。(一)爲丨，象男根。(二)爲く，象女陰。二者配合而產生一繼體。故生育形式爲三一體。所產生之繼體，或爲男，或爲女，亦用生殖符號表示之。在一卦內，男女生殖符號之排列，可橫可直，可左可右，無一定制。後習俗將此生殖符號橫置如 ━ ╍，或 ╍ ━。所生繼體爲男或爲女，可置於男女符號之上或下。因此而造出八卦。

八卦衍生圖

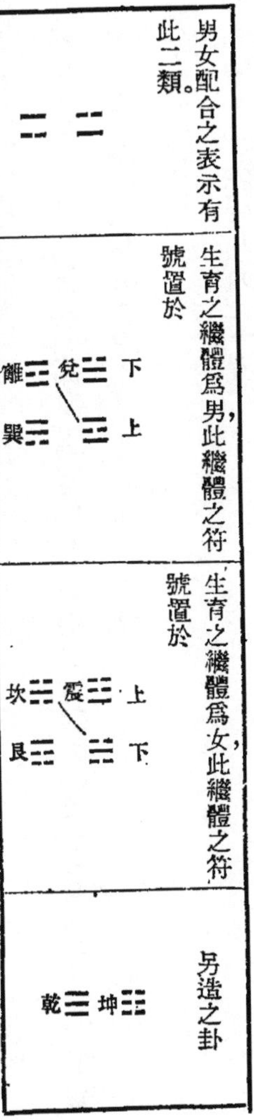

生育形式爲男女配合與繼體而成。男女配合有二式，繼體可爲男爲女，繼體可置於配合體之上或下，因此而衍出六卦。此等卦內有二陽一陰，或二陰一陽。創卦者另增加三陰與三陽之卦，合前六卦以成八卦。後又於此八卦各設一名稱。

第三段　重卦

卦之用於占卜，在重卦之後。重卦當在周初，故易名周易。

> 易之興也，其於中古乎？作易者其有憂患乎？……易之興也，其當殷之末世，周之盛德邪？當文王與紂之事邪？（繫辭下）

重卦之人爲當時之巫祝。

> 巽在牀下，用史巫紛若。（易，巽九三）

重卦之後，每卦定一名稱，皆取周初之事實爲名。茲用一例以考察之。卦名中有一「明夷，」即證重卦在周代克殷之後。明夷二字又見於本卦之爻辭。

> 六五，箕子之明夷，利貞。

夷即論語中「子欲居九夷」之夷。

> 夷，東方之人也。（說文）

箕子當殷亡之時，逃奔朝鮮。朝鮮即東夷之地。

> 武王釋箕子之囚，箕子不忍爲周之釋，走之朝鮮。武王聞之，因以朝鮮封之。（尚書大傳）

本卦內有一爻辭，記箕子逃走時在途中所受之苦況。

> 初九，明夷於飛，乘其翼。君子於行，三日不食，有攸往，主人有言。

明夷爲箕子，啓明東夷之人。

武王封箕子於朝鮮。箕子教以禮義田蠶。又置八條之教。（後漢書）

箕子明夷，爲周初之事實。

每卦分爲六爻。卦與爻皆有辭。此等卦辭爻辭，皆述周初之事。擧數例於下。

一爲周初之逸民伯夷、叔齊。

不事王侯，高尚其事。（易，蠱上九）

伯夷、叔齊爲有節操之人。當周代之初，隱居遂志。

逸民，伯夷，叔齊，……子曰「不降其志，不辱其身，伯夷，叔齊與。」（論語，微子）

伯夷，叔齊餓於首陽之下。（論語，季氏）

二爲周初之封建。

有攸往，利建侯。（易，屯）

大君有命，開國承家，小人勿用。（易，師上六）

康侯用錫馬蕃庶，晝日三接。（易，晉）

康侯卽康叔，康叔名封。

頗收殷餘民，以封武王少弟封爲衞康叔。（史記，周本紀）

康侯封作寶尊。（康侯鼎銘）

此等卦辭爻辭，多爲殷末周初之片斷的歷史記載，或爲成語，短詩，斷句等。筮人當占卜之時，解釋某卦或某爻，引用一文辭，以後此文辭卽繫於此卦或爻之上，皆偶然之聯繫，無理由存在於其間而同樣之文辭，聯於數爻之上。

（一）或益之十朋之龜，弗克違，元吉。（損六五）

或益之十朋之龜，弗違，永貞吉。（益六二）

（二）帝乙歸妹，其君之袂，不如其娣之袂良，月幾望，吉。（歸妹六五）

帝乙歸妹以祉，元吉。（泰六五）

（三）密雲不雨，自我西郊。（小畜）

密雲不雨，自我西郊，公弋取彼在穴。（小過六五）

第四段、筮占

周易在古代，皆以爲具精深之理蘊，爲最奧祕之術數。

絜靜精微，易教也。（禮記經解）

易、春秋，明其知。（春秋繁露玉杯）

易之奧祕，在其占卜，周易之占名曰筮。筮原指八卦而言。至周初重卦而用於占，仍以筮爲名。筮與卜有別，易占爲筮，龜占爲卜。龜卜之歷史悠久，至周代大事仍用龜卜。易筮爲新起之占術，日常之事用之。

寧王遺我大寶龜，紹天明（書，大誥）

國之守龜，其何事不卜。（左，昭五）

卜人曰：「筮短龜長，不如從長。」（左，僖四）

筮之用，始於周初。

若卜筮，罔不是孚。（書，君奭）

爾卜爾筮，體無咎言。（詩，氓）

筮之運用爲揲蓍，其方法今已不可考，其形式爲由一卦而變至另一卦。筮人於此變遷之中，加以解釋，以斷定所詢問之事，其結果爲吉或爲凶。

筮人所加之解釋，其根據何在？周易中之各卦，皆附有屬性，如某卦爲山，某卦爲水等等。此種卦之屬性皆偶然的附麗而無眞實之關係。每卦屬性甚多，由筮人隨意增設。當占卜之時，筮人憑所問之事，觀所得之卦及其遷變，筮人乃就自己所積之社會經驗，將筮卦中之各種屬性加以聯想化（Association）及理性化（Rationalization）以得一答案。若答案不爲問事人所滿意，或與事變之結果相反，筮人可就卦中之另一部屬性，加以聯綴，以得圓滿之答覆。當筮占之時，或有數人在場。在場之衆人各有不同之經驗，故解釋卦變，各有不同之答案。有人以爲卦占爲吉，有人以爲卦占爲凶，在此種爭執之下，最後之決定不易求得，故在所詢之事變發生後，必爲吉或凶。必有一答案爲圓滿的答覆，然後社會中人皆以筮占爲靈驗。周易爲宣洩神祕機密之方術，其不對事實之解釋，皆爲筮人未得卦中之涵義。

每卦之屬性甚多，茲舉二例於下。

乾爲天，爲圜，爲君，爲父，爲玉，爲金，爲寒，爲冰，爲大赤，爲良馬，爲老馬，爲瘠馬，爲駁馬，爲木果。

坤爲地，爲母，爲布，爲釜，爲吝嗇，爲均，爲子母牛，爲大輿，爲文，爲衆，爲柄，其於地也爲黑。（易說卦）

筮人就此等屬性，加以聯綴而成答案。問事人或不滿意筮人之解釋而加以辯駁，有時筮人無詞以答，乃以煩瀆之罪名而拒絕之。

匪我求童蒙，童蒙求我，初筮告，再三瀆，瀆則不告。（易，蒙）

此爲筮人所發之牢騷。筮占盛行於春秋之時，其執行之情形，可於下例窺得之。

公子親筮之，曰：「尙有晉國？」得貞屯悔豫，皆八也。筮史占之，皆曰：「不吉，閉而不通，爻無爲也。」司空季子曰：「吉。是在周易，皆利建侯。不有晉國，以輔王室，安能建侯？我命筮曰『尙有晉國？』筮告我曰『利建侯。』得國之務也，吉孰大焉。震，車也。坎，水也。坤，土也。屯，厚也。豫，樂也。車班外內，順以訓之，泉原以資之，土厚而樂其實。不有晉國，何以當之？震，雷也，車也。坎，勞也，水也，衆也。主雷與車，而尙水與衆。車有震武，衆順文也。文武具，厚之至也。故曰『屯』。其繇曰：『元亨利貞，勿用有攸往，利建侯。』主震雷，長也，故曰『元』。衆而順，嘉也，故曰『亨』。內有震雷。故曰『利貞』。車上水下，必伯。小事不濟，壅也。故曰『勿用，有攸往』。一夫之行也，衆順而有武威，故曰『利建侯』。坤，母也。震，長男也。母老子彊，故曰『豫』。其繇曰：『利建侯，行師』，居樂出威之謂也。是二者，得國之卦也。」（晉語）

筮占除有司專責之「筮史」外，當時社會間之智識份子皆曾學習，如司空季子等。

南蒯枚筮之，遇坤之比，以示子服惠伯……惠伯曰：「吾嘗學此矣。」（左，昭十二）

人類之知識可分二種。一爲事物間偶然關係之知識（Knowledge of the accidental relations between things）。二爲事物間必然關係之知識（Knowledge of the necessary relations between things）。人類知識之進步，爲由第一種進至第二種。筮占爲第一種知識。現代之科學爲第二種知識。

第五段　易理

周易在哲學上之貢獻有二：一爲定數論。

晉韓簡曰：「龜，象也。筮，數也。物生而後有象，象而後有滋，滋而後有數。」（左，僖十五）注：言龜以象示，筮以數告。象數相因而生，然後有占。占所以知吉凶，不能變吉凶。

宇宙中事物繁多，因而發生數。每事物在宇宙間有其位置及關係。事物之數位爲先定的。宇宙有其自存之秩序。事物之運行，亦有其先定之規律。

二爲對立論。周易以男女之對立爲起點。由男女之對立，而提出宇宙間其他各種之對立。如正反，往復，高下，强弱，吉凶等等。宇宙間之事物，皆爲對立的。

无平不陂，无往不復。（泰九三）

反復其道。（復）

觀我生進退。（觀六三）

此種對立之思想，傳播於社會之間，周代之詩人，亦曾表示此思想。

高岸爲谷，深谷爲陵。（詩，十月之交）

對立思想中有二常見之對立，爲陰陽與剛柔。陰陽二字原用於天文現象，指月與日而言。後受日光映晒之處亦曰陽，其蔽日之處則曰陰。

既景乃岡，相其陰陽，觀其流泉。（詩，公劉）

陰陽後用於宗教中，指女與男。

剛柔二字，原用於食物之上，指食物之軟硬。

采薇采薇，薇亦柔止。……采薇采薇，薇亦剛止。（詩，小雅）箋：柔謂脆脃之時，剛謂少堅忍時。

人亦有言，柔則茹之，剛則吐之。（詩，大雅）箋：柔，猶濡毳也。剛，堅彊也。

剛柔後用於人生行爲之態度。

商書曰：「沈漸剛克，高明柔克。」（左，文五）注：沈漸，猶滯溺也。高明，猶亢爽也。言各以剛柔勝己本性，乃能成全也。

第六節　祭公

祭公名謀父，爲周之貴族，食祿於祭。

祭，畿內之國，周公之後也。（周語注）

祭在今之河南省開封東北十五里，有祭伯城，即祭之故墟。謀父爲穆王之卿士。其年代當西曆紀元前九百年左右。曾著祈招之詩。

穆王欲肆其心，周行天下……祭公謀父作祈招之詩，以止王心。（左，昭十二）

祭公爲卿士之時，貢獻其政治之竟見。

王若曰：「祖祭公。……公其告予懿德。……」公曰：「嗚呼！天子，我不則寅哉寅哉。汝無以戾反罪疾，喪是二王之大功。汝無以嬖御固莊后，汝無以小謀敗大作，汝無以嬖御士疾大夫卿士，汝無以家相亂王室，而莫恤其外，尙皆以時中乂萬國。」（逸周書，祭公解）

祭公教穆王以「時中」之道。穆王能協調其性格，以得中和之態度，則應事待人，皆可得其適宜。

祭公爲最早持性善之見解。人能正其性，則行動皆得正軌。祭公對於社會之理論，爲發展民財，改進器械，使人民得受實利，而社會亦臻治安。

祭云謀父曰：「先王之於民也，懋正其德而厚其性，阜其財求而利其器用，明利害之鄉，以文修之，使務利而避害，懷德而畏威，故能保世以滋大。」（周語）

社會治安之重要條件，爲設立社會秩序。社會秩序可由二法以建立之。一爲宗教方面，固定人民之意志，使社會有一維繫之力量。二爲政治方面，公佈名號，使社會中之各份子，皆有其一定之地位而不敢僭越。社會秩序設立之後，則不容破壞。有破壞者，則以刑罰裁制之。

先王之訓也，有不祭則修意，有不祀則修言，有不享則修文，有不貢則修名，有不王則修德，序成而有不至則修刑。（周語）

本章附註

〔一〕武丁之三年不言，是默以思道。後誤會出儒家所持之三年喪制。

子張曰：「書云高宗諒陰三年不言，何謂也？」子曰：「何必高宗，古之人皆然。君薨，百官總己以聽於冢宰，三年。」（論語）

孔子以高宗之三年不言，是守喪制，故云古代有三年喪制。其實高宗之不言，爲哲學動機而非守制。

〔二〕中國之祖先教與西洋之基督教（Christianity），爲相同性質之宗教，皆起於農業生產文化之時期，皆以生命來源爲宗教之肇始點，皆具生殖器崇拜之遺規。茲將基督教之重要教義列舉於下。

(一)基督敎之象徵器爲十字架，即生殖器之符號。

(二)基督敎尊崇聖母與孺子(Madonna and Child)即注重人類之生育，或生命之源始。

(三)基督敎之中心敎義爲愛，即男女之愛及母子之愛而聖神化。

(四)基督敎亦提出生育形式，而名爲三一體(Trinity)。此三一體爲神聖符號，包含父、子與聖鬼。(Father, Son and Holy Ghost)聖鬼即母，因其爲生命之源泉，故特名爲聖鬼。三者相聯而成一體，此即生育之形式，與中國之卦相同。其異處，基督敎之三一體爲敎義。祖先敎之卦，爲符號之表現。

第六章　羣哲二

第一節　芮良夫

良夫姬姓，爲周室宗親，伯爵食采於芮。芮在今山西芮城。良夫爲厲王之卿士，其年代當西歷紀元前八百五十年左右，曾著桑柔之詩，中有句云：「大風有隧，貪人敗類」

桑柔，芮伯刺厲王也。（詩序）

周芮良夫之詩曰：「大風有隧，貪人敗類。」（左，文元）

芮良夫之思想可分數點考察。第一，社會思想。社會之治亂，繫於社會人士之行動。尤要者爲關於經濟之行動。社會中之有權勢者若聚斂民財，則人民生活給養缺乏，而至擧亂。故社會中之財貨宜分散於上下階級，然後社會始克治平。若有專利之行動，則社會必至紛亂。

厲王說榮夷公，芮良夫曰：「王室其將卑乎？夫榮夷公好專利而不知大難。夫利，百物之所生也，天地之所載也。而或專之，其害多矣。天地百物皆將取焉，胡可專也？所怒甚多，而不備大難，以是敎王，王能久乎？夫王人者，將導利而布之上下者也。使神人百物無不得其極，猶日怵惕懼怨之來也。」（周語）

社會之治理，須使社會中之財富拒中上層階級少取於民，而人民則多事生產。

民有肅心，荓云不逮，好是稼穡，力民代食。稼穡維寶，代食維好。（詩，桑柔）

人民從事於稼穡，官吏盡力於政治。官吏分民衆之食用，應爲良好之人，而不苛斂民衆，如是則社會可以治理。

第二，政治思想君王之事務，乃求利民除害。若不能履行此項事務，則民衆離貳，而君王之地位，亦即搖動。君善於民，民則奉爲君。君害於民，民則視爲讎。君之所以爲君，濺其待民之政治而定。

后除民害，不惟民害。害民乃非后，惟其讎。后作類，后弗類，民不知后，惟其怨。民至億兆，后一而已。寡不敵衆，后其危哉。（逸周書芮良夫解）

子惟民父母，致厥道，無遠不服。無道，左右臣妾乃違。民歸於德，德則民戴，否則民讎。（仝書）

司治理之官吏，宜修身勤事。然後官吏得保其職位，而社會亦進入治平。

惟爾執政朋友小子，其惟洗爾心，改爾行，克憂往愆，以保爾居。（逸周書）

爲謀爲毖，亂況斯削。告爾憂恤，誨爾序爵。（詩桑柔）

官吏之良善，在其能實行事務，而不在其巧言動人。

我聞曰「以言取人，人飾其言。以行取人，人竭其行。」飾言無庸，竭行有成。（逸周書）

第二節　衞和

和爲周室康叔之後。康叔封於衞。和繼其裔系爲諸侯，謚爲武公。

衞人立和，爲侯，是爲武公。（史記，衞世家）

和尙德行，聽規諫，故有令名於其時。

昔衞武公年數九十有五矣，猶箴儆於國，曰：「自卿以下，至於師長士，苟在朝者，無謂我老耄而舍我，必恭恪於朝，朝夕以交戒我。聞一二之言，必誦志而納之，以訓導我。」在輿有旅賁之規，位宁有官師之典，倚几有誦訓之諫，居寢有褻御之箴，臨事有瞽史之導，宴居有師工之誦。史不失書，矇不失誦，以訓御之。於是乎作懿戒以自儆也。及其沒也，謂之睿聖武公。（楚語）

懿戒即周詩中之抑篇。

抑，衞武公刺厲王，亦以自警也。（詩序）

武公之德行，薰陶衞國人士，故衞國之樂歌，皆表現其盛德之遺風。

吳公子札來聘，請觀於周樂，爲之歌邶鄘衞，曰：「美哉，淵乎！憂而不困者也。吾觀衞康叔、武公之德如是，是其衞風乎？」（左，襄二九）

武公曾入相於周，時人作淇澳之詩以美之。

淇澳，美武公之德也。有文章，又能聽其規諫，以禮自防，故能入相於周，美而作是詩也。（詩序）

武公之中心思想，着重於倫理方面。武公之最高理想，爲一具備德行之人。

其惟哲人，告之話言，順德之行。（詩，抑）

辟爾爲德，俾臧俾嘉。淑愼爾止，不愆於儀。不僭不賊，鮮不爲則。

有德行之人，當獨居之時，亦修德若恆。

相在爾室，尚不愧於屋漏。無曰不顯，莫予云覯。

處社會之時，則修飾儀貌。

抑抑威儀，維德之隅。……敬愼威儀，維民之則。

與人交接之時，其行爲則溫柔可親。

視爾友君子，輯柔爾顏，不遐有愆。……荏染柔木，言緡之絲。溫溫恭人，維德之基。

其談說則擇言愼話。

愼爾出話。……白圭之玷，尚可磨也，斯言之玷，不可爲也。無易由言，無曰苟矣。莫捫朕舌，言不可逝矣。無言不讎，無德不報。

第三節　凡伯

凡爲周同姓之國。在今河南輝縣。其主曾爲王官。

凡伯，周同姓。周公之胤也。入爲王卿士。（詩箋）

天王使凡伯來聘。（春秋隱七）

凡伯曾作板與召旻。

板，凡伯刺厲王也。（詩序）

召旻，凡伯刺幽王大壞也。（詩序）

周代當厲幽之時，社會紛擾。於是有多數智識份子懷疑文化之價值。周代為文物發達之朝代，而卒至憂患頻仍，民不聊生。

旻天疾威，天篤降喪，瘨我饑饉，民卒流亡。我居圉卒荒。天降罪罟，蟊賊內訌。（詩，召旻）

智識份子如凡伯等掀起一種反文化之思潮。周代文物之盛，皆因人有所作為，有所亢進。建設之後，已無再進之餘地，其前途祇有毀敗。治理之後，祇有紛亂。若欲避免紛亂，必先廢棄治理。如思減少毀敗，必先放棄作為。此反文化思潮中有二中心要義，一為柔弱。柔弱則無爭，無爭則無亂。二為無為。無為則無敗。

天之方懠，「無為」「夸毗」。威儀卒迷，善人載尸。（詩，板）

傳：夸毗，體柔人也。　箋：君臣之威儀盡迷，賢人君子則如尸矣，不復言語。　夸毗，屈己卑身以柔順人也。（爾雅，釋訓，孫注）

當亂世，善人如尸骸，無所作為，即與人交接，亦以柔弱應之。「無為」與「夸毗」為亂世處世之方法。

無，亡也。（說文） 注：凡所失者，所未有者，皆如逃亡然也。

爲，造作也。（爾雅，釋言）

人不必創作宇宙有其秩序。人祇需順其自然之秩序而運行，則無錯誤與紛擾。

天之牖民，如壎如篪，如璋如圭，如取如攜，攜無曰益，牖民孔易，民之多辟，無自立辟。（詩，板） 傳：牖，道也。如壎如篪，言相和也。如璋如圭，言相合也。如取如攜，言必從也。辟，法也。

此種反文化思潮，在厲幽之後，至春秋之初，大爲盛行。無爲之思想，常見於此期之人士。其代表爲兔爰之詩。

有兔爰爰，雉離于羅。我生之初，尚無爲。我生之後，逢此百罹。尚寐無吪。

有兔爰爰，雉離于罦。我生之初，尚無造。我生之後，逢此百憂。尚寐無覺。

有兔爰爰，雉離于罿。我生之初，尚無庸。我生之後，逢此百凶。尚寐無聰。（詩，王風）

此派反文化之思想，後爲春秋時之老聃，總其大成，而成中國二千餘年文化之樞幹。

第四節 尹吉甫

尹吉甫爲周室之王官。當西歷紀元前八百年左右。

尹吉甫，周之卿士也。尹，官氏。（詩箋）

曾作烝民之詩詩中自署己名：「吉甫作誦，穆如淸風。」

烝民，尹吉甫美宣王也。（詩序）

吉甫之思想，提創自然主義。宇宙中有其自然之法則，人祇須循此法則而行動。

天生烝民，有物有則；民之秉彝，好是懿德。

社會亦有自然之秩序。道德卽此秩序之運行。人循道德而行動，爲輕易之事。但人不能製造或廢棄道德，亦不能據之爲私有。

人亦有言：「德輶如毛，民鮮克擧之。我儀圖之。」

人能明瞭自然之運行，則知持己之法則，可以保全其身軀。

既明且哲，以保其身。

第五節　伯陽甫

伯陽甫姓伯，名陽甫。伯姓爲僉之後。春秋時有伯宗，伯州犂。陽甫爲周幽王時太史。其年代當西歷紀元前七百八十年左右。

伯陽甫有一宇宙哲學；宇宙爲陰陽二氣之運行；有其自存之秩序。若此秩序擾亂，則宇宙間必有怪異之事變發生。

幽王二年，西周三川皆震。伯陽甫曰：「周將亡矣。夫天地之氣，不失其序；若過其序，民亂之也。陽伏而不能出，陰迫而不能烝，於是有地震。今三川實震，是陽失其所而鎮陰也。陽失而在陰，川源必塞；源塞，國必亡。夫水土演而民用也。水土無所演，民乏財用，不亡何待。」（周語）

宇宙中之陰陽二氣，其運行若得其秩序，則陰陽得其和諧。若運行悖亂，則必有一氣窒塞而不通。另一氣必盛行而無制。此則宇宙中之運行表現同一，而無調劑。宇宙中之秩序即和諧。

不特宇宙之運行重和諧，即社會中之事變亦須取和去同。

幽王八年，鄭桓公為司徒，問於史伯曰：「周其弊乎？」對曰：「殆於必弊者也。今王棄高明昭顯，而好讒慝暗昧；惡角犀豐盈，而近頑童窮固。去和而取同。夫和實生物，同則不繼。以他平他謂之和，故能豐長而物歸之；若以同裨同，盡乃棄矣。故先王以土與金木水火雜，以成百物。是以和五味以調口，剛四支以衛體，和六律以聰耳，正七體以役心，平八索以成人，建九紀以立純德，合十數以訓百體。出千品，具萬方，計億事，材兆物，收經入，行姟極。故王者居九畡之田，收經入以食兆民，周訓而能用之，和樂如一。夫如是，和之至也。於是乎先王聘后於異姓，求財於有方，擇臣取諫工而講以多物，務和同也。聲一無聽，物一無文，味一無果，物一不講。王將棄是類也，而與剸同。天奪之明，欲無弊得乎？」（鄭語）

此期之玄學，受天文學之影響。天空現象之最顯著者為日與月，於是好學深思之士，以宇宙為此二原則所形成。日為太陽，月為太陰。陽陰嬗遞而成四時百物。此皆順其自然之運行。周宣王時人卽曾道及陰陽。

虢文公曰：「陰陽分布，震雷出滯。」（周語）

春秋時此思想盛行。

春，隕石於宋五，隕星也。六鷁退飛過宋都，風也。周內史叔興聘於宋，宋襄公問焉，曰：「是何祥也，吉凶焉在？」……

……退而告人曰：「君失問。是陰陽之事，非吉凶所在也。」（左僖十六）

第六節　單朝

單爲周同姓之國，當今山東單縣。

單伯送王姬。（春秋，莊元）　注：單伯，天子卿也。單，采地，伯，爵也。

在周定王之時，單伯名朝，諡襄公，爲王之卿士。其年代當西歷紀元前六百年左右。

定王使單襄公聘於宋。（周語）

單朝之哲學思想，受天文學之影響，天文現象，調度民間事務。

單子曰：「夫辰角見而雨畢，天根見而水涸，本見而草木節解，駟見而隕霜，火見而淸風戒寒。故先王之敎曰：『雨畢而除道，水涸而成梁，草木節解而備藏，隕霜而冬裘具，淸風至而修城郭宮室。』故夏令曰：『九月除道，十月成梁。』其時儆曰：『收而場功，偫而畚梮，營室之中，土功其始。火之初見，期於司里。』此先王所以不用財賄，

而廣施德於天下者也。」（周語）

古代天文學研究天體現象及其運行，首要之現象爲日月星體中之行動者，在初期發現五星，而錫之以名，卽爲金木水火，土因其爲行動之星，故名爲五行。日月則名爲陽陰。此皆天文學之名稱。後此等名稱爲玄學家所利用，以解釋宇宙之本體。宇宙分爲天與地，天由陰陽二氣造成，地則由金木水火土五原素所造成。

太史公曰：「神農以前尙矣。蓋黃帝考定星歷，建立五行，起消息，正閏餘，於是有天地神祇物類之官，是謂五官。各司其序，不相亂也。」（史記，歷書）

張衡曰：「文曜麗乎天，其動者有七，日月五星是也。日者陽精之宗，月者陰精之宗。五星，五行之精。衆星列布，體生於地，精成於天，列居錯峙，各有所屬。」

當周初，民間多道及五行。

武王伐紂，至於商郊，停止宿夜。士卒皆歡樂以待旦。前歌後舞，假于上下。咸曰：「孜孜無怠。水火者，百姓之所飲食也。金木者，百姓之所興生也。土者，萬物之所資生，是爲人用。」（尙書大傳）

五行中，金木水火四者爲常稱。四者皆影響於土之生產，故有舉金木水火而不言土者。土產穀，土與穀相連。有時舉五行而兼及穀者。

昔者越王勾踐困於會稽之上，乃用范蠡，計然。計然曰：「知鬬則修備，時用則知物。二者形則萬貨之情可得而

觀已。故歲在金穰，水毀，木饑，火旱。」（史記，貨殖列傳）

晉郤缺曰：「六府三事，謂之九功。水火金木土穀，謂之六府。正德，利用，厚生，謂之三事。」（左，文七）

此陰陽五行，由天文學而進至玄學。

子大叔曰：「則天之明，因地之性，生其六氣，用其五行。」（左，昭二五）

當西周末世，伯陽甫始建立此種玄學，單朝亦具同樣之宇宙見解。

單襄公曰：「天六地五，數之常也。經之以天，緯之以地。經緯不爽，文之象也。」（周語）注：天有六氣，謂陰陽風雨晦明也。地有五行，金木水火土也。

單朝之人性論，主性惡說。

襄公曰：「夫人性，陵上者也，不可蓋也。求蓋人，其抑下滋甚，故聖人貴讓。」（周語）

召公曰：「節性，惟日其邁。」（書，召誥）

性惡說，肇始於周初。

人因本性爲邪惡，故須以禮儀相防閑，以進於善。行爲之一舉一動，皆有儀規。

性爲邪惡，宜節制以進於善良。

夫君子目以定體，足以從之，是以觀其容而知其心矣。目以處義，足以步目。今晉侯視遠而足高，目不在體，而足不步目，其心必異矣。目體不相從，何以能久？……視遠，日絕其義。足高，日棄其德。言爽，日反其信。聽淫，日離其名。

夫目以處義，足以踐德，口以庇信，耳以聽名者也。故不可不愼也。偏喪有咎，既喪，則國從之。（周語）

且夫立無跛，正也。視無還，端也。聽無聳，成也。言無遠，愼也。夫正，德之道也；端，德之信也；成，德之終也；愼，德之守也。守終純固，道正事信，明令德矣。（周語）

第七節　單旗

單旗爲單朝之五世孫，謚穆公，爲周景王之卿士。當西曆紀元前五百二十年左右。

單旗之思想，可分二部。第一部關於經濟。周代當景王之時，重斂民財，民力匱乏，則鑄重幣以資調劑。單旗曾規諫於王。

景王二十一年，將鑄大錢。單穆公曰：「不可。古者天災降戾，於是乎量資幣，權輕重，以振救民。民患輕，則爲作重幣以行之。於是乎有母權子而行，民皆得焉。若不堪重，則多作輕而行之，亦不廢重。於是乎有子權母而行，小大利之。今王廢輕而作重，民失其資，能無匱乎？若匱，王將有所乏，乏則將厚取於民。民不給，將有遠志，是離民也。（周語）

第二部關於音樂。王室務於逸樂，鑄大鍾名無射，又爲大林以覆之。單旗闡明音樂所以娛人，若超過人類官能所可接受，則樂爲害矣。人體爲一切制度之準則，制度得宜，乃能利人，否則害人。

二十三年，王將鑄無射，而爲之大林。單穆公曰：「不可。且夫鍾不過以動聲，若無射有林，耳弗及也。夫鍾聲以爲耳也。耳所不及，非鍾聲也。猶目所不見，不可以爲目也。夫目之察度也，不過步武尺寸之間，其察色也，不過墨丈尋常之間。耳之察和也，在清濁之間，其察清濁也，不過一人之所勝。是故先王之制鍾也，大不出鈞，重不過石。律度量衡，於是乎生。小大器用，於是乎出。故聖人愼之。……夫樂，不過以聽耳，而美，不過以觀目。若聽樂而震，觀美而眩，患莫甚焉。夫耳目，心之樞機也，故必聽和而視正。聽和則聰，視正則明。聰則言聽，明則德昭。聽言昭德，則能思慮純固。以言德於民，民歆而德之，則歸心焉。……夫耳內和聲，而口出美言，以爲憲令，而布諸民，正之以度量。民以心力從之不倦。成事不貳，樂之至也。口內味而耳內聲，聲味生氣。氣在口爲言，在目爲明。言以信名，明以時動。名以成政，動以殖生。政成生殖，樂之至也。若視聽不和，而有震眩，則味入不精，不精則氣佚，氣佚則不和。於是乎有狂悖之言，有眩惑之明，有轉易之名，有過慝之度。出令不信，刑政放紛，動不順時，民無據依，不知所力，各有離心。（周語）

單旗有一種唯物的人生觀。

第八節　醫和

醫和爲秦國醫官。晉平公有疾，於西歷紀元前五百四十一年時求醫於秦。秦景公使醫和視之。

醫和之思想，以爲人體由宇宙中之六氣所造成。人體須有調節，否則發生疾病。

晉侯求醫於秦。秦伯使醫和視之。曰：「疾不可爲也。是謂近女室，疾如蠱。非鬼非食，惑以喪志。良臣將死，天命不祐。」公曰：「女不可近乎？」對曰：「節之。先王之樂，所以節百事也。故有五節，遲速本末以相及，中聲以降。五降之後，不容彈矣。於是有煩手淫聲，慆堙心耳，乃忘平和，君子弗聽也。物亦如之。至於煩，乃舍也已，無以生疾。君子之近琴瑟，以儀節也，非以慆心也。天有六氣，降生五味，發爲五色，徵爲五聲。淫生六疾。六氣曰：陰陽風雨晦明也。分爲四時，序爲五節，過則爲菑。陰淫寒疾，陽淫熱疾，風淫末疾，雨淫腹疾，晦淫惑疾，明淫心疾。女陽而晦時，淫則生內熱，惑蠱之疾。今君不節不時，能無及此乎？」（左昭元）

文子曰：「子稱蠱，何實生之？」和曰：「蠱之慝，穀之飛實生之。物莫伏於蠱，蠱莫嘉於穀。穀興蠱伏而章明者也。故食穀者，晝選男德以象穀明，宵靜女德以伏蠱慝。今君一之，是以不饗穀而食蠱也，是不昭穀明而皿蠱也。夫文，蟲皿爲蠱，吾是以云。」（晉語）

第七章　羣哲三

第一節　公孫僑

公孫僑爲鄭國公族，故稱爲公孫。鄭爲周厲王子友所封之采邑，在今河南新鄭縣。僑字子產，於西歷紀元前五百五十四年時爲鄭國之卿，十一年後聽政。

鄭人使子展當國，子西聽政，立子產爲卿。（左，襄十九）

鄭子皮授子產政。（左，襄三十）

子產執政之時，惠於國人。

子產聽鄭國之政，以其乘輿濟人於溱洧。（孟子，離婁）

或問子產，子曰「惠人也。」（論語，憲問）

子謂子產，有君子之道四焉其行己也恭，其事上也敬，其養民也惠，其使民也義。（論語，公冶長）

子產卒於西歷紀元前五百二十二年。

鄭子產有疾。……疾數月而卒。……仲尼聞之出涕曰：「古之遺愛也。」（左，昭二十）

子產爲政治家，對於天道及神怪，不甚注意。

子產曰：「天道遠，人道邇，非所及也，何以知之。」（左，昭十八）

鄭大水，龍鬬於時門之外洧淵。國人請爲禜焉。子產弗許曰：「我鬬，龍不我覿也。龍鬬，我獨何覿焉。禳之則彼其室也。吾無求於龍，龍亦無求於我。」乃止也。（左，昭十九）

子產對於人道，曾有涉及玄學之處。

人生始化曰魄。既生魄，陽曰魂。用物精多則魂魄強。是以有精爽至於神明。匹夫匹婦強死，其魂魄猶能馮依於人，以爲淫厲。（左，昭七）

人可分爲魂與魄。魂爲精神，能於人死之後存在。魄爲形體，有始有滅，其始爲生，其滅爲死。

人之形體，有其性格。子產以爲人性爲惡的。

夫小人之性，釁於勇，嗇於禍，以足其性而求名焉者。（左，襄二六）

人之形體，宜加以調節，弗使生疾。擇配需取異姓之女，同姓聯婚，生育不繁。

僑聞之，君子有四時。朝以聽政，晝以訪問，夕以脩令，夜以安身。於是乎節宣其氣，勿使有所壅閉湫底，以露其體。茲心不爽，而昏亂百度。今無乃壹之，則生疾矣。僑又聞之：內官不及同姓，其生不殖。美先盡矣，則相生疾。君子是以惡之。故志曰：「買妾不知其姓，則卜之。」違此二者，古之所慎也。男女辨姓，禮之大司也。（左，昭元）

子產之政治思想，爲建立令名。人性爲邪惡，故行爲多以一己之私利是圖。子產以爲政治非爲一人之利，乃爲社會之利。故政治中不尙財賄而尙令名。

僑聞君子長國家者，非無賄之患，而無令名之難。……夫令名，德之輿也。德，國家之基也。有基無壞，無亦是務乎？

有德則樂，樂則能久。……恕思以明德，則令名載而行之，是以遠至邇安。毋寧使人謂子，子實生我，而謂子浚我以生乎？（左，襄二四）

僑聞君子非無賄之難，立而無令名之患。僑聞為國非不能事大字小之難，無禮以定其位之患。（左，昭十六）

令名之立，在社會中之大衆皆得其所欲。

衆怒難犯，專欲難成。（左，襄十）

無欲實難，皆得其欲，以從其事，而要其成，非我有成，其在人乎？（左，襄三十）

求逞於人不可，與人同欲盡濟。（左，昭四）

政治之目的，為大衆得其所欲。政治之方法，在執政者對於社會情形，有所擘劃籌策。

政如農功，日夜思之，思其始而成其終，夕而行之，行無越思，如農之有畔，其過鮮矣。（左，襄二五）

擘劃之後，必穩定而行之，不輕易更改其策略。

鄭子產作丘賦，國人謗之。……子產曰：「何害？苟利社稷，死生以之。且吾聞為善者，不改其度，故能有濟也。」（左，昭四）

執政者雖有其計劃，亦旁求輿論之批評。

鄭人游於鄉校，以論執政。然明謂子產曰：「毀鄉校如何？」子產曰：「何為？夫人夕退而游焉，以議執政之善否。其所善者，吾則行之。其所惡者，吾則改之。是吾師也。若之何毀之？我聞忠善以損怨，不聞作威以防怨。豈不遽止。

然猶防川，大決所犯傷人必多吾不克救也。不如小決使道，不如吾聞而藥之也。（左，襄三一）

子產在鄭國之實際設施首建樹社會秩序。

子產使都鄙有章，上下有服田有封洫廬井有伍。大人之忠儉者，從而與之泰侈者因而斃之。（左，襄三十）

畏君之威，聽其政尊其貴事其長養其親五者所以爲國也。（左，昭元）

子產所用之方法，爲任人與用刑。

子產之從政也擇能而使之。（左，襄三一）

鄭人鑄刑書。（左，昭六）

子產施猛政而社會治理。

唯有德者能以寬服民其次莫如猛。夫火烈，民望而畏之，故鮮死焉。水懦弱，民狎而翫之，則多死焉。故寬難。（左，昭二十）

第二節　羊舌肸

羊舌氏爲晉國望族。肸字叔向，曾研習歷史。

羊舌肸習於春秋。（晉語）

於西歷紀元前五百六十二年時爲晉之太傅。

悼公十二年……乃召叔向，使傅太子彪。（晉語）

叔向爲太傅實賦祿。（晉語）

羊舌肸食邑於楊，故又號楊肸。爲人性質鯁直。

吳公子札謂叔向曰：「吾子好直，必思自免於難。」（左，襄二九）

仲尼曰：「叔向古之遺直也。」（左，昭十四）

羊舌肸之思想，以個人內心爲起點。人必以忠信爲本。

子若能以忠信贊君。（晉語）

忠不可暴，信不可犯。忠自中，而信自身，其爲德也深矣，其爲本也固矣，故不可損也。（晉語）

忠信發於外則爲禮。

忠信，禮之器也。卑讓，禮之宗也。（左，昭二）

禮，政之輿也。政，身之守也。（左，襄二一）

禮之擴張，卽成政治。政治之脩明，在社會中之上下階級，各盡其務。上層階級司事，下層階級力業。

國家之敗，有事而無業，事則不經。有業而無禮，經則不序。有禮而無威，序則不共。有威而不昭，共則不明。不明棄共，百事不終，所由傾覆也。是故明王之制，……志業於好，講禮於等，示威於衆，昭明於神，自古以來，未之或失也。（左，昭十三）

羊舌肸對於政治之執行，主張人治而反對法治。刑法創設，則人民有所徼幸而事爭競。社會因以亂矣。

昔先王議事以制，不爲刑辟，懼民之有爭心也，猶不可禁禦。是故閑之以義，糾之以政，行之以禮，守之以信，奉之以仁。制爲祿位以勸其從。嚴斷刑罰，以威其淫。懼其未也，故誨之以忠，聳之以行，敎之以務，使之以和，臨之以敬，涖之以彊，斷之以剛。猶求聖哲之上，明察之官，忠信之長，慈惠之師。民於是乎可任使也，而不生禍亂。民知有辟，則不忌於上。並有爭心，以徵於書，而徼幸以成之，弗可爲矣。……民知爭端矣，將棄禮而徵於書，錐刀之末，將盡爭之。亂獄滋豐，賄賂並行。……國將亡，必多制，其此之謂乎？（左，昭六）

第三節　晏嬰

晏嬰字平仲，齊之大夫。

晏平仲嬰者，萊之夷維人也。事齊靈公，莊公，景公，以節儉力行，重於齊。既相齊，食不重肉，妾不衣帛。其在朝，君語之，卽危言；語不及之，卽危行。國有道，卽順命；無道，卽衡命。以此三世顯名於諸侯。（史記，管晏列傳）

父死，晏嬰能盡喪禮。

齊晏桓子卒。晏嬰麤縗斬，苴絰帶，杖，菅屨，食鬻，居倚廬，寢苫，枕草。（左，襄十八）

又善於交友。

子曰：「晏平仲善與人交，久而敬之。」（論語，公冶長）

居處節儉。

初景公欲更晏子之宅，曰：「子之宅近市，湫隘囂塵，不可以居。請更諸爽塏者。」辭曰：「君之先臣容焉，臣不足以嗣之，於臣侈矣。且小人近市，朝夕得所求，小人之利也。敢煩里旅。……」及晏子如晉，公更其宅。反則成矣。既拜，乃毀之而爲里室，皆如其舊。……卒復其舊宅。（左，昭三）

理財有節制。

與晏子邶殿，其鄙六十，弗受。子尾曰：「富，人之所欲也，何獨弗欲？」對曰：「慶氏之邑足欲，故亡。吾邑不足欲也。益之以邶殿，乃足欲。足欲，亡無日矣。在外不得宰吾一邑。不受邶殿，非惡富也，恐失富也。且夫富如布帛之有幅焉，爲之制度，使無遷也。夫民生厚而用利，於是乎正德以幅之，無使黜嫚，謂之幅利。利過則爲敗。吾不敢貪多，所謂幅也。」（左，襄二八）

晏子之思想，皆關於政治。在政治中，君臣各有職責，各司其務，爲政治之原則。

君人執信，臣人執共，忠信篤敬，上下同之，天之道也。（左，襄二二）

人君之職務，爲求社會之福利，臣助君亦爲同樣之目的，非爲自身之利益。

君民者，豈以陵民，社稷是主。臣君者，豈爲其口實，社稷是養。故君爲社稷死，則死之，爲社稷亡，則亡之。（左，襄二五）

政治之精神在禮讓。

禮之可以爲國也久矣，與天地並。君令臣共，父慈子孝，兄愛弟敬，夫和妻柔，姑慈婦聽，禮也。君令而不違，臣共而不二，父慈而敬，子孝而箴，兄愛而友，弟敬而順，夫和而義，妻柔而正，姑慈而從，婦聽而婉，禮之善物也。（左，昭二六）

讓，德之主也。讓之謂懿德。凡有血氣，皆有爭心。故利不可强，思義爲愈。義，利之本也。蘊利生孽。（左，昭十）

政治之方術在君臣互相砥礪，互相調劑，而保持協和狀態。君臣宜避免苟同專一。

公曰：「和與同異乎？」對曰：「異。和如羹焉，水火醯醢鹽梅，以烹魚肉，燀之以薪，宰夫和之，齊之以味，濟其不及，以洩其過。君子食之，以平其心。君臣亦然。君所謂可而有否焉，臣獻其否以成其可；君所謂否而有可焉，臣獻其可，以去其否。是以政平而不干，民無爭心。故詩曰：『亦有和羹，既戒既平，鬷嘏無言，時靡有爭。』先王之濟五味，和五聲也，以平其心，成其政也。聲亦如味，一氣，二體，三類，四物，五聲，六律，七音，八風，九歌，以相成也；清濁，大小，短長，疾徐，哀樂，剛柔，遲速，高下，出入，周疏，以相濟也。君子聽之，以平其心。心平德和。故詩曰：『德音不瑕。』（左，昭二十）

第四節　敬姜

敬姜爲魯大夫公父穆伯之妻，文伯之母。穆伯爲魯公族季氏之後，故稱爲公父。敬姜生於魯定哀之世。

敬姜以爲人生需勤勞。社會之治平，在人民從事勞作，發展地德。此種思想，爲戰國時墨家之先河。

季康子問於公父文伯之母。……對曰：「吾聞之先姑曰：君子能勞，後世有繼。」（魯語）

公父文伯退朝，朝其母，其母方績。文伯曰：「以歜之家而主猶績，懼忓季孫之怒也。其以歜爲不能事主乎？」其母歎曰：「魯其亡乎？使僮子備官而未之聞耶？居，吾語女。昔聖王之處民也，擇瘠土而處之，勞其民而用之，故長王天下。夫民勞則思，思則善心生。逸則淫，淫則忘善，忘善則惡心生。沃土之民不材，淫也。瘠土之民莫不嚮義，勞也。是故天子大采朝日，與三公九卿祖識地德。日中考政，與百官之政事師尹維旅牧相宣序民事。少采夕月，與大史司載糾虔天刑。日入監九御，使潔奉禘郊之粢盛，而後即安。諸侯朝修天子之業命，晝考其國職，夕省其典刑，夜儆百工，使無慆淫，而後即安。卿大夫朝考其職，晝講其庶政，夕序其業，夜庀其家事，而後即安。士朝受業，晝而講貫，夕而習復，夜而計過無憾，而後即安。自庶人以下，明而動，晦而休，無日以怠。王后親織玄紞，公侯之夫人，加之以紘綖。卿之內子爲大帶，命婦成祭服。列士之妻，加之以朝服。自庶士以下，皆衣其夫。社而賦事，蒸而獻功。男女效績，愆則有辟，古之制也。君子勞心，小人勞力，先王之訓也。自上以下，誰敢淫心舍力？」（魯語）

第五節　梓愼

梓愼，魯之大夫，爲星象家，能觀天體之氣色。

梓愼曰：「禘之日，其有咎乎？吾見赤黑之祲，非祭祥也，喪氛也。其在涖事乎？」（左，昭十五）

梓愼望氛。（左，昭二十）

梓愼以天文現象解釋地上之事變。地上之大事，莫過於水火二災。梓愼皆以爲受星象之影響。天空之星辰有其區位，以干支標誌。故干支亦附有屬性，如水火金木土等。當火星現示之時，又逢歲月之干支屬火時，地面當有火災發生，此爲天文定命論。後影響中國民衆思想甚深。如堪輿，子平皆是。

冬，有星孛於大辰西及漢。申須曰：「彗，所以除舊布新也。天事恆象，今除於火，火出必布焉。諸侯其有火災乎？」梓愼曰：「往年吾見之，是其徵也。火出而見，今茲火出而章，必火入而伏。其居火也久矣，其與不然乎？火出於夏爲三月，於商爲四月，於周爲五月。夏數得天，若火作，其四國當之，在宋衞陳鄭乎？宋，大辰之虛也。陳，大皞之虛也。鄭，祝融之虛也，皆火房也。星孛及漢，漢，水祥也。衞，顓頊之虛也，故爲帝丘，其星爲大水。水，火之牡也。其以丙子，若壬午作乎？水火所以合也。若火入而伏，必以壬午，不過其見之月。」（左，昭十七）

夏五月，火始昏見。丙子，風。梓愼曰：「是謂融風，火之始也。七日其火作乎？」戊寅，風甚。壬午，大甚。宋衞陳鄭皆火。梓愼登大庭氏之庫以望之，曰：「宋衞陳鄭也。」數日皆來告火。（左，昭十八）

星象除有五行之運行外，尚有陰陽之消息。

春無冰。梓愼曰：「今茲宋鄭其饑乎？歲在星紀，而淫於玄枵。以有時菑。陰不堪陽，蛇乘龍。龍，宋鄭之星也。宋鄭必饑。玄枵虛中也。枵耗名也。土虛而民耗，不饑何爲？」（左，襄二八）

秋七月壬午朔日有食之。公問於梓愼曰：「是何物也？禍福何爲？」對曰：「二至二分日有食之，不爲災。日月之行也，分同道也。至相過也。其他月則爲災。陽不克也，故常爲水。」（左，昭二一）

第六節　蔡墨

蔡墨，晉之太史。邃於五行定數之說。其學亦出於天文星象。天文之觀測，始於黃帝時。發現五大行星，而以爲宇宙之物精所團聚而成。如水星爲水精，地上凡屬於水性之物皆受其影響。火金木土亦然。天文形象，有干支之區劃，故干支亦附有物精之屬性。星辰之運行爲規定的，故宇宙爲定數的。地上之人類，其命運亦爲定數的。

五行論有一種古代之傳說。卽黃帝後有一部落之酋長，依宇宙中之物精，而設立專官。如水官專司關於水物之事務。於是有五官之傳說。

蔡墨曰：「夫物，物有其官，官脩其方，朝夕思之。一日失職，則死及之。失官不食。官宿其業，其物乃至。若泯棄之，物乃坻伏，鬱湮不育。故有五行之官，是謂五官。實列氏受封爲上公，祀爲貴神。社稷五祀，是尊是奉。木正曰句芒，火正曰祝融，金正曰蓐收，水正曰玄冥，土正曰后土。……少皞氏有四叔，曰重，曰該，曰脩，曰熙。實能金木及水。使重為句芒，該為蓐收，脩及熙為玄冥，世不失職，遂濟窮桑。此其三祀也。顓頊氏有子曰犂，為祝融。共工氏有子曰句龍，為后土。此其二祀也。」（左，昭二九）

蔡墨以為宇宙中之萬物皆有定數。

史墨曰：「物生有兩，有三，有五，有陪貳。故天有三辰，地有五行，體有左右，各有妃耦。」（左，昭三二）

社會中之事變，亦為定數的。

十二月辛亥朔，日有食之。是夜也，趙簡子夢童子羸而轉以歌，旦占諸史墨，曰：「吾夢如是，今而日食，何也？」對曰：「六年及此月也，吳其入郢乎？終亦弗克。入郢必以庚辰，日月在辰尾。庚午之日，日始有謫。火勝金，故弗克。」（左，昭三一）

人類之行動，須順宇宙之定數。如逆之，必不利。

晉趙鞅卜救鄭，遇水適火。占諸史趙，史墨，史龜。史龜曰：「是謂沈陽，可以興兵，利以伐姜，不利子商。伐齊則可，敵宋不吉。」史墨曰：「盈，水名也。子，水位也。名位敵，不可干也。故炎帝為火師，姜姓其後也。水勝火，伐姜則可。」（左，哀九）

史墨言「火勝金」及「水勝火，」此時已有五行相勝之說。

第七節　范蠡

范蠡爲越之名臣。

范蠡字少伯，越之上將軍也。本是楚宛三戶人。佯狂倜儻負俗。文種爲宛令，遣吏謁奉。（會稽典錄）

越王勾踐即位三年而欲伐吳。……戰於五湖，不勝，棲於會稽。王召范蠡而問焉。（越語）

於西歷紀元前四百七十三年時，范蠡佐越王滅吳，功成退隱：

范蠡曰「君行制，臣行意。」遂乘輕舟以浮於五湖，莫知其所終極。（越語）

范蠡後易名經商，度其晚年，卒於西歷紀元前四百五十四年。

變名易姓，適齊爲鴟夷子皮，之陶爲朱公。朱公以爲陶天下之中，諸侯四通，貨物所交易也。乃治產，積居，與時逐，而不責於人。故善治生者，能擇人而任時。十九年之中，三致千金，再分散與貧交疏昆弟。此所謂富而好行其德者也。（史記，貨殖列傳）

范蠡爲一陰謀家，受天文學及宗教之影響，而得天道反復之理論。天道有其自然之運行，若能順其動向，人之所行無往而不利。宇宙之運行爲對動的，即向對立之方向運動。天道有正動與反動，互相興起。當正動發生之後，繼起者必爲反動。此爲宇宙之定式。故人欲有所成者，先居其敗。欲其敗者，先求其成。智者之行爲，常行其反面。此即所謂陰謀。陰謀在人類行爲中所最易表現者，爲軍事與商業。軍事中虛處實，實處虛，變化莫測，乃能取勝。商業中當貨物不爲社會急需時而商人以低價積聚之。貨物爲社會所需要時，而商人不需此貨，以高價賣之。商業行爲亦爲一種陰謀。

范蠡用此陰謀於軍事而滅吳國，用於商業而三致千金。范蠡誠古之大陰謀家矣。

范蠡之宇宙觀，以爲陰陽有消息運動。

天道皇皇，日月以爲常，明者以爲法，微者則是行。陽至而陰，陰至而陽；日困而還，月盈而匡。（越語）

天有還形，天節不遠，五年復反。

天道盈而不溢，盛而不驕，勞而不矜其功。

宇宙有其自然之運行。天道與地道皆然。

節事者與地。惟地能包萬物以爲一，其事不失，生萬物，容畜禽獸，然後受其名而兼其利。美惡皆成，以養其生。時不至，不可彊生。事不究，不可彊成。自若以處，以度天下，待其來者而正之，因時之所宜而定之。同男女之功，除民之害，以避天殃。田野開闢，府倉實，民衆殷。無曠其衆，以爲亂梯。時將有反，事將有閒，必有以知天地之恆制，乃可以有天下之成利。

人所行爲，須順宇宙自然之運行，不可强自作爲。

聖人之功，時爲之庸。

上帝不考，時反是守。彊索者不祥，得時不成，反受其殃。

因陰陽之恆，順天地之常。柔而不屈，彊而不剛。德虐之行，因以爲常；死生因天地之刑。天因人，聖人因天。人自生之，天地形之，聖人因而成之。

第八節　周祝

祝為巫人司宗敎之事。

祝，祭主贊詞者。（說文）

此周祝，不詳其姓名與年代，惟其思想，崇道與自然。

故日之中也仄，月之望也食，威之失也陰食陽，善為國者使之有行。定彼萬物必有常，國君而無道以微亡。故天為蓋，地為軫，善用道者終無盡。地為軫，天為蓋，善用道者終無害。天地之間有滄熱，善用道者終不竭。陳彼五行必有勝，天之所覆盡可稱。故萬物之所生也性於從，萬物之所反也性於同。故惡姑幽，惡姑明，惡姑陰陽，惡姑短長，惡姑剛柔。故海之大也，而魚何為可得？山之深也，虎豹貔貅何為可服？人智之邃也，奚為可測？跂動噦息，而奚為可牧？玉石之堅也，奚可刻？陰陽之號也，孰使之？牝牡之合也，孰交之？君子不察，福不來。故忌而不得，是生事。故欲而不得，是生詐。欲伐而不得，生斧柯。欲鳥而不得，生網羅。欲彼天下，是生為。維彼幽心，是生包。維彼大心，是生雄。維彼忌心，是生勝。故天為高，地為下。察汝躬，奚為喜怒？天為古，地為久。察彼萬物，名於始。左名左，右名右，視彼萬物數為紀。紀之行也，利而無方，行而無止，以觀人情。利有等，維彼大道，成而弗改。用彼大道，知其極。加諸事則萬物服。用其則，必有羣。加諸物，則為之君。舉其脩，則有理。加諸物，則為天子。（逸周書周祝解）

第八章　老子

至於龍，吾不能知其乘風雲而上天。吾今日見老子，其猶龍邪？——孔丘

第一節　略傳

第一段　姓名

老子之姓名，據史記老莊申韓列傳索隱本爲：

姓李氏，名耳，字聃。

老子之姓，下節另有探討。名耳，未見於他書。經典釋文序錄引河上公語：「名重耳。」此問題未易解答。在未能求得確實論證以前，只有信從太史公之著作權威而接受。老子之字聃，爲一確論。春秋時多呼人以字。老子當時稱爲老聃。其所以稱老之故，因年高德重，爲當時人所尊敬也。

老子……以其修道而養壽也。（史記老子列傳）

第二段　鄉里

老子爲春秋時之陳國人。

老聃，陳國苦縣賴鄉曲仁里人也。（禮記疏引史記）

陳國後爲楚所滅，故老子亦可謂爲楚人。賴鄉或作厲鄉。苦縣之地址，據括地志云：

苦縣在亳州谷陽縣界。有老子宅及廟。廟中有九井，尚存。在今亳州眞源縣。

眞源縣在今河南鹿邑縣。

第三段　年代

老子之年代，不能確定。只能從間接推測。孔子曾學於老子，老子之年歲當較長於孔子。

無趾語老聃曰：「孔丘之於至人，其未邪？彼何賓賓以學子爲？」（莊子，德充符）

孔子曰：「吾聞諸老聃。」（禮記，曾子問）

孔子見老子之時，老子已以老稱。故假定老子長孔子三十歲左右。孔子生於周靈王二十一年，老子當生於周簡王末年，當西歷紀元前五八零年左右。

老子曾死亡。

老聃死，秦佚弔之，三號而出。（莊子，養生主）

老子卒之年代不詳。依古人對於人壽之言論。

人上壽百歲，中壽八十，下壽六十。（莊子盜跖）

史記稱老子養壽，當爲上壽百歲。老子卒之年代，大概在周敬王末年，當西歷紀元前四八零年左右。

第四段　事蹟

老子曾仕於周室。

老子……周守藏室之史也。（史記老傳）

周衰乃隱去。

居周久之，見周之衰，迺遂去。……莫知其所終。（同）

第二節　考證

第一段　老彭

在論語中孔子言及老彭。

子曰：「述而不作，信而好古，竊比於我老彭。」（論語，述而）

老彭即老聃，理由如下：（一）孔子曾學於老聃。老彭亦爲孔子所願效法之人；故二者當爲一人。

（二）彭與聃之音讀可通假。古人之名字，常有各種書法。

第二段　老萊子

史記老子列傳言及老萊子，而未能決定老萊子與老子是否爲一人。因疑慮不決，爲愼重計，乃於仲尼弟子列傳內分爲二人。自後皆以老萊子與老子爲二人。如孫綽遊天台山賦云：「躡二老之元蹤。」注「二老，老子老萊子也。」但詳細研討老子與老萊子實爲一人理由如下：

（一）二人皆以老稱。

（甲）鄭康成云：「老聃古壽考者之號也。」（禮記注）

（乙）劉向云：「老萊子，古之壽者。」（七略別錄）

（二）二人之姓，實爲一姓之兩種書法。老子姓李，李卽萊之通假。春秋以前無李氏而有萊氏。春秋時，魯有萊書，晉有萊駒，萊章。古音萊與李爲一音。古音現多保存於中國南部。今廣東人讀李如萊。從音韻本身而論李與萊爲一音之軟硬。如用英文拼成，同爲 Li。李爲短音，萊爲長音。

（三）二人之鄉里相同，皆爲楚人。

（甲）老子者，楚……人也（史記老傳）

（乙）老萊子，亦楚人也（同）

（四）二人之年代相同，皆與孔子同時。

老萊子……與孔子同時云。（史記）

(五)二人著書之篇帙相同。

(甲)於是老子迺著書上下篇。(史記)

(乙)老萊子十六篇。(漢書藝文志)

漢志中之「十六」二字,當爲「上下」二字之誤簡。

(六)二人皆屬道家。

(甲)老子修道德,其學以自隱無名爲務。(史記)

(乙)老萊子……著書……言道家之用。(同)

(七)二人皆曾敎孔子。

(甲)孔子適周,將問禮於老子。老子曰:「……吾所以告子者,若是而已。」(史記)

(乙)或謂黃齊曰:「……公不聞老萊子之敎孔子事君乎?」(楚策四)

(八)二人敎孔子之言論相同。

(甲)孔子適周,將問禮於老子。老子曰:「……去子之驕氣與多欲,態色與淫志。」(史記)

(乙)老萊子曰:「是丘也,召而來。」仲尼至。曰:「丘,去汝躬矜,與汝容知,斯爲君子矣。」(莊子,外物)

(九)二人之思想皆尙柔弱。

(甲)老聃貴柔。(呂氏春秋,不二篇)

(乙)公不聞老萊子之教孔子事君乎？示之其齒之堅也六十而盡相靡也。（楚策）

馬宛斯繹史云：「以齒舌喻剛柔老聃之說也。」

(十)從年歲考定二人實爲一人。

(甲)孔子曾會見老子。

孔子曰「昔吾從老聃助葬於巷黨及堩日有食之。」（禮記曾子問）

閻若璩在四書釋地續內推算此時在昭公二十四年夏五月，乙未朔巳時，日食。孔子時年三十四歲。第一節內假定老子長孔子三十歲左右，故孔子與老子會見之時，老子大概爲六十歲左右。

(乙)在國策內，老萊子與孔子相見之時，老萊子年六十餘歲。

公不聞老萊子之教孔子事君乎？示之其齒之堅也六十而盡相靡也。

(十一)老萊子之行爲與老聃相同。

孔子曰「德恭而行信終日言不在尤之內在尤之外國無道處賤不悶貧而能樂蓋老萊子之行也。」（大戴記，衞將軍文子）

(十二)從種族考定老萊子，老聃，老彭爲一人。

契爲子姓。其後分封，以國爲姓。有殷氏，來氏，宋氏，空桐氏，稚氏，北殷氏，目夷氏。（史記殷本紀）

來氏卽萊氏，爲殷人之一支。殷代官吏有萊朱。

若伊尹萊朱，則見而知之。（孟子，盡心） 趙氏曰：「萊朱，湯賢臣。」

故老萊子爲殷人，孔子亦爲殷人。

孔子曰：「吾殷人也。」（禮記，檀弓）

老聃卽老彭老萊子。孔子言及老聃時，加我字以示親密。蓋同爲殷人也。

子曰：「述而不作，信而好古，竊比於我老彭。」（論語）

老聃之名字有一演變之歷史。春秋時多呼姓與字。少時當呼爲萊聃。如有人尊敬之，則呼爲萊子。迨年高德盛，乃於姓上加一老字，爲老萊子。如周大夫老陽子。若呼字則爲老聃。後聲望日隆，則被稱爲老子。

第三段 太史儋

史記又提出老聃與太史儋是否爲一人之問題，而未能解決。

自孔子死之後百二十九年，而史記周太史儋見秦獻公曰：「始秦與周合而離，離五百歲而復合，合七十歲而霸王者出焉。」或曰：「儋卽老子。」或曰：「非也。」世莫知其然否。（老子列傳）

茲斷定老聃與太史儋非一人。理由如下：

（一）老聃年長於孔子，決不能活至二百餘歲。

（二）二人在周室之任職不同，老聃爲藏室史，儋爲太史。

(三)老聃爲周室之官，決無辭王官不爲，而入秦求見獻公之事。若謂入秦在退隱之後，既退隱矣，又何必求見國君？

(四)老聃與秦獻公無相同之興趣，決不能入秦相見。老聃爲非戰之人，獻公爲好戰之人。獻公二十一年，與晉戰於石門，斬首六萬。二十三年，與魏戰於少梁，虜其將公孫痤。(史記秦本紀)故入秦者爲太史儋而非老聃。

第三節　著書

老聃著書兩篇，名爲老子。

於是老子迺著書上下篇，言道德之意五千餘言而去。(史記)

近人有疑老子一書，非老聃所作。而信者彌衆。茲特臚列理由，以證老子書爲老聃所自作。〔附註一〕

一、莊子書中曾推崇老聃。

老聃，古之博大眞人哉。(莊子，天下)

老聃之所以博大，在其表現於老子書中之思想。若老子書非老聃所作，則老聃何由被當時人士所推崇尊敬？

二、孔子與老聃同時。以老聃之博學，曾往就教。又屢言老聃，均極欽仰。如在論語中言老彭，在禮記衛將軍文子中言老萊子，曾子問中言老聃。老子書內之思想，亦表現於孔子言論之內。

(一)老子書內言道德，孔子亦言道德。

(甲)故從事於道者，同於道，德者同於德。(老子，二三)

(乙)子曰：「志於道，據於德。」(論語，述而)

(二)老子書言「無爲，」「寡言。」孔子亦然。

(甲)是以聖人處無爲之事，行不言之敎。萬物作焉而不辭，生而不有，爲而不恃。(老子，二)

(乙)子曰：「無爲而治者，其舜也與？夫何爲哉？恭己正南面而已矣。」(論語，衛靈公)

子曰「予欲無言。天何言哉？四時行焉，百物生焉。天何言哉？」(同，陽貨)

(三)孔子從老子處，傳得愚民政策。

(甲)古之善爲道者，非以明民，將以愚之。民之難治，以其智多。(老子)

(乙)孔子曰：「民可使由之，不可使知之。」(論語)

(四)老子與孔子俱言勇敢從仁慈而出。

(甲)慈故能勇。(老子，六七)

(乙)仁者必有勇。(論語，憲問)

(五)老子與孔子俱重名器。

(甲)國之利器不可以示人。(老子，三六)

(乙)仲尼聞之曰：「唯名與器，不可以假人。」(左，成二)

三、老子書內之思想，曾爲孔子時人及弟子所討論。

(一)德與怨之問題。

(甲)大小多少，報怨以德。(老子，六三)

(乙)或曰：「以德報怨，何如？」子曰：「何以報德？以直報怨，以德報德。」(論語，憲問)

(二)持盈之問題。

(甲)持而盈之。(老子，九)

(乙)子路曰：「敢問持滿有道乎？」子曰：「聰明睿智，守之以愚。」(韓詩外傳)

(三)剛强之問題。

子路問强。子曰：「南方之强與？北方之强與？抑而强與？寬柔以敎，不報無道，南方之强也。君子居之。衽金革，死而不厭，北方之强也，而强者居之。」(禮記，中庸)

四、老子書之體裁，爲詩體，與春秋以前之詩相似，且多韻文，此爲春秋時道家所常用之體裁，如范蠡，周祝等皆是。

五、老子書中文句，其格式，爲春秋時文句之格式。

(一)「夫唯……，是以……」

(甲)維其有之是以似之。(詩，裳裳者華)

(乙)夫唯弗居是以不去。(老子，二)

(二)「太上……，其次……，其次……。」

(甲)豹聞之「太上有立德其次有立功其次有立言。」(左，襄二四)

(乙)太上下知有之其次親而譽之其次畏之其次侮之。(老子，十七)

六、老子中之字，爲春秋時所常用之字。

(一)執。

(甲)發言盈庭誰敢執其咎。(詩，小旻)

(乙)執古之道。(老子，十四)

(二)一。

(甲)公曰「疆場之事愼守其一，而備其不虞。」(左，桓十七)

(乙)昔之得一者，……侯王得一以爲天下貞。(老子，三九)

(三)寶。

(甲)公曰「信，國之寶也。」(左，僖二五)

陽貨曰：「懷其寶而迷其邦，可謂仁乎？」（論語陽貨）

（乙）道者萬物之奧，善人之寶。（老子六二）

輕敵幾喪吾寶。（同六九）

七、老子中之成語，亦爲春秋時所通用者。

（一）和同。

（甲）子曰：「君子和而不同，小人同而不和。」（論語子路）

（乙）和其光，同其塵。（老子五六）

（二）忠信。

（甲）子曰：「言忠信，行篤敬。」（論語衛靈公）

（乙）夫禮者忠信之薄，而亂之首。（老子三八）

（三）仁義。

（甲）史興曰：「且禮所以觀忠信仁義也。」（周語）

（乙）有仁義。（老子十八）

（四）寡人不穀，

（甲）昭王南征而不復，寡人是問。……齊侯曰：「豈不穀是爲，先君之好是繼。」（左僖四）

（乙）是以侯王自謂孤寡不穀，此非以賤爲本邪？（老子三九）

（五）千乘，萬乘。

（甲）子曰：「道千乘之國，敬事而信。」（論語，學而）

（乙）奈何萬乘之主，而以身輕天下。（老子二六）

（六）道廢。

（甲）王孫滿曰：「是道廢也。」（周語）

（乙）大道廢。（老子，十八）

（七）取天下。

（甲）初靈王卜曰：「余尚得天下？」不吉。投龜詬天而呼曰：「是區區者而不余畀，余必自取之。」（左，昭十三）

（乙）取天下常以無事。（老子，四八）

八、老子中所述之事實，爲春秋時之社會狀況。

（一）法令與盜賊。

（甲）鄭人鑄刑書。（左，昭六），

季康子患盜，問於孔子。（論語）

（乙）法令滋彰，盜賊多有。（老子，五七）

(二)戰爭與饑荒。

(甲)吳王夫差還自黃池……今吳民既罷，而大荒薦饑，市無赤米，而囷鹿空虛。(吳語)

(乙)師之所處，荊棘生焉。大軍之後，必有凶年。(老子三十)

綜上列八部論證，老子書實爲老聃所自作，原書分上下篇，至漢景帝時始有道德經之稱。唐玄宗時分上下篇爲道經德經。原書不分章，如顧歡眞經注疏，後分章，然各家不同，韓非子分五十五章，孔穎達分六十四章。今本爲河上公本，分八十一章。

第四節　道家

第一段　渞者

道家爲古代智識份子之一部分。當周末春秋之時，智識份子多在君子階級，即以官吏爲職業之人士。老聃爲此輩中之一員。老聃以殷人而居於陳，又服官於周，爲一士君子，屢言及士。

古之善爲士者。(老子十五)

上士聞道，勤而行之。(同四一)

第二段　淵源

道家之思想，遠存於老聃之前。老聃唯薰染於此種思想之中，而總其大成於老子一書中。於是有道家學派之發生。

老聃爲周之藏室史日與古籍相親。其思想皆紹述前人之哲理名言。其主要源流，乃出於書，詩，易。

一、老子思想之出於書者。

（一）寡欲。

（甲）書曰「欲敗度，縱敗禮。」（左，昭十）

（乙）見素抱樸，少私寡欲。（老子，十九）

（二）天道。

（甲）先王之令有之曰「天道賞善而罰淫。」（周語）

（乙）天道無親，常與善人。（老子，七九）

二、出於詩者。

（一）無爲，柔弱。

（甲）天之方懠，無爲夸毗。（詩，板）

（乙）是以聖人處無爲之事。（老子，二）

柔弱勝剛强。（同，三六）

(二)無知。

(甲)樂子之無知。(詩,隰有萇楚)

(乙)絕聖棄智。(老子)

(三)陰謀。

(甲)將欲毀之,必重累之,將欲踣之,必高舉之。(呂氏春秋,行論引詩)

(乙)將欲歙之,必固張之,將欲弱之,必固强之。(老子,三六)

三、出於易者

(一)易之基礎在男女二性之對立。男女又名陽陰,宇宙卽由此二力所造成。老聃亦得此思想。

萬物負陰而抱陽。(老子四二)

陰陽相合而起變化。

未知牝牡之合而全作,精之至也。(老子,五五)

陰陽合而產一新體,此爲一生育形式,卽三一體。萬物皆具此形式。

道生一,一生二,二生三,三生萬物。(老子,四二)

(二)周易中有一種對動哲理,宇宙中之各事變,皆向其對方運動。此種對動原理,若爲人類應用於社會事變中,卽爲陰謀。老子傳得此思想。

故物或損之而益，或益之而損。（老子，四二）

禍兮福之所倚，福兮禍之所伏。（同，五八）

（三）周易中之文句，有爲老子所摹倣者。

（甲）得敵或鼓或罷，或泣或歌。（易，中孚六三）

（乙）故物或行或隨，或歔或吹，或強或羸，或挫或隳。（老子，二九）

第三段　概述

老子閱覽前籍，觀察世變，乃組成道家思想，以成一學派。

道家者流，蓋出於史官，歷記成敗存亡禍福古今之道，然後知秉要執本，清虛以自守，卑弱以自持。（漢書，藝文志）

老子因學術淵博，而文詞簡短，故所著書，艱深難知。

老子所貴道，虛無因應，變化於無爲，故著書辭稱微妙難識。（史記，老傳）

老子亦自知如此。

吾言甚易知，甚易行，天下莫能知，莫能行。（老子，七十）

老子書之所以艱深難識，在其中心思想之對動論。宇宙中之運動，皆向其對方而行，故有正卽有反，有往卽有復，有起卽有落，有盛卽有衰，有成卽有敗。未有獨立之事變。通常人士皆隨此對動原理而進行，故所希冀者常得其反。得道之士已透澈此宇宙原理，故常爲其所欲者之反面，迨運會至而所欲者得矣。故欲成者先居敗，欲福者先處禍，欲益者先受損。此卽爲陰謀，而爲普通人士所不易了解者也。

第五節　知識學

第一段　方法

老子研究學問，有幾種方法。

（一）發展法，用於歷史事實。從事變之發展及繁簡，以推測每階段之情況，及事變所由起。

執古之道，以語今之有，能知古始，是謂道紀。（老子，景龍本十四）

馮振云「道猶言無」，從今之有可以推測古之無。

（二）外推法，用於社會現象。

故以身觀身，以家觀家，以鄉觀鄉，以國觀國，以天下觀天下，吾何以知天下之然哉，以此。（老子，五四）

（三）求常法，用於自然現象。從事物之變遷形態內，求得其不變之恆態。

知常曰明。（老子，十六）

第二段　知識

老子知識學中之中心問題爲「名。」

名，自命也；从口夕夕者冥也。冥不相見，故以口自名。（說文）

名，明也。名實使分明也。（釋名，釋言語）

名，是一種口說的聲音符號，去表明一種實在。老子探索名之起源及其功用。宇宙中之萬物，皆有其本原。此本原即爲本體。人類所得之知識，爲由本體所表現於外部之現象。每一現象上，由人加一聲音符號或名，以爲區別。人類之知識，即包含衆多事物之名。此等事物背後之本體，不在人類經驗之內，故無名。

名可名，非常名。（老子，一）

名之可以成立，乃經驗內之事物，非宇宙之恆常。事物有變遷，而恆常爲永久不變之本體。事物有名而本體無名。

道常無名。（老子，三二）

道隱無名。（同，四一）

故人類之知識，只限於人類經驗所得之現象世界。宇宙之本體，不在人類知識之內。此種學說，與十八世紀德哲康德之「幽明二界說」相近。

本體發生萬物之後，乃有名。

無名，天地之始。有名，萬物之母。故常無欲，觀其妙。常有欲，觀其徼。此兩者同出而異名，同謂之玄。玄之又玄，衆妙之門。（老子景龍本一）

〔註解〕　妙，神化不測也。（增韻）　玄，幽遠也。黑而有赤色者爲玄。象幽而入覆之也。（說文）

宇宙之本體，爲運動的。其發動有如人類之欲望意志。當本體未發動時，吾人可領悟宇宙之神化不測。當本體發動時，乃有萬物。吾人察知事物之分界，而得知識。二者皆屬於本體。因運動而生萬物與知識。本體當無分別時，卽爲玄冥黑不可辨。此冥黑之本體，爲各變化之本源。

本體超出人類之經驗。自身有運動，發爲衆物。物變復歸於本體，而爲無物。

視之不見，名曰夷。聽之不聞，名曰希。摶之不得，名曰微。此三者不可致詰，故混而爲一。其上不皦，其下不昧。繩繩兮不可名，復歸於無物。（老子十四）

本體之知識，爲不可能的。

故建言有之曰：「明道若昧。」（老子四十一）

本體所表現於外部者，爲現象世界。現象世界中之事物，由人類之經驗而成知識。此種知識之性質，具客觀性，而無主觀之興趣。因道爲自然的，而非人造的。

樂與餌，過客止。道之出言，淡兮其無味。（老子三五）

此種客觀性之知識，爲事物之符號。由符號而知事物及其間之各種關係，故知識可以傳遞。

> 自古及今，其名不去，以閱衆甫。吾何以知衆甫之然哉，以此。（老子，二一）

知識不可太繁。若過於繁雜，則人將盡力於窮知而忘其養生之道。是爲趨末遺本。

> 始制有名。名亦既有，夫亦將知止。知止不殆。（老子，三二）

> 名與身孰親？……知止不殆，可以長久。（老子，四四）

知識之重要，在得事物間之眞實關係，不在事物認識之衆多。知識之價值，在得宇宙之定律，不在窮物致知。

> 不出戶，知天下。不闚牖，見天道。其出彌遠，其知彌少。（老子，四七）

第六節　本體學

宇宙之本體爲道

> 有物混成，先天地生。寂兮寞兮，獨立而不改，周行而不殆，可以爲天地母。吾不知其名，強字之曰道，強爲之名曰大。（老子，二五）

本體爲渾沌未分之體，永久存在而無更改。內部有不息之運行。本體爲無名的，茲強加之名曰道或大。

本體之運行爲自然的。

道法自然。（二五）

夫莫之命而常自然。（五一）

道常之運行，非受一主宰之命令而然，乃自身而然。

道常無爲而無不爲。（三七）

爲與不爲，乃受命令之運動。道常之運行，乃自然的，無命令之接受。

在混沌之道體內，有事物之精蘊存在。然其形態不淸晰，或具糢糊之象，或成明顯之物。乃物精由無至有之途線中，各級不同之現實。

孔德之容，惟道是從。道之爲物，惟芒惟芴。芴兮芒兮，中有象兮。芒兮芴兮，中有物兮。幽兮冥兮，中有精兮。其精甚眞，其中有信。（二一）

〔註解〕蘇轍云：「道無形也，及其運而爲德，則有容矣。故德者道之見也。」

芒芴爲物精現實而未明晰之態。

是謂無狀之狀，無物之象，是謂芴芒。迎之不見其首，隨之不見其後。（十四）

老子之「物精說」，與希臘哲人柏拉圖之「觀念說」相同。

本體爲永久之運動，而產生萬物。

谷神不死，是謂玄牝。玄牝之門，是謂天地根。緜緜若存，用之不勤。（六）

〔註解〕洪頤煊云：「谷，欲之借字。」

道冲而用之或不盈，淵兮似萬物之宗。（四）

道之生物，乃自然之運行，非有意之創作，亦不佔為私有。

大道氾兮，其可左右。萬物恃之以生而不辭，功成不名有，衣養萬物而不為主。（三四）

道之運行，既非有意的，故無强迫之運動。道隨其自然之軌，無需用力。道之運動為柔弱者。道動而生物，物生而有滅，此為道之對動形式。

反者道之動，弱者道之用。（四十）

大曰逝，逝曰遠，遠曰反。（二五）

至虛極，守靜篤。萬物並作，吾以觀其復。夫物芸芸，各歸其根。歸根曰靜，靜曰復命，復命曰常。（十六）

第七節　人生學

第一段　人性論

前人對於人性之見解，有性善與性惡二派。老子對此問題，屬於性善派。

見素抱樸。（十九）

〔註解〕說文云：「樸，木素也。」段注：「素猶質也。」

人應保持其天生之資質，因人之本性爲善的。人有活動，但活動太多，則本性離散而爲不善矣。人性最純厚之時，爲嬰孩。此時之活動皆純隨自然而無企圖與造作。

含德之厚，比於赤子。（五五）

常德不離，復歸於嬰兒。……常德乃足，復歸於樸。（二八）

第二段　攝生論

老子感覺人生之短促。

天地不仁，以萬物爲芻狗。（五）

飄風不終朝，驟雨不終日。孰爲此者？天地。天地尚不能久，而況人乎？（二三）

在此短促之過程中，人生宜善爲調攝，以享受生命。

衆人皆有以，而我獨頑且鄙。我獨異於人，而貴食母。（二十）

食母，生之本也。衆人輕生命而重作爲，老子則重生命而致力修養。修養之法，爲保持人之本眞，使本性純篤。

載營魄抱一，能無離？專氣致柔，能嬰兒？（十）

團結本眞，勿使渙散，則生命可以不滅。凡物之可滅者，皆有一剛體，皆有所發展。迨精蘊發散已盡，則物隨之而毀。人當嬰孩之時，本眞尚未發散。欲保存本眞，必須保存嬰孩之性。

含德之厚，比於赤子。毒蟲不螫，猛獸不據，攫鳥不搏。骨弱筋柔而握固。未知牝牡之合而朘作，精之至也。終日號而不嗄，和之至也。知和曰常，知常曰明，益生曰祥，心使氣曰強。物壯則老，謂之不道。不道早已。（五五）

人之身體，不可過事培養。若豐厚其生，則身體發展而死亡繼之。

出生入死。生之徒十有三，死之徒十有三，民之生，生而動，動皆之死地，亦十有三。夫何故？以其生生之厚。夫惟能無以生爲者，是賢於貴生也。蓋聞善攝生者，陸行不遇兕虎，入軍不被甲兵。兕無所投其角，虎無所措其爪，兵無所容其刃。夫何故？以其無死地。（五十）

〔註解〕韓非子云：「人之身三百六十節，四肢九竅，其大具也。四肢與九竅十有三，十有三者之動靜，盡屬於生焉。屬之謂徒也。故曰：生之徒十有三。至其死也，十有三具者，皆還而屬之於死。死之徒亦十有三。……凡民之生，生而生者固動，動盡則損也。而動不止，是損而不止也。損而不止則生盡，生盡之謂死，則十有三具者，皆爲死死地也。故曰：民之生，生而動，動皆之死地，亦十有三。是以聖人愛精神，而貴處靜。」（解老）

善攝生者重精神而輕身體，因身體爲可死之體也。

吾所以有大患者，爲吾有身，及吾無身，吾有何患？（十三）

修養精神，生命可以長久。

治人事天，莫若嗇。夫惟嗇，是以早服。早服是謂重積德。重積德則無不克。無不克則莫知其極。莫知其極則可以有國。有國之母，可以長久。是謂深其根，固其柢，長生久視之道。（五九）

〔註解〕韓非子云：「嗇之者，愛其精神，嗇其智識也。」

河上公云：「人能以氣爲根，以精爲蔕，如樹根不深則枯，蔕不堅則落矣。言深藏其氣，固守其精，使無漏泄。」

永生爲生命之極致。

不失其所者久，死而不亡者壽。（三三）

〔註解〕范應元云：「人能有志於道，不離於初，故不失其所。如此者乃久也。其形雖死，其神不亡。如此者方爲壽也。」

人惟其發動之精神爲不死之物。

谷神不死。（六）

老子之攝生論，以專氣養神爲主。生命之最高峯爲永生。老子此種思想，已由玄學而進至宗教之領域。

第三段　處世論

老子在個人方面，主張攝生養神，在社會方面，主張柔弱清虛。人與人間之關係，可效法宇宙之運行。宇宙之運行循乎自然，而無強力衝動。故宇宙之運行爲柔弱。

弱者道之用。（四十）

萬物中以柔弱行動者，首推水。水爲最近道之物。

上善若水。水善利萬物而不爭。處衆人之所惡。故幾於道。（八）

天下莫柔弱於水，而攻堅强者莫之能先，以其無以易之。弱之勝强，柔之勝剛，天下莫不知，莫能行。（七八）

天下之至柔，馳騁天下之至堅。（四三）

人亦應效法水，以柔弱卑下自守，藉得全其生命。

人之生也柔弱，其死也堅强。萬物草木之生也柔脆，其死也枯槁。故堅强者死之徒，柔弱者生之徒。是以兵强則不勝，木强則折。强大處下，柔弱處上。（七六）

人之所教，我亦教之。强梁者不得其死。吾將以爲教父。（四二）

人之剛强，因人有欲望，故好爭。如致柔弱，必須寡欲。

罪莫大於可欲。禍莫大於不知足。咎莫大於欲得。故知足之足，常足矣。（四六）

夫亦將無欲，不欲以靜，天下將自定。（三七）

身與貨孰多？得與亡孰病？甚愛必大費，多藏必厚亡。故知足不辱，知止不殆，可以長久。（四四）

尅抑欲望，卽化除其私己，任自然而行動，與道相合爲一。

是以聖人後其身而身先，外其身而身存。非以其無私邪？故能成其私。（七）

是以聖人抱一爲天下式。不自見，故明。不自是，故彰。不自伐，故有功。不自矜，故長。（二二）

善行無轍迹，善言無瑕謫，善數不用籌策，善閉無關揵而不可開，善結無繩約而不可解。（二七）

人應以卑下自持。

> 知其白，守其黑，爲天下式。爲天下式，常德不忒，復歸於無極。知其榮，守其辱，爲天下谷。爲天下谷，常德乃足，復歸於樸。（二八）
>
> 故貴以賤爲本，高以下爲基。（三九）
>
> 是以大丈夫處其厚，不處其薄。處其實，不處其華。（三八）

第八節　政治學

老子生於亂世，目擊社會之紊雜，制度之紛繁，而生一種反感。社會有治必有亂，有盛必有衰。欲避免衰亂，亦無需盛治。社會發達爲社會衰落之根源。

> 天下多忌諱，而民彌貧。民多利器，國家滋昏。人多伎巧，奇物滋起。法令滋彰，盜賊多有。（五七）

免除混亂，在摒斥混亂之成因：

> 不尚賢，使民不爭。不貴難得之貨，使民不爲盜。不見可欲，使心不亂。（三）

混亂之成因，即社會制度之繁雜，社會中各級人士有所作爲。此等作爲，皆成造亂之具。故欲無亂，即在各級人士無所作爲。

> 民之難治，以其上之有爲，是以難治。（七五）

古之善爲道者，非以明民，將以愚之。民之難治，以其智多。（六五）

至治即是無爲政治。

故聖人云：「我無爲而民自化，我好靜而民自正，我無事而民自富，我無欲而民自樸。」（五七）

愛民治國，能無爲乎？（一〇）

在無爲政治中，執政者排除其作爲之野心，以同化於百姓之生活中。

聖人無心，以百姓心爲心。……聖人在天下歙歙，爲天下渾其心。（四九）

政治之成就，爲純厚之生活。

其政悶悶，其民淳淳。（五八）

而純厚之生活，爲民衆安居樂業，滿足本性之生活。

是以聖人之治，虛其心，實其腹，弱其志，强其骨。常使民無知無欲。（三）

是以聖人爲腹不爲目。（十二）

政治之極致，爲人民樂其生活，簡其政制，結成小集團，而相安無事。

小國寡民，使民有什伯之器而不用，使民重死而不遠徙。雖有舟輿，無所乘之；雖有甲兵，無所陳之。使民復結繩而用之。甘其食，美其服，安其居，樂其俗。鄰國相望，雞犬之聲相聞，民至老死不相往來。（八十）

本章附註

〔一〕 近人懷疑老子一書，爲老聃所作者，提出疑難數點。茲爲解答如下：

(一)問：孔子見老子之事實，載於禮記者四條。老子所言者皆謹乎禮節，而老子書則非薄禮節。此事可疑。

答：孔子適周，乃問禮於老聃，所問者爲禮儀節目。此爲周代之文物制度。故老聃亦以禮儀示孔子。若孔子問老聃之哲學思想，及其對於文物之態度，則老聃將以老子書中之思想教孔子。且禮記爲儒家後學所記，對於道家之思想，或有所刪略。

(二)問：史記云「老子之子名宗，宗爲魏將。」由此推算，至漢景武之時，孔子之十三代孫，與前輩老子之八代孫同時。此可疑。

答：史記此條，爲後人所加入。李宗非老聃之子。論證如下：(甲)老聃姓萊，宗姓李。(乙)老聃爲反抗戰爭之人，豈有其子而爲魏將之理？全無家庭間之影響。(丙)老聃之生平，迷離惝恍。李宗以後，則明顯確實。二人太不相連屬。

(三)問：老聃爲博學之人，何以孟子不曾提及？

答：孟子是否未提及老聃，待至孟子章內再討論。但孟子同時之人，曾言及老聃。

顏斶對齊宣王曰：「……老子曰：雖貴必以賤爲本，雖高必以下爲基。」（齊策）

第九章　孔子

鳳兮，鳳兮，
何德之衰。
往者不可諫，
來者猶可追。——接輿

第一節　略傳

一、姓名。

孔子名丘字仲尼，姓孔氏。（史記，孔子世家）

二、先世。孔子之先人爲殷人而居於宋。

子曰：「丘也，丘也殷人也。」（禮記，檀弓）

其先，宋人也。（史記，孔子世家）

孟僖子曰：「孔丘，聖人之後也，而滅於宋。」（左，昭七）

杜注：「聖人，殷湯。……孔子六代祖孔父嘉爲宋督所殺。其子奔魯。」

三、鄉里。

孔子生魯昌平鄉陬邑。（史記，孔子世家）

括地志云：「故鄹城在兗州泗水縣東南六十里。昌平山在泗水縣南六十里。……兗州曲阜縣，魯城西南三里有闕里，中有孔子宅。」

四、年代。

襄公二十有一年，冬十月，庚子，孔子生。（穀梁傳）

孔子生於魯襄公二十一年，即周靈王二十年，爲西歷紀元前五五二年。周正之冬十月庚子爲夏正之秋八月二十七日。

哀公十有六年，夏四月己丑，孔丘卒。（春秋）

孔子卒於魯哀公十六年，即周敬王四十一年，爲西歷紀元前四七九年。時年七十三歲。周正之夏四月己丑爲夏正之春二月十一日。

五、求學。

孔子幼年即好學。

子曰：「吾十有五而志於學。」（論語，爲政）

子曰：「我非生而知之者，好古敏以求之者也。」（同，述而）

孔子求古代之學問，主要者爲詩，書，禮。

子所雅言，詩，書，執禮，皆雅言也。（同）

孔子晚年有志於學易，而未如願。

子曰：「假我數年，卒以學易，可以無大過矣。」（同，古本）

孔子之學術興趣，著重於周代之禮節文物。

孔子曰：「俎豆之事，則常聞之矣。軍旅之事，未之學也。」（同，衛靈公）

子入太廟，每事問。（同，八佾）

衞公孫朝問於子貢曰：「仲尼焉學？」子貢曰：「文武之道，未墜於地，在人；賢者識其大者，不賢者識其小者，莫不有文武之道焉。夫子焉不學？而亦何常師之有。」（同，子張）

孔子曾師事多人。

孔子學於老聃，孟蘇，夔靖叔。（呂氏春秋，當染）

仲尼聞之，見於郯子而學之。（左，昭十七）

孔子曰：「吾聞諸萇宏。」（禮記，樂記）

六、生活。孔子之家居，整飭而和舒。其待人，信實而誠篤。

子之燕居，申申如也，夭夭如也。（論語，述而）

孔子於鄉黨，恂恂如也，似不能言者。（同，鄉黨）

其日常行爲恬淡而瀟洒。

子曰：「飯疏食，飲水，曲肱而枕之，樂亦在其中矣。不義而富且貴，於我如浮雲。」（同，述而）

時亦釣弋養犬。

子釣而不綱，弋不射宿。（同）

仲尼之畜狗死。（檀弓）

時春遊川上。

曾晳曰：「莫春者，春服既成，冠者五六人，童子六七人，浴乎沂，風乎舞雩，詠而歸。」夫子歎曰：「吾與點也。」（論語，先進）

時與人歌而和之。

子與人歌而善，必使反之，而後和之。（同，述而）

七、事蹟。孔子早年曾爲佐吏。

子曰：「吾少也賤，故多能鄙事。」（同，子罕）

孔子嘗爲委吏矣，曰：「會計當而已矣。」嘗爲乘田矣，曰：「牛羊茁壯長而已矣。」（孟子，萬章）

中年周遊列國，求仕進。

已而去魯，斥乎齊，逐乎宋衞，困於陳蔡之間，於是反魯。（史記）

後大用於魯，建夾谷之令譽。

夏，公會齊侯於祝其，實夾谷。孔丘相。犁彌言於齊侯曰：「孔丘知禮而無勇，若使萊人以兵劫魯侯，必得志焉。」齊侯從之。孔丘以公退，曰：「士兵之！兩君好合，而裔夷之俘以兵亂之，非齊君所以命諸侯也。裔不謀夏，夷不亂華，俘不干盟，兵不偪好。於神為不祥，於德為愆義，於人為失禮，君必不然。」齊侯聞之，遽辟之。……齊人歸鄆、讙龜陰之田。（左，定十）

晚年在魯正樂，未著書籍。〔附註一〕

子曰：「吾自衛反魯，然後樂正，雅頌各得其所。」（論語子罕）

八、資料　孔子本人無著作。關於孔子之研究，惟論語一書，為可靠之資料。論語之名，始見於禮記坊記，其書為孔子之語錄。

論語，孔子應答弟子時人及弟子相與言而接聞於夫子之語也。當時弟子各有所記。夫子既卒，門人相與輯而論纂，故謂之論語。（漢書藝文志）

論語之成書，在孔子弟子之後。

皇侃云：「論語者，是孔子沒後，七十弟子之門人共所撰錄也。」（論語通）

論語有三種。

魯人所學謂之魯論，齊人所學謂之齊論，孔壁所得謂之古論。（劉向別錄）

三論漸次相併，乃成今本。

何晏云：「安昌侯張禹，本授魯論，兼講齊說，從者善之，號曰張侯論，爲世所貴。……鄭玄就魯論篇章，考之齊古，爲之注。」（論語集解敍）

第二節　儒家

第一段　遺民

古代社會中，有一批不事生產而專以輔佐他人以謀生者。其輔佐大人階級者，爲君子或官吏。當周代之興起，殷代遺民，逃散各方，因無固定居處，故不能從事生產工作。殷族流民在飄泊之狀況中，變成社會中之輔佐人士。殷人爲被征服民族，在社會中之地位甚低；而且隨處皆受壓抑。其在散亡時之道德準則爲柔弱，若取剛強，適足滅種。故此時之殷人，皆爲懦弱之人。其輔佐事業，亦有輔佐平民階級者。

殷族流民中，有一二在中國學術上爲特出者，其思想影響中國數千年之文化趨向。如老子孔子是。二人皆致力於爲士，老子以殷人居陳而仕於周，孔子之先以殷人居宋，又流於魯。孔子畢生度其流亡生活。

孔子曰：「今丘也東西南北之人也。」（檀弓）

子曰：「士而懷居，不足以爲士矣。」（論語，憲問）

亡人爲亡代遺民，皆以柔順爲教。

老子貴柔。（呂氏春秋，不二）

孔子曰：「好勇疾貧，亂也。」（論語，泰伯）

孔子之先人亦以柔道自箴。

正考父曰：「一命而僂，再命而傴，三命而俯。循牆而走，亦莫余敢侮。饘於是，鬻於是，以糊余口。」（鼎銘）

第二段　學派

殷族流民後成一學術流派，名曰儒。其義爲懦弱之人而以輔佐事業爲生者。

儒，柔也，術士之稱。（說文）

儒以道得民。（周禮，大宰）　注：儒有六藝以教民者。

流民中有一部份希圖輔佐大人，階級而爲官吏。此輩人奉周族中之周公旦爲教主，以殷人而戴本族之征服者爲號召，用以糊口於四方，其情亦可悲矣。後周公之禮，被稱爲儒書。

公及齊侯邾子盟於顧。齊人責稽首，因歌之曰：「魯人之皋，數年不覺，使我高蹈。唯其儒書，以爲二國憂。」（左，定二二）　注：二國，齊邾也。言魯據周禮，不肯答稽首。

孔子亦常以周公爲法。

子曰：「甚矣吾衰也久矣吾不復夢見周公。」（論語，述而）

此輩懦弱的輔佐人士，有輔佐小人者，有輔佐大人者，孔子及其從屬，則願輔佐大人。

子謂子夏曰：「汝爲君子儒，無爲小人儒。」（論語，雍也）

小人儒以指導平民之婚喪禮節而爲活。

且夫繁飾禮樂以淫人，久喪僞哀以謾親，立命緩貧而高浩居，倍本棄事而安怠傲，貪於飲食，惰於作務，陷於飢寒，危於凍餒，無以違之，是若乞人，䶌鼠藏，而羝羊視，賁彘起，君子笑之，怒曰：「散人，焉知良儒？」夫夏乞麥禾，五穀既收，大喪是隨，子姓皆從，得厭飲食，畢治數喪，足以至矣，因人之家以爲翠，恃人之野以爲尊，富人有喪，乃大說喜曰：「此衣食之端也。」（墨子，非儒）

「子姓」卽殷人，有淪爲小人之儒者。

君子儒輔佐大人，使得安居其尊貴之地位，鞏固貴族之優越利益，必須對民衆提倡奴隸道德，使爲馴良百姓，而不敢非議貴族。

儒者，法先王，隆禮義，謹乎臣子而致貴其上者也。人主用之，則勢在本朝而宜，不用則退編百姓而愨，必爲順下矣。雖窮困凍餒，必不以邪道爲貪，無置錐之地，而明於持社稷之大義，嗚呼而莫之能應，然而通乎財萬物，養百姓之經紀。勢在人上，則王公之材也，在人下，則社稷之臣，國君之寶也。雖隱於窮閻漏屋，人莫不貴之，道誠存也。（荀子，儒效）

第三段　道名

儒家至周末幽厲之時，已呈分裂之勢。一部份激於社會之劇變，人事之混亂，乃產生反文明之思想。一切制度文物，皆須排除。社會復反於太古之純樸。人類之智慧，爲混亂之階梯。去知去欲，清靜無爲。人類之行動，與宇宙中之道體相合，唯道爲世界之本眞。此輩時代之反動思想家，爲儒家中之道派。

另一部份仍主維持舊有文明。擁護社會中之各種制度文物。社會之治理，在其中之各階級皆安守本分。社會中之核心爲名分。此輩守舊之思想家，爲儒家中之名派。

名派之思想，在春秋時已盛行。

公問於箕鄭曰：「救饑何以？」對曰：「信。」公曰：「安信？」對曰：「信於君心，信於名，信於令，信於事。」公曰：「然則若何？」對曰：「信於君心，則美惡不踰。信於名，則上下不干。信於令，則時無廢功。信於事，則民從事有業。」（晉語）

孔子後被認爲名派之首領，亦數言名分之重要。

子贛曰：「夫子之言曰：禮失則昏，名失則愆。失志爲昏，失所爲愆。」（左，哀十六）

仲尼曰：「唯名與器，不可以假人。」（左，成二）

道派與名派，雖同屬一家，但自春秋時始，已分道揚鑣，各成一家。有時二派互相攻擊，道派詆名派爲盜夸。

朝甚除，田甚蕪，倉甚虛，服文綵，帶利劍，厭飲食，財貨有餘，是謂盜夸。（老子，五三）

名派則重官職名分。

仲尼曰：「守道不如守官。」（左，昭二十）

道派之首領爲老子。倡遯世無悶之學說，爲社會中之退隱者。

老子……其學以自隱無名爲務。（史記）

孔子亦曾言及道派之行動。

子曰：「賢者辟世，其次辟地，其次辟色，其次辟言。」（論語，憲問）

道派爲社會中之退出者，故未向社會方面發展。道派未形成社會內有組織之流派，但其思想已流行於社會之內。道派自老子之後，已成道家。

名派自孔子之後，占有儒家之名稱。

第四段　任官

狹義的儒家，仍繼續輔助大人階級，治理社會，佐治爲其學派之教義，亦爲其生計之解決。孔子曾自述其心志。

子曰：「出則事公卿，入則事父兄，喪事不敢不勉，不爲酒困，何有於我哉？」（論語，子罕）

求官即爲謀生。故孔子急於仕進。

孟子曰：「孔子三月無君，則皇皇如也。」（孟子滕文公下）

微生畝謂孔子曰：「丘，何爲是栖栖者與？」（論語憲問）

子曰：「苟有用我者，朞月而已可也，三年有成。」（同，子路）

孔子教授弟子，亦以任官爲目的。

子曰：「三年學，不至於穀，不易得也。」（同，泰伯）　注：穀，祿也。

子張學干祿。（同，爲政）

子夏曰：「仕而優則學，學而優則仕。」（同，子張）

儒家以官吏爲職業。社會中之生產工作，乃小人之事，儒者不爲。

樊遲請學稼。子曰：「吾不如老農。」請學爲圃。曰：「吾不如老圃。」樊遲出。子曰：「小人哉，樊須也。上好禮，則民莫敢不敬。上好義，則民莫敢不服。上好信，則民莫敢不用情。夫如是，則四方之民，襁負其子而至矣。焉用稼？」（同，子路）

子曰：「君子謀道不謀食。耕也，餒在其中矣。學也，祿在其中矣。君子憂道不憂貧。」（同，衞靈公）

君子不事勞作，爲閑逸階級。平時注重衣冠儀式。

子曰：「君子不重則不威。」（同，學而）

子曰：「君子正其衣冠，尊其瞻視，儼然人望而畏之，斯不亦威而不猛乎？」（同，堯曰）

子夏曰：「君子有三變，望之儼然？」（同，子張）

荀子曰：「士君子之容，其冠進，其衣逢，其容良，儼然，壯然，祺然，蕼然，恢恢然，廣廣然，昭昭然，蕩蕩然。」（非十二子）

第五段　門徒

孔子成一學派，傳授弟子甚多。其所教授者，皆著重實際知識與行爲軌範，以備謀生之用。

子以四教，文行忠信。（論語，述而）

子曰：「博學於文，約之以禮，亦可以弗畔矣夫。」（同，雍也）

孔子取汎教主義，來者不拒。

子曰：「有教無類。」（同，衞靈公）

南郭惠子問於子貢曰：「夫子之門，何其雜也。」子貢曰：「君子正身以俟，欲來者不距，欲去者不止。且夫良醫之門多病人，檃栝之側多枉木，是以雜也。」

弟子中之一部份求學有成。

子在陳曰：「歸與歸與吾黨之小子狂簡，斐然成章，不知所以裁之。」（論語，公冶長）

子曰：「從我於陳蔡者，皆不及門也。德行：顏淵，閔子騫，冉伯牛，仲弓。言語：宰我，子貢。政事：冉有，季路。文學：子游，子

夏。」（同，先進）

孔子有入室弟子七十人。

孟子曰：「以德服人者，中心悅而誠服也。如七十子之服孔子也。」（孟子公孫丑）

孔子卒後，儒家分爲數派。荀子書中舉出子思，子張，子夏，子游，合荀子本人，共爲五派。

世俗之溝瞀儒，嚾嚾然不知其所非也。遂受而得之，以爲仲尼子弓爲茲厚於世，是則子思，孟軻之罪也。……弟佗其冠，神禫其辭，禹行而舜趨，是子張氏之賤儒也。正其衣冠，齊其顏色，嗛然而終日不言，是子夏氏之賤儒也。偷儒憚事，無廉恥而耆飲食，必曰「君子固不用力」，是子游氏之賤儒也。（荀子，非十二子）

韓非子書中言儒家分爲八派。

自孔子之死也，有子張之儒，有子思之儒，有顏氏之儒，有孟氏之儒，有漆雕氏之儒，有仲良氏之儒，有孫氏之儒，有樂正氏之儒。……儒分爲八。（韓非子，顯學）

儒家者流，以孔子爲其宗師。

孔子布衣，傳十餘世，學者宗之。（史記）

第三節　述學

第一段　性格

孔子之學問，以其性格為基礎。平時嚴肅而安詳。一旦行事，則熱情放逸，不可遏抑。

子溫而厲，威而不猛，恭而安。（論語，述而）

葉公問孔子於子路。子路不對。子曰：「女奚不曰其為人也，發憤忘食，樂以忘憂，不知老之將至云爾。」（同）

其純篤之性情，常受藝術之鼓舞。

子在齊聞韶，三月不知肉味，曰：「不圖為樂之至於斯也。」（同）

人類之性格，大凡情感深摯者，理智必淡薄。理智敏銳者，情感必冲疏。情感強者，易隨物而動。理智強者，常有固執之個性。孔子性格為濃厚之情感。故其個性脆弱，自我消除。又受老子無己之教訓。

老子曰：「為人子者，毋以有己，為人臣者，毋以有己。」孔子自周反於魯。（史記）

孔子之個性為無我。

子絕四：毋意，毋必，毋固，毋我。（論語，子罕）

孔子曰：「非敢為佞也，疾固也。」（同，憲問）

孔子對於事物，不拘成見，無適而不可。

逸民：伯夷，叔齊，虞仲，夷逸，朱張，柳下惠，少連。……我則異於是，無可無不可。（同，微子）

孔子無強固之個性，故所致力之學問，為各種事物之簿錄，而無理智鎔解，以成一己之創見。

達巷黨人曰：「大哉孔子，博學而無所成名。」（同，子罕）

孔子亦自知其缺乏理智之知識。

子曰：「吾有知乎哉？無知也。有鄙夫問於我，空空如也。我叩其兩端而竭焉。」（同）

第二段　傳述

理智敏銳之人多創作，情感強盛之人多傳述。孔子爲第二類人物，故其思想皆傳述前人之教訓。孔子亦自言「述而不作。」

子曰：「述而不作，信而好古，竊比於我老彭。」（述而）

孔子所發之言論，皆傳述先哲之意。茲證之如下。

一、

（甲）正名育類。昭舊族，愛親戚，明賢良，尊貴寵，賞功勞，事耇老，禮賓旅，友故舊。（晉語）

（乙）子路曰：「衛君待子而爲政，子將奚先？」子曰：「必也正名乎？」（論語，子路）

二、

（甲）勃鞮曰：「君君臣臣，是謂明訓。」（晉語）

劉康公曰：「臣聞之爲臣必臣，爲君必君。」（周語）

桓公召管子而謀。管子對曰：「爲君不君，爲臣不臣，亂之本也。」（齊語）

(乙)齊景公問政於孔子。孔子對曰：「君君臣臣，父父子子。」（顏淵）

三、

(甲)仲尼曰：「古也有志；克己復禮，仁也。」（左，昭十二）

(乙)顏淵問仁。子曰：「克己復禮爲仁。」（顏淵）

四、

(甲)晉臼季言諸文公曰：「出門如賓，承事如祭，仁之則也。」（左，僖三三）

(乙)仲弓問仁。子曰：「出門如見大賓，使民如承大祭。」（顏淵）

五、

(甲)棠君尚謂其弟員曰：「奔死免父，孝也。度功而行，仁也。擇任而往，知也。知死不避，勇也。」（左，昭二十）

(乙)子曰：「君子道者三，我無能焉。仁者不憂，知者不惑，勇者不懼。」（憲問）

六、

(甲)杜原款曰：「死不遷情，彊也。守情說父，孝也。殺身以成志，仁也。死不忘君，敬也。」（晉語）

(乙)子曰：「志士仁人，無求生以害仁，有殺身以成仁。」（衞靈公）

七、

(甲)子高曰：「惟仁者，可好也，可惡也。」（楚語）

(乙)子曰：「惟仁者能好人，能惡人。」（里仁）

八、

(甲)里克見太子曰：「脩己而不責人，則免於難。」（左，閔二）

(乙)子曰：「躬自厚而薄於責人，則遠怨矣。」（衞靈公）

九、

(甲)趙衰曰：「禮志有之曰：將有請於人，必先入焉。欲人之愛己也，必先愛人。欲人之從己也，必先從人。無德於人而求用於人，罪也。」（晉語）

(乙)子貢問曰：「有一言而可以終身行之者乎？」子曰：「其恕乎？己所不欲，勿施於人？」（衞靈公）

十、

(甲)狼瞫曰：「周志有之，勇則害上，不登於明堂。」（左，文二）

(乙)子曰：「好勇疾貧，亂也。」（泰伯）

十一、

(甲)衞成公命祀相。甯武子不可，曰：「鬼神非其族類，不歆其祀。」（左，僖三一）

(乙)子曰：「非其鬼而祭之，諂也。」（爲政）

十二、

（甲）齊侯使請戰。對曰「晉與魯衞，兄弟也。」（左，成二）

（乙）子曰：「魯衞之政，兄弟也。」（子路）

孔子本人無成見。其所發表之意見，皆採自前代及當時聞人之談說。

第四節　綜論

第一段　詩感

孔子爲一儒者，其學術主旨在培養健全的輔佐人物。孔子注重社會中各種制度文物之實際知識。至抽象之理論則未遑兼及。在儒者個人方面之修養，爲陶冶其情感，使得正當發洩。古代典籍中啓發性情者，首數詩。故孔子以詩爲人生學問之起點。得詩激動之後，人生周旋於社會之間，以禮自持。人生之最高完成在樂，在樂音之中，人生之內容充分發現與證實。

子曰：「興於詩，立於禮，成於樂。」（泰伯）

詩感激動人之情緒，使人在社會間之施措，各得其宜。

子曰：「小子何莫學夫詩？詩可以興，可以觀，可以羣，可以怨。邇之事父，遠之事君，多識鳥獸草木之名。」（陽貨）

詩亦爲從政之本。

子曰：「誦詩三百，授之以政。」（子路）

第二段　宗教

孔子爲富於情感之人，故宗教性質極重。

祭如在，祭神如神在。子曰：「吾不與祭，如不祭。」（八佾）

子疾病，子路請禱。子曰：「有諸？」子路對曰：「有之。誄曰：禱爾於上下神祇。」子曰：「丘之禱久矣。」（述而）

子曰：「獲罪於天，無所禱也。」（八佾）

孔子對鬼神甚尊崇，不敢示親暱，蓋恐瀆之也。

子曰：「敬鬼神而遠之。」（雍也）

事鬼神爲愼重之事。須先能事人，然後纔可以事鬼。

季路問事鬼神。子曰：「未能事人，焉能事鬼？」（先進）

第三段　天命

孔子承襲殷人之思想，信定命之說。

孔子曰：「君子有三畏，畏天命。」（季氏）

人類之行爲，受定命之指揮。

子曰：「不知命，無以爲君子也。」（堯曰）

子曰：「道之將行也與？命也。道之將廢也與？命也。」（憲問）

孔子之行動，亦聽天由命。自言「與命」，與，從也。

子罕言利，與命，與仁。（子罕）

第四段　人性

一、品質。孔子以為人性，為衆人之性情，故大致相近。然不相同。

子曰：「性相近也，習相遠也。」（陽貨）

人性有品質之不同，可分為數等。

子曰：「唯上知與下愚不移。」（陽貨）

孔子曰：「生而知之者上也。學而知之者次也。困而學之，又其次也。困而不學，民斯為下矣。」（季氏）

子曰：「中人以上，可以語上也。中人以下，不可以語上也。」（雍也）

二、善惡。孔子分人性為三等。上等者為善性，不能變惡。下等者為惡性，不能遷善。中等者可善可惡，隨其學習而定。

其實人性為人類天付之資質，為自然之領稟，不在倫理範圍之內。善惡為由社會所定之價值而生，非自然之標準。人定一準則於社會之內，然後凡合此準則之行動為善，否則為惡。準則可變遷，而善惡亦無定。現孔子提出一準則，為社會制度。人性是否合乎社會制度？依孔子所見，人性是反社會制度的。若欲社會存在，人類必須克抑其本性，以合於社會制度。故從此準則以論人性，則人性爲惡的。

子曰：「克己復禮爲仁。」（顏淵）

第五節　人生學

第一段　循禮

孔子之人生學，注重人生之實際方面。孔子爲實行家，倫理家。其重要思想，爲人生如何在社會內施措其行動，人類在社會內之行爲應何如？孔子解答各種實踐之問題。

人類在社會內之行爲，以禮爲標準。

子曰：「不知禮，無以立也。」（堯曰）

子曰：「君子義以爲質，禮以行之。」（衛靈公）

孔子所知之禮，爲禮之節文，行爲之條目。禮之理論，孔子未暇探討。

林放問禮之本。子曰：「大哉問！禮與其奢也寧儉，喪與其易也寧戚。」（八佾）

或問禘之說。子曰：「不知也。知其說者之於天下也，其如示諸斯乎？」指其掌。（八佾）

循禮之行爲，孔子許之爲仁。

顏淵問仁。子曰：「克己復禮爲仁。一日克己復禮，天下歸仁焉。爲仁由己，而由人乎哉？」顏淵曰：「請問其目。」

子曰：「非禮勿視，非禮勿聽，非禮勿言，非禮勿動。」（顏淵）

第二段　居家

人在家庭之內，須孝順父母，友愛兄弟。

子曰：「弟子入則孝，出則弟。」（學而）

孝道亦須遵禮。

孟懿子問孝。子曰：「無違。」樊遲御，子告之曰：「孟孫問孝於我，我對曰：無違。」樊遲曰：「何謂也？」子曰：「生事之以禮，死葬之以禮，祭之以禮。」（爲政）

行孝之時，須具尊敬之心，與和怡之顏。

子游問孝。子曰：「今之孝者，是謂能養。至於犬馬，皆能有養。不敬，何以別乎？」（爲政）

子夏問孝。子曰：「色難。有事弟子服其勞，有酒食先生饌，曾是以爲孝乎？」（爲政）

孝子應以父母爲終身之楷模。

子曰：「父在觀其志，父沒觀其行，三年無改於父之道，可謂孝矣。」（學而）

第三段　與人

孔子常言仁。仁首由周公言及。

周公曰：「予仁若考，能多材多藝，能事鬼神。」（書，金縢）

孔子慕周公，故亦言仁。仁即人與人間之關係。

仁，親也。从人从二。（說文）

鄭玄云：「仁，相人偶也。」（禮記注）

阮元云：「仁从二从人，即人與人相與也。」（論仁）

孔子論仁，游移於外內二標準間。仁爲循禮，此爲外部標準。仁爲親愛，此爲內部標準。

樊遲問仁。子曰：「愛人。」（顏淵）

仁之方術爲推己及人。己欲得者亦必使人得之，己所不欲者，亦不加諸人。

子貢曰：「如有博施於民而能濟衆，何如？可謂仁乎？」子曰：「何事於仁，必也聖乎？堯舜其猶病諸。夫仁者，己欲立而立人，己欲達而達人。能近取譬，可謂仁之方也已。」（雍也）

仲弓問仁。子曰：「……己所不欲，勿施於人。在邦無怨，在家無怨。」（顏淵）

此種推己及人之法，名曰恕。孔子以此法爲終身行爲之準則。

子貢問曰：「有一言而可以終身行之者乎？」子曰：「其恕乎？己所不欲，勿施於人。」（衛靈公）

此種「一言而可以終身行之者」，孔子又名之曰：「一以貫之。」爾雅云：「貫，事也。」

子曰：「賜也，汝以予爲多學而識之者與？」對曰：「然。」「非與？」曰：「非也。」「予一以貫之。」（衛靈公）

子曰：「參乎，吾道一以貫之。」曾子曰：「唯。」子出，門人問曰：「何謂也？」曾子曰：「夫子之道，忠恕而已矣。」

（里仁）

孔子之行爲法則爲忠恕。人須孝慈，以培養其本性，此爲忠。

孝慈則忠。（爲政）

既忠矣，然後推己及人，此爲恕。忠恕爲終身行爲之唯一法則。

第四段　言行

孔子殷人。殷人多沉默寡言，如殷代之武丁，三年不言。孔子貴行而寡言。

子曰：「古者言之不出，恥躬之不逮也。」（里仁）

子曰：「君子欲訥於言而敏於行。」（同）

言行須相符應。

司馬牛問仁，子曰：「仁者其言也訒。」曰：「其言也訒，斯謂之仁矣乎？」子曰：「爲之難，言之得無訒乎？」（顏淵）

子貢問君子。子曰：「先行其言，而後從之。」（爲政）

子曰：「君子恥其言而過其行。」（憲問）

第五段　察人

在社會內，察人爲一重要之事。

子曰：「不患人之不己知，患不知人也。」（學而）

察人之法，在觀人之行為。

子曰：「始吾於人也，聽其言而信其行。今吾於人也，聽其言而觀其行。」（公冶長）

更精密之觀察法，為考查人之意向與興趣，探討行為之本源。

子曰：「視其所以，觀其所由，察其所安。人焉廋哉？人焉廋哉？」（為政）

社會中之輿論，亦必加以考察。

子曰：「衆惡之，必察焉。衆好之，必察焉。」（衛靈公）

輿論不能為標準，須以善為標準。

子貢問曰：「鄉人皆好之，何如？」子曰：「未可也。」「鄉人皆惡之，何如？」子曰：「未可也。不如鄉人之善者好之，其不善者惡之。」（子路）

第六節　政治學

第一段　秩序

人類組織社會，在社會內，人與人相周旋，因而產生多數有定之關係。故某種周旋發生時，即於某種形態之關係行之。當時代進展，社會內包含多數行為之準則，由此而建設社會之制度文物，社會之秩序亦於此等制度內維持之。故所謂社會，卽在人類有信實之行爲。信爲社會之成因。

公曰：「信，國之實也。」（左僖二五）

內史興曰：「信，所以守也。……信守則固。……守固不偷。」（周語）

孔子亦重信。信爲人類行爲之軌範。

子曰：「人而無信，不知其可也大車無輗小車無軏，其何以行之哉？」（爲政）

人無信，則其行爲無所憑藉。社會將陷於混亂。信義爲社會之生命，較個人之生命爲重要。所謂政治，卽在維持信義。

子貢問政。子曰：「足食，足兵，民信之矣。」子貢曰：「必不得已而去，於斯三者何先？」曰：「去兵。」子貢曰：「必不得已而去，於斯二者何先？」曰：「去食。自古皆有死。民無信不立。」（顏淵）

社會中之信義，有等級名號之不同。維持信義須維持等級名號。

子路曰：「衞君待子而爲政，子將奚先？」子曰：「必也正名乎？……名不正則言不順。言不順，則事不成。事不成，則禮樂不興。禮樂不興，則刑罰不中。刑罰不中則民無所措手足。故君子名之必可言也，言之必可行也。君子於其言，無所苟而已矣。」（子路）

政治在各等級，安守本分。

齊景公問政於孔子。孔子對曰：「君君臣臣，父父子子。」（顏淵）

維持社會之秩序名分，須遵禮。

子曰：「能以禮讓爲國乎？何有？不能以禮讓爲國，如禮何？」（里仁）

子曰：「上好禮，則民易使也。」（憲問）

秩序名分不亂，則各人皆得其正。

季康子問政於孔子。孔子對曰：「政者，正也。子帥以正，孰敢不正？」（顏淵）

從政者宜先正其身，然後可以正人。

子曰：「其身正，不令而行。其身不正，雖令不行。」（子路）

子曰：「苟正其身矣，於從政乎何有？不能正其身，如正人何？」（同）

第二段　政術

政治方術爲舉善罷惡。善人用則國家治矣。

哀公問曰：「何爲則民服？」孔子對曰：「舉直錯諸枉，則民服。舉枉錯諸直，則民不服。」（爲政）

樊遲退，見子夏曰：「鄉也吾見於夫子而問知，子曰舉直錯諸枉，能使枉者直，何謂也？」子夏曰：「富哉言乎！舜有天下，選於衆，舉皋陶，不仁者遠矣。湯有天下，選於衆，舉伊尹，不仁者遠矣。」（顏淵）

季康子問：「使民敬忠以勸，如之何？」子曰：「臨之以莊，則敬；孝慈，則忠；舉善而教不能，則勸。」（爲政）

第三段　生計

政治之於民生問題，爲養與教。

子適衛，冉有僕。子曰：「庶矣哉！」冉有曰：「既庶矣，又何加焉？」曰：「富之。」曰：「既富矣，又何加焉？」曰：「教之。」（子路）

政治之施措，在謀社會之治理。治理之條件有二：一爲財富之均勻，卽社會內財富拒中；二爲思想之安定，卽社會內思想集中。二者爲社會治理之基石。

孔子曰：「丘也聞有國家者，不患寡而患不均，不患貧而患不安。蓋均無貧，和無寡，安無傾。」（季氏）

本章附註

〔一〕孟子書中言孔子作春秋，茲引其文如下：

孟子曰：「世衰道微，邪說暴行有作。臣弒其君者有之，子弒其父者有之。孔子懼，作春秋。」

孟子曰：「春秋，天子之事也。是故孔子曰：知我者其惟春秋乎？罪我者其惟春秋乎？」

孟子曰：「王者之迹熄而詩亡。詩亡然後春秋作。晉之乘，楚之檮杌，魯之春秋，一也。其事則齊桓晉文，其文則史，孔子曰：其義則丘竊取之矣。」

孔子自言無創作。

子曰：「述而不作，信而好古。」（論語述而）

孟子言孔子作春秋，未可信從。且其言論包含矛盾之點甚多。

(一)孟子以春秋爲「天子之事」「王者之迹。」孔子以一平民安能僭越如此？

(二)孟子言「春秋，天子之事也。」又言「晉之乘，楚之檮杌，魯之春秋，一也。」前言爲天子之事，後言爲諸侯一國之事。

(三)孟子以詩爲王者之迹。此爲對詩之誤解。又以詩與春秋相比，二者全無相同之內容。

(四)孟子言「其事則齊桓晉文，其文則史。」此明言春秋之文辭爲「史」書。但孟子又言爲孔子所作。

(五)孟子言「魯之春秋，」春秋前冠以魯字，可見春秋爲魯之史記。且春秋在孔子之時已存在，而藏於魯之史官。

(六)孟子言「孔子曰：其義則丘竊取之矣。」此言史書中之正義，爲孔子所採取。孔子並未作史。

「晉韓起聘魯，觀書於太史氏，見易象與魯春秋。」（左，昭二）

綜此六端，可見春秋非孔子所作。春秋中包含正義，乃古代史書之常體，並非由孔子所創始。

「乙丑，趙穿攻靈公於桃園。宣子未出山而復。大史書曰：趙盾弒其君以示於朝。宣子曰：不然。對曰：子爲正卿，亡不越竟，反不討賊，非子而誰？宣子曰：烏呼！我之懷矣，自詒伊慼，其我之謂矣。孔子曰：董狐，古之良史也，書法不隱。」（左，宣二）

「大史書曰：崔杼弒其君。崔子殺之。其弟嗣書，而死者二人。其弟又書，乃舍之。南史氏聞大史盡死，執簡以往，聞既書矣，乃還。」（左，襄二五）

春秋爲魯史若與孔子發生關係，則或由孔子抄錄魯史之一部分，以便傳授弟子。故孔子云曾見史書，

子曰：「吾猶及史之闕文也。」（論語，衞靈公）

第十章　墨子

墨子，
北方賢聖人。——文君

第一節　略傳

一、姓名。墨子名翟，其姓則不詳。

二、鄉里。

高誘云：「墨子，魯人也。」（呂覽注）

子墨子自魯卽齊。（貴義）

高氏所說，可證以墨子本書。

公尚過東車五十乘以迎子墨子於魯。（魯問）

三、年代。墨子與孔子弟子之門人同時。

子夏之徒問於子墨子。（耕柱）

劉向云：「墨子書有文子。文子，子夏之弟子，問於墨子。則墨子者，在七十子後也。」（別錄）

墨子大概生於周定王初年，當西歷紀元前四六四年左右。卒於周安王中葉，當西歷紀元前三八六年左右。

四、求學。墨子曾學於史角之後人

魯惠公使宰讓請郊廟之禮於天子。桓王使史角往。惠公止之其後在於魯，墨子學焉。（呂氏春秋，當染）

墨子讀書甚多。

子墨子南遊使衞，關中載書甚多。（貴義）

有一部份書籍爲史書。

墨子曰：「吾見百國春秋。」（隋書引）

五、生平。墨子以救天下爲己任。

墨子兼愛，摩頂放踵，利天下爲之。（孟子，告子）

子墨子自魯卽齊，過故人，謂子墨子曰「今天下莫爲義，子獨自苦而爲義。子不若已。」子墨子曰：「今有人此，有子十人，一人耕而九人處，則耕者不可以不益急矣。何故？則食者衆而耕者寡也。今天下莫爲義，則子如勸我者也。何故止我？」（貴義）

墨子雖務天下之急，然未入仕途。

墨子曰：「翟聞賢人進，道不行，不受其賞；義不聽，不處其朝。」（貴義）

墨子曰：「若越王聽吾言，用吾道。翟度身而衣，量腹而食，比於賓萌，未敢求仕。」（呂氏春秋，高義）

墨子生當亂世，目睹大國欺凌小國，甚爲憤慨。然無法制止大國之侵略行爲，所可爲者，只有提倡抵抗之精神與技術，使弱小國家得免於塗炭。

墨翟善守禦。（史記，孟荀列傳）

子墨子解帶爲城，以牒爲械。公輸盤九設攻城之機變，子墨子九距之。公輸盤之攻械盡，子墨子之守圉有餘。公輸盤詘。（公輸）

六、著書。墨子曾著書。

墨子至郢，獻書惠王。王受而讀之，曰：「良書也。」（渚宮舊事）

墨子原著已佚。今所存者爲墨子弟子及門人所記。漢書藝文志著錄「墨子七十一篇。」隋書經籍志載墨子十五卷。今本爲十五卷，存五十三篇。

第二節　墨家

第一段　黑白

墨爲道術之稱。

江瑔云：「所謂九家者，墨家而外，若儒，若道，若名，若法，若陰陽，若從橫，若雜，若農。莫不各舉其學術之宗旨，以名

其家聞其名，卽知其爲何學。」（讀子巵言）

墨家之道術爲何？

纍，黑也。（廣雅，釋器）

墨，晦也。（釋名，釋書契）

墨家爲皮色晦黑之人所組成。

古代社會分成三階級，卽大人，君子，與小人。小人爲社會中之民衆，爲勞苦階級。社會中笨重之事，操勞之作，皆小人爲之。小人擔任社會內之生產工作，負全社會給養或經濟之重任。小人階級之活動，爲人類生存衝動所發出之動作。

小人因生活勞苦，飲食不佳，故面目皆暗晦成黑色。小人被稱爲黎民。黎，黑也。

羣黎百姓，徧爲爾德。（詩，天保）

周餘黎民，靡有孑遺。（詩，雲漢）

大人及君子階級，占社會內之上層地位。生活舒適，飲食豐盛，故皮色白淨滋潤。前章曾言大人及君子爲肉食階級，小人爲菜食階級。小人皆面有菜色及憔悴之容。肉食人物則無之。

晉司馬寅曰：「肉食者無墨。」（左，襄十三）　注：墨，氣色下。

面色墨者，爲飲食不佳之小人。

歠粥，面深墨。（孟子，滕文公）

第二段　小人

人類智識之發展，首爲大人階級，次及君子階級。至戰國初期乃崛起小人階級。墨家爲小人階級智識之起點。

墨家人物，皆屬小人階級，皮膚晦黑。

子墨子北之齊，遇日者。日者曰：「帝以今日殺黑龍於北方，而先生之色黑，不可以北。」（貴義）

禽滑釐事墨子三年，手足胼胝，面目黎黑，役身給使，不敢問欲。（備梯）

墨子及其徒屬，皆爲小人。人又稱之爲賤人，爲役夫，以與官吏階級相對映。

子墨子南遊楚。楚王使穆賀見子墨子，穆賀見子墨子，曰：「子之言則誠善矣，而君王，天下之大王也，毋乃曰賤人之所爲而不用乎？」（貴義）

以是縣天下，一四海，何故必自爲之？自爲之者，役夫之道也；墨子之說也。論德使能而官施之者，聖王之道也，儒之所謹守也。（荀子，王霸）

小人與官吏相對抗。

周諺曰：「獸惡其網，民惡其上。」（周語）

反官吏之行動者爲小人，爲墨者。

晉叔向曰：「貪以敗官爲墨。」（左、昭十三）

第三段　學派

人類有二大衝動，一爲生育衝動，二爲生存衝動。從生育衝動，發生宗教行動。從生存衝動，發生經濟行動。社會中之宗教行動，由上層階級擔任。其經濟行動，由下層階級擔任。君子爲上層階級而志於上，小人爲下層階級而志於下。

子曰：「君子上達，小人下達。」（論語，憲問）

志於上者敬天，志於下者重地。

子曰：「獲罪於天，無所禱也。」（同，八佾）

禽子問天與地孰仁？墨子曰：「翟以地爲仁。太山之上，則封禪焉。培塿之側，則生松柏。下生黍苗莞蒲，水生黿鼉龜魚。民衣焉，食焉，死焉。地終不責德焉。故翟以地爲仁。」（藝文類聚引墨書）

孔子思想淵源於天。墨子思想產生於地。

子曰：『君子懷德，小人懷土。君子懷刑，小人懷惠。」（論語，里仁）

君子識義，小人圖利。

子曰：「君子喻於義，小人喻於利。」（同）

孔子與墨子相對持。儒家與墨家相頡頏。墨子思想，爲反孔子思想。

子墨子曰：「儒之道足以喪天下者四政焉。儒以天為不明，以神為不神，天鬼不說，此足以喪天下。又厚葬久喪，重為棺槨，多為衣衾，送死若徙，三年哭泣，扶然後起，杖然後行，耳無聞，目無見，此足以喪天下。又弦歌鼓舞，習為聲樂，此足以喪天下。又以命為有，貧富壽夭治亂安危有極矣，不可損益也。為上者行之，必不聽治矣。為下者行之，必不從事矣。此足以喪天下。」（公孟）

墨子思想為救時之敝。

墨子曰「凡入國必擇務而從事焉。國家昏亂，則語之尚賢尚同。國家貧則語之節用節葬。國家憙音湛湎，則語之非樂非命。國家淫辟無禮，則語之尊天事鬼。國家務奪侵凌，則語之兼愛非攻。」（魯問）

儒與墨為戰國時二大學術流派。

世之顯學，儒墨也。儒之所至，孔丘也。墨之所至，墨翟也。（韓非子，顯學）

第四段　門徒

墨家由墨翟創始。然其思想早已存於社會之內。如魯之敬姜重地德而尚勤勞，又如荷蓧丈人親自操勞以事生產。

子路從而後，遇丈人以杖荷蓧。子路問曰：「子見夫子乎？」丈人曰：「四體不勤，五穀不分，孰為夫子！」植其杖而芸。（論語，微子）

墨子總集此種思想而組織成一學派。

不侈於後世，不靡於萬物，不暉於數度，以繩墨自矯，而備世之急。古之道術有在於是者。墨翟、禽滑釐聞其風而說之。為之大過，己之大順。作為非樂，命之曰節用。生不歌，死無服。墨子氾愛兼利而非鬭，其道不怒。又好學而博，不異，不與先王同，毀古之禮樂。……其生也勤，其死也薄，其道大觳。……使後世之墨者，多以裘褐為衣，以跂蹻為服，日夜不休，以自苦為極，曰「不能如此，非禹之道也，不足謂墨。」……以巨子為聖人，皆願為之尸，冀得為其後世。（莊子天下）

墨子有弟子甚多。

子墨子曰「臣之弟子禽滑釐等三百人。」（公輸）

然親近之弟子有百八十人。

墨子服役百八十人，皆可使赴火蹈刃，死不旋踵，化之所致也。（淮南子，泰族訓）

墨子之弟子，皆勇敢任俠。

墨子之門多勇士。（陸賈新語）

薄功名以固組織，輕生命而重主義，中華民族之偉大性質，於墨者見之矣。

孫詒讓云：「彼勤生薄死，以赴天下之急，而姓名澌滅，與艸木同盡者，殆不知凡幾。嗚呼，悕已！」

墨家有一領袖名鉅子。鉅子可以傳授。

孟勝為墨者鉅子。……曰「我將屬鉅子於宋之田襄子。……」因使二人傳鉅子於田襄子。（呂氏春秋，上德）

墨家組織內有其法度。腹䵍為墨者鉅子居秦……曰：「墨者之法殺人者死傷人者刑。此所以禁殺傷人也……不可不行墨子之法。」（呂氏春秋，去私）

第三節 方法學

墨子與孔子相對立。孔子之性格富於情感，墨子之性格斂於理智。孔子傳述，而墨子創作。創作者需明晰之思想與正確之方法。墨子學派首重方法學。

子墨子曰：「言必立儀。言而無儀，譬猶運鈞之上而立朝夕者也。是非利害之辨，不可得而明知也。故言必有三表。何謂三表……有本之者，有原之者，有用之者。於何本之？上本之於古者聖王之事。於何原之？下原察百姓耳目之實。於何用之？發以為刑政，觀其中國家百姓人民之利。此所謂言有三表也。」（非命上）

此本、原、用三法，可用以研究各種問題。茲舉一種問題，以觀此三法如何應用。墨子提出命運問題，而以此三法考察之。考察之結果為無命運之存在。

第一表：本之往古之事。

古者桀之所亂，湯受而治之。紂之所亂，武王受而治之。此世未易，民未渝，在於桀紂則天下亂，在於湯武則天下治。豈可謂有命哉？（非命上）

第二表原察人類之經驗。

我所以知命之有與亡者以衆人耳目之情，知有與亡。有聞之，有見之，謂之有；莫之聞，莫之見，謂之亡。然胡不嘗考之百姓之情，自古以及今，生民以來者，亦嘗見命之物，聞命之聲者乎？則未嘗有也。（非命中）

第三表用之於社會，以察其效果。

王公大人藉若信有命而致行之，則必怠乎聽獄治政矣，卿大夫必怠乎治官府矣，農夫必怠乎耕稼樹藝矣，婦人必怠乎紡績織紝矣。……我以爲天下必亂矣。……天下衣食之財將必不足矣。（非命下）

三法考察之後，而得一結論，爲無命運。

命者暴王所作，窮人所術，非仁者之言也。（非命下）

墨子三法，就人類之過去、現在、未來三時代中之效驗，以解決一問題。第一表可名爲歷史法，觀察人類過去之事實。第二表可名爲經驗法，觀察人類現今經驗中之事實。第三表可名爲社會法，推測人類將來變化之事實。

第四節　社會學上

第一段　引言

墨子屬小人階級，其思想以人類生存問題爲核心。人類之生存，需安定之社會與豐富之生產。故墨子之思想集中於社會問題。其社會學可分爲二部：一爲理論，二爲實施。茲先探其第一部，社會之理論。

墨子思想之綱領爲愛與利。社會之理論爲愛，社會之實施爲利。愛與利爲社會治平之道。

是故天下之君子，實欲天下之富，而惡其貧，欲天下之治，而惡其亂。當兼相愛交相利，此聖王之法，天下之治道也。（兼愛中）

第二段　兼愛

古代社會爲有階級之社會。上層階級皆圖本階級之利益而漠視下層社會之幸福。此爲自愛而不愛人。上層社會之道德觀而表現於儒家思想者，爲愛有等級。親己者愛重，疏己者愛薄。此種等級的親愛學說，反映古代等級的社會制度。社會中各級人士各愛其本級，而社會級際間之敵視與爭執因之發生。社會由是而生混亂。故墨子救世之策，首從倫理方面改造，而倡平等之愛。

荀子云：「墨子有見於齊而無見於畸。」（天論）

又云：「上功用，大儉約而優差等。」（非十二子）

平等之愛，墨子名之曰兼愛。兼愛爲天志。

順天之意何若？曰：「兼愛天下之人。」（天志下）

人類同生於天地之間，同養以自然物產，故人爲平等的，人類中之愛亦應平等。

奚以知天之兼而愛兼而利之也？以其兼而有之，兼而食之也。（法儀）

墨子生於階級社會內，而倡平等之思想。墨子爲古代之革命思想家。

君子階級之道德觀，爲愛有等差。此思想行使於社會之內，而社會因之以亂。

察亂之何自起？起於不相愛，……子自愛不愛父，故虧父而自利。弟自愛不愛兄，故虧兄而自利。臣自愛不愛君，故虧君而自利。此所謂亂也。……盜愛其室，不愛其異室，故竊異室以利其室。賊愛其身，不愛人身，故賊人以利其身。……大夫各愛其家，不愛異家，故亂異家以利其家。諸侯各愛其國，不愛異國，故攻異國以利其國。……察此何自起？皆起不相愛。（兼愛上）

撥亂反治，唯有兼愛。

然則兼相愛，交相利之法，將奈何哉？子墨子言曰：「視人之國若視其國，視人之家若視其家，視人之身若視其身。是故諸侯相愛則不野戰，家主相愛則不相篡，人與人相愛則不相賊。君臣相愛則惠忠，父子相愛則慈孝。兄弟相愛則和調。天下之人皆相愛，强不執弱，衆不劫寡，富不侮貧，貴不傲賤，詐不欺愚。凡天下禍篡怨恨可使毋起者，以相愛生也。」（兼愛中）

第三段　非攻

人類仇敵行爲中，爲害最烈者爲集團鬬爭。諸侯間爲自利而起爭奪與殘殺。勝則貴族得利，敗則民衆受害。故在提倡兼愛之運動中，首須非攻。

攻伐爲武力的侵略，從倫理方面觀察，攻伐宜停止，

今有一人，入人園圃，竊其桃李，衆聞則非之。……以虧人自利也。至攘人犬豕雞豚者，其不義又甚入人園圃竊桃李。……至入人欄廐取人馬牛者，其不義又甚攘人犬豕雞豚。至殺不辜人也，扡其衣裘，取戈劍者，其不義又甚入人欄廐，取人馬牛。……天下之君子，皆知而非之，謂之不義。今至大爲攻國，則弗知非，從而譽之，謂之義。此可謂知義與不義之別乎？殺一人謂之不義，必有一死罪矣。若以此說往，殺十人，十重不義，必有十死罪矣。殺百人，百重不義，必有百死罪矣。當此天下之君子，皆知而非之，謂之不義。今至大爲不義攻國，則弗知非，從而譽之，謂之義。情不知其不義也。（非攻上）

從實利方面觀察，攻伐宜停止。

今師徒唯毋興起，冬行恐寒，夏行恐暑，此不可以冬夏爲者也。春則廢民耕稼樹藝，秋則廢民穫斂，此不可以春秋爲者也。今唯毋廢一時，則百姓饑寒凍餒而死者，不可勝數。今嘗計軍出竹箭羽旄幄幕，甲盾撥劒，往而靡弊腑冷不反者，不可勝數。又與其矛戟戈劍乘車，其往則碎折靡弊而不反者，不可勝數。與其牛馬，肥而往，瘠而反，往死亡而不反者，不可勝數。與其涂道之脩遠，糧食輟絕而不繼，百姓死者，不可勝數也。道其居處之不安，食飲之不時，饑飽之不節，百姓之道疾病而死者，不可勝數。喪師多，不可勝數。則是鬼神之喪其主后，亦不可勝數。國家發政，奪民之用，廢民之利，若此甚衆。然而何爲爲之？曰：「我貪伐勝之名，及得之利，故爲之。」子墨子言曰：「計其所自勝，無所可用也。計其所得，反不如所喪者之多。」（非攻中）

墨子之非攻，乃反對侵略戰爭。若爲自衞而戰爭，則墨子之所提倡者也。墨子善於守禦，富於抵抗之精神。墨子乃弱小國家之維持者，被壓迫民族之奮鬬者。

第五節　社會學下

第一段　引言

墨子社會學之第二部，爲社會之實施。在社會實施內之基本原則爲利。人生於社會間，應求人類之福利。墨子在第二部社會學中，指示一條達到人生福利之路綫。

今天下之士君子中，實將欲求興天下之利，除天下之害。（非命下）

興利除害，爲社會實施之綱領。在未興利之前，須明瞭天下之害爲何？

民有三患：飢者不得食，寒者不得衣，勞者不得息。三者民之巨患也。（非樂上）

欲去天下之害，必須興天下之利。然如何而興天下之利？

天下貧則從事乎富之，人民寡則從事乎衆之，衆而亂則從事乎治之。……若三務者，仁者之爲天下度也。（節葬下）

故除天下之三患，須從事天下之三務。

第二段　經濟

第一目 養生

第一條 勤

興利政策中之第一務，爲使社會富足。社會富足則人生之饑寒勞苦，可以免除，而人生之幸福，可以求得。故欲支撐人生之價值，須充分預備生存之資料。生活得以維持，而人生之事業可以發展矣。

使社會富足，爲人類之經濟活動。此活動關於人生者有二：一爲養生，二爲送死。

養生動作可分爲二種：一爲積極方面之生產，此爲勤。二爲消極方面之節約，此爲儉。

人生須勤勞。人無自然之保護與供養，故人欲圖生存，須事操作。其操作所得之結果，可以維持其生命之存在。

今人固與禽獸麋鹿蜚鳥貞虫異者也。今之禽獸麋鹿蜚鳥貞虫，因其羽毛以爲衣裘，因其蹄蚤以爲絝屨，因其水草以爲飲食。故唯使雄不耕稼樹藝，雌不紡績織紝，衣食之財固已具矣。今人與此異者也。賴其力者生，不賴其力者不生。（非樂上）

古代社會中擔任生產工作者爲小人階級。此級中人可分爲二類：一爲農，二爲工。

一、農從事生產者。

農夫蚤出暮入，耕稼樹藝，多聚菽粟，此其分事也。婦人夙興夜寐，紡績織紝，多治麻絲葛緒綑布縿，此其分事也。

（非樂上）

二、工從事造作者。

凡天下羣百工輪車韗匏陶冶梓匠，使各從事其所能。（節用中）

農工盡力勤勞以產生人類生存之資料，則社會無饑荒之患害。

第二條　儉

養生動作，除積極方面從事生產外，尙須在消極方面從事節約。若有所浪費，則生產雖多，徒供消靡。生產之物品須用之於民生有利之處。

凡足以奉給民用則止，諸加費不於民利者，聖王弗爲。（節用中）

節省靡費，從另一方面觀之，等於增加生產。

因其國家，去其無用之費，足以倍之。聖王爲政，其發令興事，使民用財也，無不加用而爲者。是故用財不費，民得不勞，其興利多矣。（節用上）

用財以實利爲標準，不合乎實利者概從節省。人生之實利有五，即食，衣，住，行，衞。用財須以此五者爲準則。

一、食。

古者聖王制爲飲食之法，曰：「足以充虛繼氣，強股肱，耳目聰明則止。」不極五味之調，芬香之和，不致遠國珍

怪異物。（節用中）

二、衣。

其爲衣裘何以爲？冬以圉寒，夏以圉暑。凡爲衣裳之道，冬加溫，夏加凊者鮮且，不加者去之。（節用上）

三、住。

古者人之始生，未有宮室之時，因陵丘堀穴而處焉。聖王慮之以爲堀穴，曰冬可以辟風寒，逮夏下潤濕，上熏烝，恐傷民之氣，於是作爲宮室而利。然則宮室之利將奈何哉？子墨子言曰：「其旁可以圉風寒，上可以圉雪霜雨露，其中蠲潔可以祭祀，宮牆足以爲男女之別，則止。諸加費不加民利者，聖王弗爲。」（節用中）

四、行。

其爲舟車何以爲？車以行陵陸，舟以行川谷，以通四方之利。凡爲舟車之道，加輕以利者鮮且，不加者去之。（節用上）

五、衞。

其爲甲盾五兵何以爲？以圉寇亂盜賊。若有寇亂盜賊，有甲盾五兵者勝，無者不勝。是故聖人作爲甲盾五兵。凡爲甲盾五兵，加輕以利，堅而難折者鮮且，不加者去之。（節用上）

民生之大綱爲食，衣，住，行，衞五項。五項具則生活之基礎立矣。

第二目　送死

經濟活動之第二種爲送死。儒家倡厚葬久喪。墨家則反之，以爲此乃違反經濟原則。厚葬爲靡財，久喪乃廢業。賤人厚葬，可以傾覆家室。

存乎匹夫賤人死者，殆竭家室。（節葬下）

久喪防礙作業。

計厚葬爲多埋賦之財者也，計久喪爲久禁從事者也。（節葬下）

墨子提出薄葬短喪之法。

故古聖王制爲葬埋之法曰：「棺三寸足以朽體，衣衾三領足以覆惡。以及其葬也，下毋及泉，上毋通臭，壟若參耕之畝則止矣。死者既以葬矣，生者必無久喪，而疾從事，人爲其所能，以交相利也。」（節葬下）

第三目　非侈

小人階級從事生產工作，使社會富足。上層社會亦應鑒察小人之辛勤勞苦，而減少其奢侈之供奉。上層社會若淫於逸樂嗜好，則必侵奪民衆生活之財用，而小人之生計斷絕。

且夫仁者之爲天下度也，非爲其目之所美，耳之所樂，口之所甘，身體之所安，以此虧奪民衣食之財，仁者弗爲也。（非樂上）

上層階級宜節約嗜好，以厚民生。

有去大人之好聚珠玉，鳥獸，犬馬，以益衣裳，宮室，甲盾，五兵，舟車之數，於利數倍乎？（節用上）

音樂爲貴族嗜好之一，墨子亦反對之。墨子之非樂，非因墨子無藝術欣賞之能力。

是故子墨子之所以非樂者，非以其大鍾，鳴鼓，琴瑟，竽笙之聲，以爲不樂也。非以刻鏤，文章之色，以爲不美也。非以犓豢煎炙之味，以爲不甘也；非以高臺厚榭，邃野之居，以爲不安也。雖身知其安也，口知其甘也，目知其美也，耳知其樂也；然上考之不中聖王之事，下度之不中萬民之利。是故子墨子曰：「爲樂非也。」（非樂上）

貴族之享樂，防礙民衆之利益，故墨子非之。

樂器之製造，需用民財。

今王公大人雖無造爲樂器，……將必厚措斂乎萬民。（非樂上）

音樂之奏演，荒廢民力。

然卽當爲之撞巨鍾，擊鳴鼓，彈琴瑟，吹竽笙，而揚干戚，民衣食之財，將安可得乎？

音樂之聆賞，怠棄職業。

與君子聽之，廢君子之聽治，與賤人聽之，廢賤人之從事。（非樂上）

故音樂無利而有害，而墨子非之。

第三段　人口

興利政策中之第二務爲增加人口。人口加多，卽生產之力量加多。此爲富國之基礎。墨子檢討當時人口減少之原因，共有四端。

今天下爲政者，其所以寡人之道多：

(一)其使民勞，其籍歛厚，民財不足，凍餓而死者，不可勝數也。

(二)且大人惟毋興師以攻伐鄰國，久者終年，速者數月，男女久不相見，此所以寡人之道也。

(三)有與居處不安，飲食不時，作疾病死者。

(四)有與侵就偅橐，攻城野戰死者，不可勝數。（節用上）

墨子人口之對策爲富國非攻，使人民之生活得以安定，則人口可以增加。

墨子除此間接的增加人口辦法外，倘有一直接增加人口辦法，卽爲早婚。

然人有可倍也。昔聖王爲法曰：「丈夫年二十，毋敢不處家。女子年十五，毋敢不事人。」此聖王之法也。聖王既沒於民次也。……後聖王之法十年。若純三年而字，子生可以二三計矣。此不惟使民蚤處家而可以倍與？且不然已。（節用上）

周代婚制爲「男三十而娶，女二十而嫁。」男若早娶十年，則此十年中可以多生二三子矣。

第四段　治平

興利政策中之第三務爲社會治平。此爲上層階級之責任。大人與君子盡力於政治事務，則社會可臻治平。

王公大人，蚤朝晏退，聽獄治政，此其分事也。士君子竭股肱之力，亶其思慮之智，內治官府，外收歛關市山林澤

粱之利，以實倉廩府庫，此其分事也。（非樂上）

社會中之上下階級各盡其職務，通力合作，共事此復興社會之重務，則社會可以進於康寧矣。

子墨子曰：「譬若築牆然；能築者築，能實壤者實壤，能欣者欣，然後牆成也。為義猶是也。」（耕柱）

第六節　政治學

第一段　理論

政治何由而生？政治所以治理社會。當社會未治理之時，社會必為紊亂。人類之社會，何為而有紊亂？以社會治亂之定律衡之，社會之紊亂，由於人類之「思想拒中，財富集中」。故人類當雜亂之時，各抱其私人之意見以與他人相衝突，又憑一己之蠻橫，以侵奪他人生活用品。在此狀態之下，人類間無組織之存在。

子墨子言曰：「古者民始生，未有刑政之時，蓋其語，人異義。是以一人則一義，二人則二義，十人則十義。其人茲衆，其所謂義者亦茲衆。是以人是其義，以非人之義，故交相非也。是以內者父子兄弟作怨惡，離散不能相和合。天下之百姓，皆以水火毒藥相虧害，至有餘力，不能以相勞；腐𣩵餘財，不以相分；隱匿良道，不以相教。天下之亂，若禽獸然。」（尚同上）

今上舉義，不辟貧賤。……故古者聖王之爲政，列德而尙賢。雖在農與工肆之人，有能則舉之。（尙賢上）

賢人舉出之後，經詳細之考察，乃予之官。

然後聖人聽其言，迹其行，察其所能而愼予官。此謂事能。（尙賢中）

賢人任事，乃打破階級壟斷政治。

當是時，以德就列，以官服事，以勞殿賞，量功而分祿。故官無常貴，而民無終賤。有能則舉之，無能則下之。（尙賢上）

政治之權力，不在階級，而在祿位。賤人處祿位，政治亦可運行。

是以必爲置三本。何謂三本？曰：「爵位不高則民不敬也，蓄祿不厚則民不信也，政令不斷，則民不畏也。」（尙賢中）

第七節　餘論

墨子思想，以人類生存衝動爲出發點。由生存衝動而發生經濟活動。故墨子重實利。墨子書中亦曾言及天鬼，但墨子非宗教家。墨子之天鬼，乃其學說之推行策略。

子墨子言曰：「我有天志，譬若輪人之有規，匠人之有矩。輪匠執其規矩，以度天下之方圜，曰：中者是也，不中者非也。」（天志上）

墨子以天志與規矩相比，是天志爲墨子學說之工具。墨子於天志上加一我字，此乃由墨子所造出，非宇宙中眞有一天志也。

墨子之天志，即墨子之學說。

> 順天意者，兼相愛，交相利。（天志上）

墨子以其學說，假託爲天志，使社會中理智薄弱而宗教性質强盛者，畏而奉行之，則其學說能收實效。

天志之順違，有賞罰隨之。

> 順天意者得賞，反天意者得罰。（天志上）

以天之賞罰，爲其學說之推行力量。

鬼亦爲墨子之工具。信鬼能監督人類之行爲，則社會不致於亂。

> 是以天下亂，此其故何以然也？則皆以疑惑鬼神之有與無之別，不明乎鬼神之能賞賢而罰暴也。今若使天下之人偕若信鬼神之能賞賢而罰暴也，則夫天下豈亂哉？（明鬼下）

信鬼神乃爲社會之實利。

> 嘗若鬼神之能賞賢而罰暴也，蓋本施之國家，施之萬民，實所以治國家，利萬民之道也。是以，吏治官府之不潔廉，男女之無別者，鬼神見之。民之淫暴寇亂，盜賊，以兵刃毒藥水火，迓無罪人乎道路，奪人車馬衣裘以自利者，

有鬼神見之。是以吏治官府，不敢不潔廉，見善，不敢不賞；見暴，不敢不罰。民之淫暴寇亂盜賊，以兵刃毒藥水火迓無罪人乎道路，奪車馬衣裘以自利者，由此止。是以天下治。（明鬼下）

社會中之信天鬼，非爲宗教之崇拜，乃爲人民實際的利益。天鬼爲經濟活動中之工具.

第十一章　孟子

孟軻膺儒以磬折。——劉勰

第一節　略傳

一、姓名。

孟子名軻，字則未聞也。（趙岐，孟子題辭）

二、先世。

孟子，魯公族孟孫之後……三桓子孫，既已衰微，分適他國。（同）

三、鄉里。

孟軻，鄒人也。（史記，孟荀列傳）

鄒爲國名可證之如下：

鄒與魯鬨。（孟子，梁惠王）

東有齊，魯，曹，宋，滕，薛，郳，莒。（鄭語）

鄒在今山東鄒縣。

四、年代。據蔣陳錫之鄒縣志孟子年表所載：

周烈王四年，己酉四月初二日，孟子生。……壬申，八十四歲；周赧王二十六年，十一月十五日，孟子卒。

以西歷紀元計之，孟子生於紀元前三七二年，卒於紀元前二八九年。

五、教育。孟子早年受母教。

孟子生有淑質，夙喪其父，幼被慈母三遷之教。（題辭）

孟子少時誦，其母方織，孟子輟然中止，乃復進。其母引刀裂其織，以此誡之。（韓詩外傳）

少年另從師傅，但未向孔子弟子之門人求學。後興趣趨向儒家，乃景慕孔門學者。

孟子曰：「予未得爲孔子徒也，予私淑諸人也。」（孟子，離婁下）

後轉向儒家，乃以孔子爲模範。

乃所願則學孔子也。（孟子，公孫丑上）

孟子通經學。

治儒術之道，通五經，尤長於詩書。（題辭）

六、生平。孟子之時，社會極爲紊亂。

周衰之末，戰國縱橫，用兵爭強，以相侵奪。（題辭）

世衰道微，邪說暴行有作。（孟子，滕文公下）

孟子之心志爲糾正世道人心，平治天下。

我亦欲正人心，息邪說，距詖行，放淫辭。（同）

如欲平治天下，當今之世，舍我其誰也？（公孫丑下）

孟子欲行其道，乃遊歷各國，皆以不合而去。

道既通，游事齊宣王，齊宣王不能用。適梁，梁惠王不果所言，則見以爲迂遠而闊於事情。……天下方務於合從連衡，以攻伐爲賢，而孟軻乃述唐虞三代之德，是以所如者不合。（史記，孟荀列傳）

孟子爲時代之失敗者。

孟子儒術之士，棄捐於世，而游說權謀之徒，見貴於俗。（劉向：校戰國策書錄）

七、著書。孟子既不得志於世，乃與弟子合撰孟子七篇。

退而與萬章之徒，序詩書，述仲尼之意，作孟子七篇。（史記）

孟子之徒屬銷散於秦代，但其書得留傳於後世。

孟子既沒之後，大道遂絀，逮至亡秦，焚滅經術，坑戮儒生。孟子之徒黨盡矣。其書號爲諸子，故篇籍得不泯滅。（題辭）

第二節　探源

孟子未向孔門學者求學，其學術思想乃得之於道家，孟子所發表之言論，皆受老子深刻之影響。孟子當少年時爲一老子之信徒。茲考證孟子思想屬於道家系統於下。

一、孔子尙禮，老子非禮。孟子早年未學禮。

孟子曰：「諸侯之禮，吾未之學也。」（滕文公上）

二、孟子言性善。

孟子道性善。（滕文公上）

孟子性善之說，得自老子。

（甲）老子曰：「含德之厚，比於赤子。」（五五）

（乙）孟子曰：「大人者，不失其赤子之心者也。」（離婁）

三、孟子之政治思想，注重民本，此亦出自老子。

（一）

（甲）老子曰：「貴以賤爲本，高以下爲基。」（三九）

（乙）孟子曰：「民爲貴，社稷次之，君爲輕。」（盡心下）

（二）

（甲）老子曰：「聖人無　以百姓心爲心。」（四九）

（乙）孟子曰：「今王與百姓同樂，則王矣。」（梁惠王上）

四、孟子稱道堯舜。

孟子言必稱堯舜。（滕文公上）

孟子之所以稱道堯舜，因堯爲無名之君，舜爲無爲之君，乃道家中之理想人物。

子曰：「大哉堯之爲君也；巍巍乎，唯天爲大，唯堯則之；蕩蕩乎，民無能名焉。」（論語）

子曰：「無爲而治者，其舜也與？」（同）

五、老子言養氣，孟子亦言養氣。

（甲）老子曰：「專氣致柔。」（十）

（乙）孟子曰：「持其志，無暴其氣。」（公孫丑上）

六、老子非智慧，尚自然。孟子亦得此種思想。

（一）

孟子曰：「行之而不著焉，習矣而不察焉，終身由之而不知其道者，衆也。」（盡心上）

（二）

孟子曰：「王者之民，皥皥如也。殺之而不怨，利之而不庸，民日遷善而不知爲之者。」（同）

（三）

孟子曰：「所惡於智者，爲其鑿也。如智者若禹之行水也，則無惡於智矣。禹之行水也，行其所無事也。如智者亦行其所無事，則智亦大矣。」（離婁）

(四)

孟子曰：「必有事焉而勿正，心勿忘，勿助長也；無若宋人然。宋人有閔其苗之不長而揠之者，芒芒然歸，謂其人曰『今日病矣，予助苗長矣。』其子趨而往視之，苗則槁矣。天下之不助苗長者寡矣。以爲無益而舍之者，不耘苗者也，助之長者，揠苗者也。非徒無益，而又害之。」（公孫丑上）

七、老子之成語，爲孟子所採用。

(一)道德。

孟子曰：「其尊德樂道。」（公孫丑下）

(二)仁義。

(甲)老子曰：「大道廢，有仁義。」（十八）

(乙)孟子曰：「王何必曰利，亦有仁義而已矣。」（梁惠王上）

(三)三寶。

(甲)老子曰：「我有三寶，持而保之。」（六七）

(乙)孟子曰：「諸侯之寶三。」（盡心下）

八、老子文句，有爲孟子所影射或摹倣者。

（一）

（甲）老子曰：「道常無爲而無不爲。」（三七）

（乙）孟子曰：「人有不爲也而後可以有爲。」（離婁）

又曰：「莫之爲而爲者，天也。」（萬章）

（二）

（甲）老子曰：「上善若水；水善利萬物而不爭，處衆人之所惡，故幾於道。」（八）

（乙）孟子曰：「人性之善也，猶水之就下也。人無有不善，水無有不下。」（告子上）

（三）

（甲）老子曰：「子孫以祭祀不輟；修之於身，其德乃眞。修之於家，其德乃餘。修之於鄉，其德乃長。修之於國，其德乃豐。修之於天下，其德乃普。」（五四）

（乙）孟子曰：「人有恆言，皆曰：天下國家。天下之本在國，國之本在家，家之本在身。」（離婁）

（四）

（甲）老子曰：「俗人昭昭，我獨昏昏。俗人察察，我獨悶悶。」（二十）

（乙）孟子曰：「賢者以其昭昭，使人昭昭。今以其昏昏，使人昭昭。」（盡心下）

（五）

（甲）老子曰：「鄰國相望，雞犬之聲相聞。」（八十）

（乙）孟子曰：「雞鳴狗吠相聞，而達乎四境。」（公孫丑上）

由上列八部論證，可見孟子之思想實導源於老子。然孟子何以從道家而轉至儒家？其故可推測之於下。

一、老子與孔子原屬一家，故二派中人易於轉變。

二、孟子爲「熱中」之人，雖早年慕老子之道，然終不能「以自隱無名爲務」。

三、孔門弟子中之曾子，其性格與孟子相近。

曾子曰：「士不可以不弘毅，任重而道遠。」（論語）

孟子曰：「如欲平治天下，當今之世，舍我其誰也？」

孟子或由愛慕曾子，而進至尊崇孔子。孟子書中數次稱道曾子，又揄揚孔子。此爲轉變後之言論。

第三節　概述

孟子思想在戰國時已有一種綜述。

荀子曰：「略法先王而不知其統。然而猶材劇志大，見聞雜博，案往舊造說，謂之五行，甚僻違，幽隱而無說，閉約

而無解。案飾其辭而祇敬之曰：此眞先君子之言也。子思唱之，孟軻和之，世之溝瞀儒，嚾嚾然，不知其所非也，遂

> 受而傳之，以爲仲尼子弓爲茲厚於後世，是則子思孟軻之罪也。」（非十二子）

孟子爲富於情感性質之人，才氣偉大，然缺乏理智與分析之思想。其對於古史之見解，無整部的系統的了解。故其所知駁雜而不純，散漫而無說。孟子之思想影響其對於事物之觀察。孟子傳老子之性善說，而用此說以解釋歷史及社會，用唯善的歷史觀，以考察古史，乃有社會退化之說。古代爲樸實敦厚之社會，堯舜爲理想中之人物，史書中有與此唯善史觀相反之事實，皆經竄改。

> 孟子曰：「盡信書則不如無書。吾於武成，取二三策而已矣。仁人無敵於天下，以至仁伐至不仁，而何其血之流杵也？」（盡心下）

於是唯善的玄學，乃代替歷史的事實。

> 孟子曰：「在我者皆古之制也。」（同）

其實皆孟子「案往舊造說」，井田制度卽其一例。周代爵祿制又爲一例。

> 北宮錡問曰：「周室班爵祿也如之何？」孟子曰：「其詳不可得聞也。」（萬章）

既不知其詳，又陳述一詳細之爵祿制度，恐大部份爲孟子之「造說」。

> 孟子因短於明晰之理智，故矛盾之思想可以同時並存。

（一）

(甲)齊宣王問曰：「文王之囿方七十里，有諸？」孟子對曰：「於傳有之。」(梁惠王下)

(乙)孟子曰：「然而文王猶方百里起。」(公孫丑上)

(二)

(甲)孟子曰：「仲尼之徒，無道桓文之事者，是以後世無傳焉。」(梁惠王上)

(乙)孟子曰：「五霸，桓公爲盛。」(告子下)

第四節　人生學

第一段　本源

孟子之人生學，出自老子。老子以宇宙爲一整體，其中有秩序與運行。凡宇宙中之萬物皆產自道，而反於道。道爲諧和的，萬物亦爲諧和的。孟子將此思想用之於人生。人生爲宇宙中之一部份，人生之行動與全宇宙之運行，有密切之關係。

夫君子所過者化，所存者神，上下與天地同流。(盡心上)

萬物皆備於我矣。反身而誠，樂莫大焉。強恕而行，求仁莫近焉。(同)

人生之內蘊，卽宇宙之內蘊。知人卽所以知天。

盡其心者，知其性也。知其性，則知天矣。存其心，養其性，所以事天也。(同)

心為心思，性為體性。孟子有時又言志與氣。

夫志，氣之帥也。氣，體之充也。夫志至焉，氣次焉。故曰：持其志，無暴其氣。……志壹，則動氣。氣壹，則動志也。……我善養吾浩然之氣。……其為氣也，至大至剛，以直養而無害，則塞於天地之間。其為氣也，配義與道，無是，餒也。是集義所生者，非義襲而取之也。（公孫丑上）

志與氣，即人之心與身。心身之運行，與宇宙之運行相合。心與身既同屬於宇宙，故可以交感。此說與西洋心理學之「心身交感說」相同。

人與宇宙合一之思想，本之於老子。老子之徒屬，除孟子外，莊子亦有此思想。

其心志，其容寂，其顙頯，淒然似秋，煖然似春，喜怒通四時，與物有宜，而莫知其極。（莊子大宗師）

第二段　性善

孟子宣傳性善之說。

孟子道性善。（滕文公上）

何為善？

可欲之謂善，有諸己之謂信，充實之謂美，充實而有光輝之謂大，大而化之之謂聖，聖而不可知之之謂神。（盡心下）

人為宇宙整體之一部份。宇宙為有秩序、有規律之整體。宇宙既無紊亂之運行，則宇宙可說為善的宇宙之運行爲自然的，無外力之衝動加於其上。人屬於宇宙，亦應順自然之行動，而無所矯作。宇宙爲善的，人亦爲善的。人爲善的，則人自然之動作，亦爲善的。故孟子云「可欲之謂善。」孟子之所謂善，乃玄學之善，與倫理學之善有別。凡人天賦之欲求與活動，皆爲善的。此學說出自老子崇尚自然之思想。

> 人之所不學而能者，其良能也；所不慮而知者，其良知也。（盡心上）

天具之官能及此等官能所發生之活動，皆爲善的。

> 口之於味也，目之於色也，耳之於聲也，鼻之於臭也，四肢之於安佚也，性也。（盡心下）

> 口之於味也，有同耆焉；耳之於聲也，有同聽焉；目之於色也，有同美焉。至於心，獨無所同然乎？心之所同然者，何也？謂理也，義也。聖人先得我心之所同然耳。故理義之悅我心，猶芻豢之悅我口。（告子上）

社會中之所謂善，如理義，亦出於人性。

孟子言人性之全部，如耳目口鼻等，皆爲善的。有時又言人性中之各性有大小之分。心高於身。

> 體有貴賤，有大小。無以小害大，無以賤害貴。養其小者爲小人，養其大者爲大人。……耳目之官不思，而蔽於物，物交物，則引之而已矣。心之官則思，思則得之，不思則不得也。此天之所與我者。先立乎其大者，則其小者不能奪也。此爲大人而已矣。（告子上）

由心自然而發之感動與行爲，爲善的。

人皆有不忍人之心。……所謂人皆有不忍人之心者，今人乍見孺子將入於井，皆有怵惕惻隱之心，非所以內交於孺子之父母也，非所以要譽於鄉黨朋友也，非惡其聲而然也。由是觀之，無惻隱之心，非人也；無羞惡之心，非人也；無辭讓之心，非人也；無是非之心，非人也。（公孫丑上）

人類自然發生之動作，若以今語釋之，爲生物的行爲，生物學中之動作，乃在倫理學範圍之外，故無善惡之可分。孟子本於老子之玄學，以自然爲善，故以生物行爲爲善的。此爲玄學之善。後在其人性論中有一顯著之轉移，即由玄學之善而聯及倫理學之善。孟子所言之惻隱之心爲生物之同情心。不專限於人類，即高等動物，亦多有此同情心。此屬於生物行爲。至羞惡，辭讓，是非，乃社會之行爲，非自然之動作。三者由社會之價值而定，由社會之習俗與教育而定三者之倫理的性質。故倫理之善，與生物之動作，判然二物。

乃若其情，則可以爲善矣，乃所謂善也。若夫爲不善，非才之罪也。惻隱之心，人皆有之；羞惡之心，人皆有之；恭敬之心，人皆有之；是非之心，人皆有之。惻隱之心，仁也；羞惡之心，義也；恭敬之心，禮也；是非之心，智也。仁義禮智，非由外鑠我也，我固有之也，弗思耳矣。故曰：「求則得之，舍則失之。」或相倍蓰而無算者，不能盡其才者也。（告子上）

孟子以社會中之價值，如仁義禮智等，與生物動作合而爲一。

> 人性之善也，猶水之就下也。人無有不善，水無有不下。（同）

就下爲水之性，善爲人之性。善仍爲自然動作。但孟子有時暗示人性爲中性，可進於善或惡。

> 君子所性，仁義禮智根於心；其生色也睟然見於面，盎於背，施於四體，四體不言而喻。（盡心上）

「仁義禮智根於心，」與「仁義禮智是心性」者有別。根乃根本，仁義禮智由心所發展而出。仁義禮智非即爲心，心可以發展出社會之價值，如仁義禮智；亦可以發展出反社會價值之殘忍、兇暴等。如此，則心爲中性。故孟子曰：「乃若其情，則可以爲善矣。」可以爲善，亦可以爲不善。又曰：「求則得之，舍則失之。」是善爲人求而得，非自天生。人只具爲善之端。

> 惻隱之心，仁之端也。羞惡之心，義之端也。辭讓之心，禮之端也。是非之心，智之端也。……凡有四端於我者，知皆擴而充之矣，若火之始然，泉之始達。苟能充之，足以保四海。（公孫丑上）

善順待人力擴而充之。是善爲社會之教養。專憑人之本性，不足爲善。

> 雖存乎人者，豈無仁義之心哉？其所以放其良心者，亦猶斧斤之於木也。旦旦而伐之，可以爲美乎？其日夜之所息，平旦之氣，其好惡與人相近者幾希。則其旦晝之所爲，有梏亡之矣。梏之反覆，則其夜氣不足以存。夜氣不足以存，則其違禽獸不遠矣。人見其禽獸也，而以爲未嘗有才焉者，是豈人之情哉？故苟得其養，無物不長。苟失其養，無物不消。（告子上）

人類之善，乃由培養而成。則善非人之本性。若人性爲善，則在任何情形之下，皆爲善。無需乎培養。

第三段　德行

人類在社會間，有「應爲」與「不應爲」之行爲。其應爲之行爲，名之曰德行。德行爲合乎社會價値之行爲，以增進社會之福利。

社會間，須有秩序。

敎以人倫：父子有親，君臣有義，夫婦有別，長幼有序，朋友有信。（滕文公上）

德行中以事親守身最爲重要。

事孰爲大？事親爲大；守孰爲大？守身爲大。（離婁）

處世道德，爲仁義忠信。

夫仁，天之尊爵也，人之安宅也。（公孫丑上）

仁義忠信，樂善不倦，此天爵也。（告子上）

人與人相與爲善。

君子莫大乎與人爲善。（公孫丑上）

君子所以異於人者，以其存心也。君子以仁存心，以禮存心。仁者愛人，有禮者敬人。愛人者，人恆愛之；敬人者，人恆敬之。（離婁）

第五節　政治學

第一段　理論

孟子之政治思想本於老子之民本主義；又兼受墨子思想之影響。政治之組織，爲民利而產生。故民爲邦本。

民爲貴，社稷次之，君爲輕。是故得乎丘民爲天子，得乎天子爲諸侯，得乎諸侯爲大夫。（盡心下）

國君之職務，爲保護民衆。

保民而王，莫之能禦也。（梁惠王上）

國君行政之形式有二，卽王與霸。

以力假仁者霸。……以德行仁者王。……以力服人者，非心服也，力不贍也。以德服人者，中心悅而誠服也。（公孫丑上）

霸政尙力，王政尙德。孟子贊同王政。王政爲德政，國君宜爲仁人。

是以惟仁者，宜在高位。不仁而在高位，是播其惡於衆也。（離婁上）

君仁莫不仁，君義莫不義，君正莫不正，一正君而國定矣。（同）

仁人爲君，而後有仁政。仁政卽以仁愛之心，施之於政。人有不忍人之心，然後有不忍人之政。

先王有不忍人之心，斯有不忍人之政矣。以不忍人之心，行不忍人之政，治天下可運之掌上。（公孫丑上）

仁君以己心推之於人。

言舉斯心，加諸彼而已。故推恩足以保四海，不推恩無以保妻子。（梁惠王上）

君之好惡憂樂，同於百姓。

王如好貨，與百姓同之，於王何有？……王如好色，與百姓同之，於王何有？（梁惠王下）

今王與百姓同樂，則王矣。（同）

樂民之樂者，民亦樂其樂；憂民之憂者，民亦憂其憂。樂以天下，憂以天下，然而不王者，未之有也。（同）

仁政乃興民之利，除民之害。

得天下有道，得其民，斯得天下矣。得其民有道，得其心，斯得民矣。得其心有道，所欲與之聚之，所惡勿施爾也。（離婁上）

政治組織中除君與民外，尚有居中之輔佐人物，即臣。國君用臣，宜謹慎選擇。臣之進退，以國人之輿論爲決定。

國君進賢，如不得已。將使卑踰尊，疏踰戚，可不慎與？左右皆曰：「賢，」未可也。諸大夫皆曰：「賢，」未可也。國人皆曰：「賢，」然後察之；見賢焉，然後用之。左右皆曰：「不可，」勿聽。諸大夫皆曰：「不可，」勿聽。國人皆曰：「不可，」然後察之；見不可焉，然後去之。左右皆曰：「可殺，」勿聽。諸大夫皆曰：「可殺，」勿聽。國人皆曰：「可殺，」

然後察之；見可殺焉，然後殺之。故曰：「國人殺之也。」如此，然後可以爲民父母。（梁惠王下）

君臣之間，宜保持友善之關係。君輕臣，則臣亦輕君。

君之視臣如手足，則臣視君如腹心。君之視臣如犬馬，則臣視君如國人。君之視臣如土芥，則臣視君如寇讎。（離婁下）

第二段　實施

孟子之實際的政治設施，爲推行王政。王政在民衆方面之物質的表現，爲使民得安生送死。

養生送死無憾，王道之始也。（梁惠王上）

二者以養生爲緊要。養生乃使民衆得維持生活。

無恆產而有恆心者，惟士爲能。若民，則無恆產，因無恆心。苟無恆心，放辟邪侈，無不爲已。及陷於罪，然後從而刑之，是罔民也。焉有仁人在位，罔民而可爲也？是故明君制民之產：必使仰足以事父母，俯足以畜妻子；樂歲終身飽，凶年免於死亡。然後驅而之善，故民之從之也輕。（同）

孟子之實際政策有四。一，土地。擬提倡其假定之古代井田制度。

夫仁政，必自經界始。經界不正，井地不均，穀祿不平。是故暴君汙吏必慢其經界。經界既正，分田制祿，可坐而定也。……請野九一而助，國中什一使自賦。……方里而井，井九百畝。其中爲公田，八家皆私百畝，同養公田。公事畢，然後敢治私事，所以別野人也。（滕文公上）

二、務農從事生產。

易其田疇，薄其稅斂，民可使富也。食之以時，用之以禮，財不可勝用也。（盡心上）

不違農時，穀不可勝食也。數罟不入洿池，魚鼈不可勝食也。斧斤以時入山林，材木不可勝用也。穀與魚鼈不可勝食，材木不可勝用，是使民養生送死無憾也。……五畝之宅，樹之以桑，五十者可以衣帛矣。雞豚狗彘之畜，無失其時，七十者可以食肉矣。百畝之田，勿奪其時，數口之家，可以無飢矣。……七十者衣帛食肉，黎民不飢不寒，然而不王者，未之有也。（梁惠王上）

三、薄稅減輕人民負擔。

王如施仁政於民，省刑罰，薄稅斂。（同）

尊賢使能，俊傑在位，則天下之士皆悅而願立於其朝矣。市廛而不征，法而不廛，則天下之商皆悅而願藏於其市矣。關譏而不征，則天下之旅皆悅而願出於其路矣。耕者助而不稅，則天下之農皆悅而願耕於其野矣。廛無夫里之布，則天下之民皆悅而願爲之氓矣。（公孫丑上）

四、教育維繫社會之倫常。

壯者以暇日，修其孝悌忠信，入以事父兄，出以事長上。（梁惠王上）

謹庠序之教，申之以孝悌之義，頒白者不負戴於道路矣。（同）

設爲庠序學校以教之。庠者養也，校者教也，序者射也。……皆所以明人倫也。人倫明於上，小民親於下。（滕文

(公上)

第十二章　諸子一

諸子之言，

紛然淆亂。——班固

第一節　引言

戰國之時，天下紊亂益甚。智識之士，多舉其一己之見，以鳴於世。天下之學識，龐然混雜。

天下之治方術者多矣，皆以其有爲不可加矣。……百家之學，時或稱而道之。天下大亂，賢聖不明，道德不一。天下多得一察焉以自好。譬如耳目鼻口，皆有所明，不能相通；猶百家衆技也，皆有所長，時有所用。雖然，不該不徧，一曲之士也。判天地之美，析萬物之理。……天下之人，各爲其所欲焉，以自爲方。悲夫！百家往而不反，必不合矣。後世之學者，不幸不見天地之純，古人之大體，道術將爲天下裂。（莊子，天下）

第二節　楊子

第一段　略傳

一、姓名。楊子姓楊名朱。

二、鄉里。楊朱大概爲趙人。

甲、楊姓原在晉國。周宣王少子尙父封於楊，號曰楊侯。後幷於晉，因爲氏。如羊舌肸食邑於楊，又稱楊肸。楊在今山西洪洞縣東南。

乙、晉人多以朱爲名。

叔向命召行人子員。行人子朱曰：「朱也在此。」（晉語）

丙、楊朱曾用「衢涂」之成語。

楊朱哭衢涂曰：「此夫過舉蹞步而覺跌千里者夫！」哀哭之。（荀子，王霸）

衢之本義爲四達之路，現衢涂義爲歧路，乃一地之方言。衢涂又作衢道，乃趙語。見於荀子，荀子爲趙人。

荀子曰：「行衢道者不至，事兩君者不容。」（勸學）

楊朱爲故晉人。晉三分，爲趙人。

三、年代。

楊倞云：「楊朱，戰國時人，後於墨子。」（荀子注）

淮南子云：「墨子之所立也，而楊子非之。……楊子之所立也，而孟子非之。」（氾論訓）

楊子大概生於墨子與孟子之中間。其年代大概爲西曆紀元前四二零至三四零年間。

第二段　學說

據孟子所言，楊子之學說曾風行一時。

「楊朱墨翟之言盈天下。天下之言，不歸楊則歸墨。（孟子，滕文公下）

逃墨必歸於楊，逃楊必歸於儒。（同，盡心下）

楊子之中心思想，爲尊重自我。

陽生貴己。（呂氏春秋，不二）

楊氏爲我。（孟子，滕文公下）

楊子取爲我，拔一毛而利天下，不爲也。（同，盡心上）

爲我乃爲養生。

全性葆眞，不以物累形，楊子之所立也。（淮南子，氾論訓）

楊子爲明察之士。

楊朱，墨翟天下之所察也干世亂而卒不決，雖察而不可以爲官職之令。（韓非子，六反）

其思想爲懷疑的。

楊子曰：「事之可以之貧，可以之富者，其傷行者也。事之可以之生，可以之死者，其傷勇者也。」僕子曰：「楊子智而不知命，故其知多疑。」（說苑，權謀）

楊子曾表述其政治思想。

楊朱見梁王，言治天下如運諸掌然。梁王曰：「先生有一妻一妾不能治，三畝之園不能芸，言治天下如運諸掌，何以？」楊朱曰：「臣有之，君不見夫羊乎？百羊而羣，使五尺童子荷杖而隨之，欲東而東，欲西而西。君且使堯牽一羊，舜荷杖而隨之，則亂之始也。……將治大者，不治小，成大功者，不小苛。此之謂也。」（說苑，政理）

第三節　告子

第一段　略傳

一、姓名。

趙岐云：「告子，告姓也，子，男子之通稱也。名不害。兼治儒墨之道者。」（孟子注）

二、學問成就早於孟子。

孟子曰：「我四十不動心。……告子先我不動心。」（公孫丑上）

第二段　學說

第一目　人性論

告子在學術上之貢獻，爲其人性論。性即天生之資質。

告子曰：「生之謂性。」孟子曰：「生之謂性也，猶白之謂白與？」曰：「然。」「白羽之白也，猶白雪之白；白雪之

白，猶白玉之白與？」曰：「然。」（孟子，告子上）

性由習慣教育而定其趨向。

告子曰：「性猶湍水也；決之東方則東流，決之西方則西流。人性之無分於善不善也，猶水之無分於東西也。」

性無善無不善，教育之則可以爲善，可以爲不善。

告子曰：「性無善，無不善也。」或曰：「性可以爲善，可以爲不善。是故文武興，則民好善；幽厲興，則民好暴。」

善乃人爲之結果，非天生而然。

告子曰：「性猶杞柳也，義猶桮棬也。以人性爲仁義，猶以杞柳爲桮棬。」

人性有二大衝動。一爲生存衝動，即飲食。二爲生育衝動，即男女。此爲告子穩確的人性觀察。

告子曰：「食，色，性也。」

第二目　仁義論

告子倡仁內義外之說。仁爲慈愛，乃主觀之事，屬於內。義爲制度及事實，乃客觀之事，屬於外。

告子曰：「仁，內也，非外也。義，外也，非內也。」孟子曰：「何以謂仁內義外也？」曰：「彼長而我長之，非有長於我也；猶彼白而我白之，從其白於外也；故謂之外也。……吾弟則愛之，秦人之弟則不愛也；是以我爲悅者也，故謂之內。長楚人之長，亦長吾之長；是以長爲悅者也，故謂之外也。」

告子又劃分言，心，氣。

告子曰：「不得於言，勿求於心。不得於心，勿求於氣。」

第四節 許子

許子名行，楚人。親自操勞，從事生產。託其說於神農。神農始教民勤勞耕織。

神農之教曰：「士有當年而不耕者，則天下或受其饑矣。女有當年而不績者，則天下或受其寒矣。」故身親耕，妻親織，所以見致民利也。（呂氏春秋愛類）

許子致力於耕種。

有為神農之言者許行，自楚之滕，踵門而告文公曰：「遠方之人，聞君行仁政，願受一廛而為氓。」文公與之處。其徒數十人，皆衣褐，捆屨織席以為食。

陳相見孟子，道許行之言曰：「滕君則誠賢君也。雖然，未聞道也。賢者與民並耕而食，饔飧而治。今也滕有倉廩府庫，則是厲民而以自養也，惡得賢？」

孟子曰：「許子必種粟而後食乎？」

曰：「然。」

「許子必織布而後衣乎？」

曰：「否，許子衣褐。」

「許子冠乎？」
曰：「冠。」
曰：「奚冠？」
曰：「冠素。」
曰：「自織之與？」
曰：「否，以粟易之。」
曰：「許子奚爲不自織？」
曰：「害於耕。」
曰：「許子以釜甑爨，以鐵耕乎？」
曰：「然。」
「自爲之與？」
曰：「否，以粟易之。」
「以粟易械器者，不爲厲陶冶；陶冶亦以其械器易粟者，豈爲厲農夫哉？且許子何不爲陶冶，舍皆取諸其宮中而用之？何爲紛紛然與百工交易？何許子之不憚煩？」
曰：「百工之事固不可耕且爲也。」

「然則治天下，獨可耕且爲與？有大人之事，有小人之事。且一人之身，而百工之所爲備。如必自爲而後用之，是率天下而路也。」

「從許子之道，則市賈不貳，國中無僞。雖使五尺之童適市，莫之或欺。布帛長短同，則賈相若。麻縷絲絮輕重同，則賈相若。五穀多寡同，則賈相若。屨大小同，則賈相若。」

曰：「夫物之不齊，物之情也。或相倍蓰，或相什伯，或相千萬。子比而同之，是亂天下也。巨屨小屨同賈，人豈爲之哉？從許子之道，相率而爲僞者也，惡能治國家？」（孟子，滕文公上）

許子爲一墨者，證之如下。

一、衣褐。

（甲）許子衣褐。

（乙）使後世之墨者，多以裘褐爲衣。（莊子，天下）

二、自爲。

（甲）如必自爲而後用之。

（乙）自爲之者，役夫之道也，墨子之說也。（荀子，王霸）

三、小人。

有大人之事，有小人之事。

孟子以許子所爲者，爲小人之事。

許行又作許犯，學於墨子之弟子禽滑釐。

禽滑釐學於墨子，許犯學於禽滑釐，田繫學於許犯，顯榮於天下。（呂氏春秋，當染）

第五節　陳子

陳子名仲，齊人，爲狷介之士；居於於陵。於陵在今山東長山縣西南。

匡章曰：「陳仲子豈不誠廉士哉？居於陵，三日不食，耳無聞，目無見也。井上有李，螬食實者過半矣，匍匐往，將食之，三咽，然後耳有聞，目有見。」

孟子曰：「於齊國之士，吾必以仲子爲巨擘焉。雖然，仲子惡能廉？充仲子之操，則蚓而後可者也。夫蚓，上食槁壤，下飲黃泉。」

曰：「彼身織屨，妻辟纑。」

曰：「仲子，齊之世家也。兄戴蓋祿萬鍾。以兄之祿，爲不義之祿，而不食也。以兄之室，爲不義之室，而不居也。辟兄離母，處於於陵。他日歸，則有饋其兄生鵝者，已頻顣曰：『惡用是鶂鶂者爲哉？』他日，其母殺是鵝也，與之食之。其兄自外至，曰：『是鶂鶂之肉也。』出而哇之。……若仲子者，蚓而後充其操者也。」（孟子，滕文公下）

陳子離家獨處，盡力工作，乃一墨家信徒。又重正義而輕功名。

孟子曰:「仲子不義與之齊國而弗受,人皆信之。」(同,盡心上)

抗節孤立,不與世同俯仰。

忍情性,綦谿利跂,苟以分異人爲高,不足以合大衆明大分,然而其持之有故,其言之成理,足以欺惑愚衆,是陳仲史鰌也。(荀子,非十二子)

不食不義之食,後餓死。

陳仲子立節抗行,不入洿君之朝,不食亂世之食,遂餓而死。(淮南子,氾論訓)

貴族中人多慊對此特立之士。

趙威后問齊使曰:「於陵子仲尚存乎?其爲人也,上不臣於王,下不治其家,中不索交諸侯;此率民而出於無用者,何爲至今不殺乎?」(戰國策,齊策)

第六節　宋子

第一段　略傳

一、姓名及年代。

姓宋名鈃,齊宣王時人,遊稷下。(莊子疏)

鈃又作牼或榮。稷下爲齊國講學之處。

劉向云：「齊有稷門，城門也。談說之士，期會於稷下也。」（別錄）
齊地記曰：「齊城西門側系水左右有講堂存焉。」
稷下在今山東臨淄縣北，古齊城西。
二、鄉里。
趙岐云：「宋子，宋人。」
三、生平。宋子疾天下之混戰，作非攻之運動。
宋牼將之楚，孟子遇於石丘。曰：「先生將何之？」
曰：「吾聞秦楚搆兵，我將見楚王說而罷之。楚王不悅，我將見秦王說而罷之。二王我將有所遇焉。」
曰：「軻也請問其詳，願聞其指。說之將何如？」
曰：「我將言其不利也。」
曰：「先生之志則大矣。先生之號則不可。」（孟子，告子下）
宋子好辯而聚徒。
子宋子嚴然而好說，聚人徒，立師學，成文曲。（荀子正論）
四、著書。莊子疏云宋子「著書一篇。」漢書藝文志小說家載「宋子十八篇。」未知孰是。書全佚。

第二段　學說

宋鈃之學，亦墨家言。

不知壹天下建國家之權稱，上功用，大儉約而僈差等；曾不足以容辨異縣君臣。然而其持之有故，其言之成理，足以欺惑愚衆，是墨翟宋鈃也。（荀子，非十二子）

宋鈃爲小人階級之思想家，不慕君子階級之所爲。自建立其學術之內容，以鳴於世。

故夫知效一官，行比一鄉，德合一君，而徵一國者，其自視也，亦若此矣。而宋榮子猶然笑之。且舉世而譽之而不加勸，舉世而非之而不加沮。定乎內外之分，辨乎榮辱之境，斯已矣。彼其於世，未數數然也。（莊子，逍遙遊）

宋子思想之綱領，爲定內外之分，辨榮辱之境。戰國時社會紊亂，人生憔悴。宋子欲救濟時代之病症，乃從心理改造入手。普通思想以人之欲望多，要求滿足欲望，人與人間乃發生衝突。宋子乃提倡「人之情欲寡」以爲對策。普通思想又以被侮時必與之鬪爭，以保榮譽，社會間乃有爭執。宋子又倡「見侮不辱」以爲對策。

宋子之寡欲論。

子宋子曰：「人之情欲寡，而皆以己之情欲爲多，是過也。」（荀子，正論）

宋子之見侮不辱論。

子宋子曰：「明見侮之不辱，使人不鬪。人皆以見侮爲辱，故鬪也。知見侮之不辱，則不鬪也。」（同）

宋榮之議，設不鬭爭，取不隨仇，不羞囹圄，見侮不辱，世主以爲寬而禮之。（韓非子，顯學）

宋子思想之綜述，載於莊子天下篇。

不累於俗，不飾於物，不苟於人，不忮於衆，願天下之安寧，以活民命，人我之養，畢足而止，以此白心。古之道術，有在於是者，宋鈃……聞其風而悅之。作爲華山之冠以自表，接萬物以別宥爲始。語心之容，命之曰心之行。以聏合驩，以調海內。請欲置之以爲主。見侮不辱，救民之鬭；禁攻寢兵，救世之戰。以此周行天下，上說下敎，雖天下不取，强聒而不舍者也。故曰：「上下見厭而强見也。」雖然，其爲人太多，其自爲太少。曰：「請欲固置五升之飯足矣。先生恐不得飽，弟子雖飢，不忘天下。」日夜不休。曰：「我必得活哉？圖傲乎救世之士哉！」曰：「君子不爲苛察，不以身假物。」以爲無益於天下者，明之不如已也。以禁攻寢兵爲外，以情欲寡淺爲內。其大小精粗，其行適至是而止。

宋子思想，又重「別宥。」其解釋見於呂氏春秋去宥篇。

鄰父有與人鄰者，有枯梧樹，其鄰之父言梧樹之不善也。鄰人遽伐之。鄰父因請而以爲薪。其人不悅曰：「鄰者若此其險也，豈可爲之鄰哉？」此有所宥也。夫請以爲薪與弗請，此不可以疑枯樹之善與不善也。齊人有欲得金者，淸旦被衣冠往鬻金者之所，見人操金，攫而奪之。吏搏而束縛之，問曰：「人皆在焉，子攫人之金何故？」對吏曰：「殊不見人，徒見金耳。」此眞大有所宥也。夫人有所宥者，固以晝爲昏，以白爲黑，以堯爲桀；宥之所敗亦大矣。亡國之主，其皆甚有所宥邪？故凡人必別宥然後知，別宥則能全其天矣。

人能去其蔽宥，然後眞知可得。尸子廣澤篇云：

料子貴別宥。

料子或爲宋鈃之門徒。

第七節　淳于子

第一段　略傳

淳于子名髡，齊人，善觀色象。

淳于髡，齊人也。博聞彊記，學無所主。其陳說，慕晏嬰之爲人也，然而承意觀色爲務。客有見髡於梁惠王，惠王屛左右，獨坐而再見之，終無言也。惠王怪之，以讓客曰：「子之稱淳于先生，管晏不及，及見寡人，寡人未有得也。豈寡人不足爲言邪？何故哉？」客以謂髡。髡曰：「固也。吾前見王，王志在驅逐；後復見王，王志在音聲；吾是以默然。」……後淳于髡見，壹語連三日三夜，無倦。惠王欲以卿相位待之，髡因謝去。於是送以安車駕駟，束帛加璧，黃金百鎰，終身不仕。（史記孟荀列傳）

在齊，曾充使者。

淳于髡者，齊之贅壻也。長不滿七尺，滑稽多辯，數使諸侯，未嘗屈辱。（史記，滑稽列傳）

又爲齊王延士。

淳于髡一日而見七士於宣王。（齊策）

仕齊爲大夫。

齊王嘉之，自如淳于髡以下，皆命曰列大夫，爲開第康莊之衢，高門大屋，尊寵之。（史記）

當湣王時，乃離去。

齊宣王褒儒尊學，孟軻淳于髡之徒，受上大夫之祿，不任職，而論國事。蓋齊稷下先生千有餘人。湣王矜功不休，諸儒諫不從，各分散。（鹽鐵論，論儒）

第二段　學說

淳于髡爲淵博之智者。

齊人頌曰：「炙轂過髡。」（史記）

劉向云：「過字作輠，輠者車之盛膏器也。炙之雖盡，猶有餘流者。言淳于髡智不盡，如炙輠也。」（別錄）

淳于髡以爲有內必形諸外，有事必見其功。

淳于髡曰：「先名實者，爲人也。後名實者，自爲也。……昔者王豹處於淇，而河西善謳。緜駒處於高唐，而齊右善歌。華周杞梁之妻，善哭其夫，而變國俗。有諸內，必形諸外。爲其事而無其功者，髡未嘗覩之也。」（孟子，告子下）

行事宜有節制。

酒極則亂，樂極則悲；萬事盡然，言不可極，極之而衰。（史記）

宇宙中之事物，各有其疇類。

夫物各有疇。（齊漢）

第十三章　諸子二

第一節　彭子

彭子名蒙，齊人。

彭蒙，齊之隱士，游稷下。（莊子疏）

彭蒙得道家不言之教，有弟子名田駢。

田駢亦然，學於彭蒙，得不教焉。彭蒙之師曰：「古之道人，至於莫之是莫之非而已矣。其風窢然，惡可而言？」常反人不見觀，而不免於魭斷。其所謂道非道，而所言之韙，不免於非。（莊子，天下）

其關於政治之見解，爲定分，分定則社會治。

彭蒙曰：「雉兎在野，衆皆逐之，分未定也。雞豕滿市，莫有志者，分定故也。」（尹文子，大道上）

彭子又倡法治。

田子讀書，曰：「堯時太平。」宋子曰：「聖人之治，以致此乎？」彭蒙在側，越次答曰：「聖法之治，以致此；非聖人之治也。」宋子曰：「聖人與聖法，何以異？」彭蒙曰：「子之亂名甚矣！聖人者，自己出也。聖法者，自理出也。理出於己，己非理也。己能出理，理非己也。故聖人之治，獨治者也。聖法之治，則無不治矣。此萬世之利，唯聖人能該之。」（尹文子，大道下）

第二節　田子

田子名駢。田又作陳。

第一段　略傳

班固云：「田子名駢，齊人，游稷下，號天口駢。」（漢志注）

宣王喜文學游說之士，自如騶衍，淳于髡，田駢，接予，愼到，環淵之徒，皆賜列第，爲上大夫，不治而議論。……是以齊稷下學士復盛，且數百千人。（史記田敬仲完世家）

此時齊稷下學士雲集。

唐子短陳駢子於齊威王。威王欲殺之。陳駢子與其屬出亡奔薛。孟嘗君聞之，使人以車迎。（淮南子人間訓）

齊威王時被讒奔薛。

田駢，齊人，學黃老道德之術，因發明序其指意。……田駢有所論焉。（史記，孟荀列傳）

田子之思想出於道家。

道家，田子二十五篇。（漢書藝文志）

著書名田子，其書今已佚。

第二段　學說

田子崇道尙齊；隨物而動，不需知識

公而不黨，易而無私，決然無主，趣物而不兩。不顧於慮，不謀於知，於物無擇，與之俱往。古之道術有在於是者，彭蒙，田駢，愼到，聞其風而悅之。齊萬物以爲首。曰：「天能覆之，而不能載之；地能載之，而不能覆之；大道能包之，而不能辯之。」知萬物皆有所可，有所不可。故曰：「選則不徧，敎則不至，道則無遺者矣。」（莊子，天下）

萬物皆爲相對的，道乃絕對的。萬物皆參差的，道乃齊一的。田子重絕對，貴齊同。

陳駢貴齊。（呂氏春秋，不二） 高誘注：齊生死，等古今也。

田子貴均。（尸子）

田駢之政治思想則尙法。

尙法而無法，不循而好作，上則取聽於上，下則取從於俗。終日言成文典，反紃察之，則倜然無所歸宿，不可以經國定分。然而其持之有故，其言之成理，足以欺惑愚衆。是愼到，田駢也。（荀子，非十二子）

田駢謂齊王曰：「孟賁庶乎患術，而邊境弗患。楚魏之王，辭言不說，而境內已修備矣，兵士已修用矣，得之衆也。」（呂氏春秋，用衆）

次則得衆。

田子以道術應用於政治。

田駢以道術說齊王。王應之曰：「寡人所有者，齊國也。道術難以除患，願聞齊國之政。」田駢對曰：「臣之言無政而可以得政，譬若林木無材而可以得材。願王察其所謂而自取齊國之政焉。」駢猶淺言之也，博言之，豈獨齊國之政哉？變化應求而皆有章，因性任物而莫不當。彭祖以壽，三代以昌，五帝以昭，神明以鴻。已雖無除其患害，天地之間，六合之內，可陶冶而變化也。齊國之政，何足問哉？此老聃之所謂無狀之狀，無物之象者也。」（呂氏春秋，執一）

田駢又議論士之容止。

客有見田駢者，被服中法，進退中度，趨翔閑雅，辭令遜敏。田子聽之畢而辭之。客出，田駢送之以目。弟子謂田駢曰：「客士與？」田駢曰：「殆乎非士也。今者客所弇斂，士所術施也；士所弇斂，客所術施也。客殆乎非士也。故火燭一隅，則室偏無光。骨節早成，空竅哭歷，身必不長。衆無謀方，乞謹視見，多故不良。志必不公，不能立功。好得惡予，國雖大不能爲王，禍災日至。故君子之容，純乎其若鍾山之玉，桔乎其如陵上之木；淳淳乎愼謹畏化，而不肯自足；乾乾乎取舍不說，而心甚素樸。」（呂氏春秋，士容）

第三節　愼子

第一段　略傳

一、生平。

愼到，趙人。……學黃老道德之術。（史記孟荀列傳）

慎子，先申韓，申韓稱之。（漢志注）

二、著書。

故慎到著十二論。（史記）

法家，慎子四十二篇。（漢書藝文志）

慎子書有散佚。今存麻沙本五篇，爲宋末通行之本。

第二段　學說

第一目　人生學

慎子之人生學本於老子。

老子曰：「不尙賢，使民不爭。……常使民無知無欲。」（三）

又曰：「愛民治國，能無爲乎？……明白四達，能無知乎？」（十）

慎子去知去己，隨物而動，無所意志。

是故慎到棄知去己，而緣不得已。冷汰於物，以爲道理。曰：「知不知，將薄知而後鄰傷之者也。」謑髁無任，而笑天下之尙賢也。縱脫無行，而非天下之大聖。椎拍輐斷，與物宛轉。舍是與非，苟可以免。不師知慮，不知前後，魏然而已矣。推而後行，曳而後往。若飄風之還，若羽之旋，若磨石之隧。全而無非，動靜無過，未嘗有罪。是何故？夫無知之物，無建己之患，無用知之累，動靜不離於理，是以終身無譽。故曰：「至於若無知之物而已。無用聖賢，夫塊不

失道」豪傑相與笑之曰：「愼到之道，非生人之行，而至死人之理，適得怪焉！」（莊子，天下）

第二目 政治學

政治之要義，在使社會保存秩序，社會中各級人士安守本分，社會無由以亂矣。

今一兔走，百人逐之，非一兔足爲百人分也，由未定也。由未定，堯且屈力，而況衆人乎？積兔在市，行者不顧，非不欲兔也，分已定也。分已定，人雖鄙不爭，故治天下及國，在乎定分而已矣。（愼子，德立）

社會可分爲三級，即君臣民，君乃爲政治之目的，或社會之利益而設立，社會非爲君而設。

古者立天子而貴之者，非以利一人也。曰：天下無一貴，則理無由通，通理以爲天下也。故立天子以爲天下，非立天下以爲天子也。立國君以爲國，非立國以爲君也。立官長以爲官，非立官以爲官長也。（愼子，威德）

君行政必取臣。取臣之道，在使臣得以自爲而爲君。

天道因則大，化則細。因也者，因人之情也。人莫不自爲也，化而使之爲我，則莫可得而用矣。是故先王見不受祿者不臣，不厚祿者不與入難。人不得其所以自爲也，則上不取用焉。故用人之自爲，不用人之爲我，則莫不可得而用矣。此之謂因。（同，因循）

取臣之後，則任臣以事，臣盡其力，而君致其治。

君臣之道，臣事事而君無事也。君逸樂而臣任勞，臣盡智力以善其事，而君無與焉，仰成而已。故事無不治，治之正道然也。（同，民雜）

君逸臣治，而民各務其所能。

民雜處而各有所能。所能者不同，此民之情也。大君者太上也，兼畜下者也。下之所能不同而皆上之用也。是以大君因民之能爲資，盡包而蓄之，無能去取焉。是故不設必執一方以求於人，故所求者無不足也。大君者不擇其下，故足。不擇其下則易爲下矣。易爲下則莫不容，莫不容故多下，多下之謂太上。（同）

政治之方術在法與勢。法爲客觀之準則，以定民衆行爲之賞罰。

大君任法而弗躬，則事斷於法。法之所加，各以其分，蒙其賞罰而無望於君，是以怨不生而上下和矣。（君人）

法雖不善，猶愈於無法，所以一人心也。夫投鉤以分財，投策以分馬，非鉤策爲均也，使得美者不知所以德，使得惡者不知所以怨，此所以塞願望也。……法制禮籍，所以立公義也。凡立公所以棄私也。（威德）

君執法而治。

爲人君者不多聽；據法倚數，以觀得失。無法之言，不聽於耳。無法之勞，不圖於功。無勞之親，不任於官。官不私親。法不遺愛，上下無事，惟法所在。（羣書治要引慎子君臣）

重法不重人。

慎子蔽於法而不知賢。（荀子解蔽）

慎子有見於後，無見於先。（荀子，天論）

政治又重權勢。

慎子曰：「飛龍乘雲，騰蛇遊霧。雲罷霧霽，而龍蛇與螾螘同矣，則失其所乘也。賢人而詘於不肖者，則權輕位卑也。不肖而能服於賢者，則權重位尊也。堯爲匹夫，不能治三人。而桀爲天子，能亂天下。吾以此知勢位之足恃而賢智之不足慕也。夫弩弱而矢高者，激於風也。身不肖而令行者，得助於衆也。堯教於隸屬，而民不聽。至於南面而王天下，令則行，禁則止。由此觀之，賢智未足以服衆，而勢位足以任賢者也。」（韓非子，難勢）

第四節　魏子

第一段　略傳

一、生平。魏子名牟。

高誘云：「公子牟，魏公子也。……魏伐中山，得之，以封子牟，因曰中山公子牟也。」（呂覽注）

曾遊秦見應侯。

公子牟遊於秦，且東而辭應侯。應侯曰：「公子將行矣，獨無以敎之乎？」曰：「且微君之命命之也，臣固且有效於君。夫貴不與富期而富至，富不與粱肉期而粱肉至，粱肉不與驕奢期而驕奢至，驕奢不與死亡期而死亡至。前世坐此者多矣。」（趙策）

又至趙。

建信君貴於趙，公子魏牟過趙；趙王迎之，論尺帛。（趙策）

二、著書。魏牟著書四篇，今佚。

道家，公子牟四篇。（漢書藝文志）

第二段　學說

魏牟之思想注重人生。人應與道相合。

公子牟曰：「且夫知不知論極妙之言而自適一時之利者，是非埳井之鼃與？且彼方跐黃泉而登大皇，無南無北，奭然四解，淪於不測；無東無西，始於玄冥，反於大通。」（莊子，秋水）

從詹子處得養生之教。

中山公子牟謂詹子曰：「身在江海之上，心居乎魏闕之下，奈何？」詹子曰：「重生。重生則輕利。」中山公子牟曰：「雖知之，猶不能自勝也。」詹子曰：「不能自勝則縱之，神無惡乎？不能自勝而強不縱者，此之謂重傷。重傷之人，無壽類矣。」（呂氏春秋，審爲）

魏牟主縱欲。

縱情性，安恣睢，禽獸行，不足以合文通治。然而其持之有故，其言之成理，足以欺惑愚衆，是它囂，魏牟也。（荀子，非十二子）

第五節　華子

華子之身世，已不可考。

司馬彪云：「子華子，魏人。」

高誘云：「子華子，古體道人。」

華子之思想，以養生爲主。己之身體，重於天下。

韓魏相與爭侵地。子華子見昭釐侯，昭釐侯有憂色。子華子曰：「今使天下書銘於君之前，書之曰：『左手攫之，則右手廢；右手攫之，則左手廢。』然而攫之必有天下，君將攫之乎？亡其不與？」昭釐侯曰：「寡人不攫也。」子華子曰：「甚善。自是觀之，兩臂重於天下也。身又重於兩臂。韓之輕於天下遠；今之所爭者，其輕於韓又遠。君固愁身傷生以憂之，戚不得也。」昭釐侯曰：「善哉！教寡人者衆矣，未嘗得聞此言也。」子華子可謂知輕重矣。」（呂氏春秋，審爲）

養生之道，在情欲皆得其宜；否則爲傷生。

子華子曰：「全生爲上，虧生次之，死次之，迫生爲下。故所謂尊生者，全生之謂。所謂全生者，六欲皆得其宜也。所謂虧生者，六欲分得其宜也。虧生則於其尊之者薄矣。其虧彌甚者也，其尊彌薄。所謂死者，無有所以知，復其未生也。所謂迫生者，六欲莫得其宜也，皆獲其所惡者。服是也，辱是也。辱莫大於不義；故不義，迫生也。而迫生非獨不義也。故曰：迫生不若死。奚以知其然也？耳聞所惡，不若無聞；目見所惡，不若無見。故雷則揜耳，電則揜目，此其比也。凡六欲者，皆知其所甚惡，而必不得免，不若無有所以知。無有所以知者，死之謂也。故迫生不若死。嗜肉者，

非腐鼠之謂也。嗜酒者，非敗酒之謂也。尊生者，非迫生之謂也。」（呂氏春秋，貴生）

華子之養生論，甚爲精卓。此思想與英哲邊沁之「功利主義」相近。華子又言世人多不知養生，而卽於死亡。

子華子曰：「王者樂其所以王，亡者樂其所以亡。」（呂氏春秋，誣徒）

第六節　鄒子

第一段　略傳

一、生平。鄒子名衍。鄒又作騶。

鄒子，名衍，齊人。爲燕昭王師，居稷下；號談天衍。（漢志注）

年代較後於孟子。

其次騶衍，後孟子。（史記，孟荀列傳）

顯榮於諸侯。

王公大人初見其術，懼然顧化，其後不能行之。是以騶子重於齊。適梁，梁惠王郊迎，執賓主之禮。適趙，趙平原君側行襒席。如燕，昭王擁彗先驅，請列弟子之座而受業，築碣石宮，身親往師之。作主運。其游諸侯見尊禮如此。（同）

二、著書。

騶衍睹有國者益淫侈，不能尙德若大雅整之於身，施及黎庶矣。乃深觀陰陽消息而作怪迂之變，終始，大聖之篇十餘萬言。（同）

自齊威宣之時，騶子之徒，論著終始，五德之運。……騶衍以陰陽主運，顯於諸侯。（史記，封禪書）

漢書藝文志陰陽家著錄鄒氏書二種，今皆佚。

鄒子四十九篇。

鄒子終始五十六篇。

第二段　陰陽家

鄒子屬陰陽家。陰陽家出於天文之學。陰陽五行，乃天文中之日月與五顆行動之星。星體運行而有機祥之說。

陰陽家者流，蓋出於羲和之官。敬順昊天，歷象日月星辰。敬授民時，此其所長也。及拘者爲之，則牽於禁忌，泥於小數，舍人事而任鬼神。（漢書藝文志）

鄒子之說，以天文爲主。

劉勰云：「騶子養政於天文。」（文心雕龍）

劉向云：「騶衍之所言，五德終始，天地廣大，書言天事，故曰談天。」（別錄）

其思想宏大而肆博。

騶衍之術迂大而閎辯。（史記，孟荀列傳）

鄒子疾晚世之儒墨守一隅，而欲知萬方。（鹽鐵論，論鄒）

第三段　學說

第一目　方法論

鄒子之哲學方法，爲從小推至大，從已知推至未知。

其語閎大不經。必先驗小物，推而大之，至於無垠。先序今以上至黃帝，學者所共術，大並世盛衰，因載其機祥制度；推而遠之，至天地未生，窈冥不可考而原也。先列中國名山大川，通谷禽獸，水土所殖，物類所珍，因而推之，及海外人之所不能睹。（史記，孟荀列傳）

第二目　五行論

鄒子用五行之說，解釋一切。

稱引天地剖判以來，五德轉移，治各有宜，而符應若茲。（同）

五行爲水，火，金，木，土，依次相勝，從相勝而有運行。

鄒子終始五德，從所不勝，木德繼之，金德次之，火德次之，水德次之。（文選注引七略）

古者朝代之更革，乃五行之運用。

鄒子云：「五德從所不勝，虞土，夏木，殷金，周火。」（同）

此種思想演述於呂氏春秋應同篇。

凡帝王之將興也天必先見祥乎下民。黃帝之時，天先見大螾大螻。黃帝曰：「土氣勝。」土氣勝，故其色尙黃，其事則土。及禹之時，天先見草木秋冬不殺。禹曰：「木氣勝。」木氣勝，故其色尙青，其事則木。及湯之時，天先見金刄生於水。湯曰：「金氣勝。」金氣勝，故其色尙白，其事則金。及文王之時，天先見火，赤烏銜丹書集於周社。文王曰：「火氣勝。」火氣勝，故其色尙赤，其事則火。代火者必將水。天且先見水氣勝。水氣勝，故其色尙黑，其事則水。水氣至而不知數備，將徙於土。

第三目　輿地論

周代中世有九州之假想。

奄有九有。（詩）

共工氏之伯九有也，其子曰后土，能平九土。（國語）

鄒子據此思想而發揮之，成九大州之說。

以爲儒者所謂中國者，於天下乃八十一分居其一分耳。中國名曰赤縣神州。赤縣神州內自有九州；禹之序九州是也。不得爲州數。中國外如赤縣神州者九，乃所謂九州也。於是有裨海環之，人民禽獸莫能相通者。如一區中者，乃爲一州。如此者九，乃有大瀛海環其外，天地之際焉。（史記）

第四目　談辯論

鄒子善於言談。

鄒衍以頡亢而取世資。（揚雄解嘲）

又論列辯理。

鄒子曰：「彼天下之辯，有五勝三至，而辭正為下。辯者別殊類，使不相害；序異端，使不相亂；抒意明指，明其所謂，使人與知焉，不務相迷也。故勝者不失其所守，不勝者得其求；若是，故辯可為也。及至煩文以相假，飾辭以相惇，巧譬以相移，引人聲使不得及其意，如此害大道。夫繳紛爭言而競後息，不能無害君子。」（劉向別錄）

第五目　政治論

鄒子亦重政治之設施。

然要其歸，必止乎仁義節儉，君臣，上下，六親之施，始也濫耳。（史記）

政治因時而變。

鄒子曰：「政教文質者，所以云救也。當時則用，過則舍之，有易則易也。故守一而不變者，未睹治之至也。」（漢書，嚴安傳引）

第七節　尹子

尹子名喜，曾為關令。崔浩以喜為散關令。其年代已不可考。

劉向云：「喜著書九篇，名關令子。」（列仙傳）

漢書，藝文志道家著錄關尹子九篇。隋書經籍志不載此書，已早佚。

尹子爲古之道者，重本貴神。

以本爲精，以物爲粗，以有積爲不足，澹然獨與神明居。古之道術有在於是者，關尹……聞其風而悅之。建之以常無有，主之以太一，以濡弱謙下爲表，以空虛不毀萬物爲實。（莊子，天下）

淸靜自守，隨物因應。

關尹曰：「在己無居，形物自著。其動若水，其靜若鏡，其應若響。芴乎若亡，寂乎若淸。同焉者知，得焉者失。未嘗先人，而常隨人。」（同）

第十四章　莊子

莊周蕩而不法。——揚雄

第一節　略傳

一、姓名。

莊子者姓莊，名周。（莊子釋文序）

二、鄉里。

莊子者，蒙人也。（史記，老莊列傳）

劉向云：「宋之蒙人也。」（別錄）

蒙卽今河南，商丘之蒙澤。商丘有漆園。

三、年代。

與梁惠王齊宣王同時。（史記）

其年代大概爲西歷紀元前三五零年左右至二七零年左右。

四、生平。曾一度入仕。

周嘗為漆園吏。（史記）

生活清貧。

莊周家貧，故往貸粟於監河侯。（莊子，外物）

莊子衣大布而補之，正緳係履，而過魏王。魏王曰：「何先生之憊耶？」莊子曰：「貧也，非憊也。士有道德不能行，憊也。衣敝履穿，貧也，非憊也。此所謂非遭時也。」（同，山木）

楚威王聘之，辭不往。

莊子釣於濮水，楚王使大夫二人往先焉。曰：「願以竟內累矣。」莊子持竿不顧。曰：「吾聞楚有神龜，死已三千歲矣。王巾笥而藏之廟堂之上。此龜者，寧其死為留骨而貴乎？寧其生而曳尾於塗中乎？」二大夫曰：「寧生而曳尾塗中。」莊子曰：「往矣！吾將曳尾於塗中。」（同，秋水）

其妻死，發達觀之論。

莊子妻死，惠子弔之。莊子則方箕踞鼓盆而歌。惠子曰：「與人居長子老身死不哭，亦足矣；又鼓盆而歌，不亦甚乎？」莊子曰：「不然。是其始死也，我獨何能無概然。察其始而本無生。非徒無生也，而本無形。非徒無形也，而本無氣。雜乎芒芴之間，變而有氣；氣變而有形；形變而有生；今又變而之死，是相與為春秋冬夏四時行也。人且偃然寢於巨室，而我噭噭然隨而哭之，自以為不通乎命，故止也。」（同，至樂）

莊子死，不主厚葬。

莊子將死，弟子欲厚葬之。莊子曰：「吾以天地爲棺槨，以日月爲連璧，星辰爲珠璣，萬物爲齎送，吾葬具豈不備耶？何以加此？」弟子曰：「吾恐烏鳶之食夫子也。」莊子曰：「在上爲烏鳶食，在下爲螻蟻食，奪彼與此，何其偏也？」（同，列禦寇）

五、著書

莊子天才縱逸，著述宏肆。

孫楚云：「莊周曠蕩，高才英儁。」（莊周贊）

陸德明云：「莊生宏才命世，辭趣華深。」（序錄）

其書以老子爲宗，而放蕩自適。

其學無所不窺，然其要歸於老子之言。故其著書十餘萬言，大抵皆寓言也。……然善屬書摛辭，指事類情，用剽剝儒墨，雖當世宿學，不能自解免也。其言洸洋自恣以適己，故自王公大人不能器之。（史記）

以謬悠之說，荒唐之言，無端崖之辭，時恣縱而不儻，不以觭見之也。以天下爲沈濁，不可與莊語；以卮言爲曼衍，以重言爲眞，以寓言爲廣。……其書雖瓌瑋，而連犿無傷也。其諔雖參差，而辭詭可觀。彼其充實，不可以已。……雖然其應於化而解於物也，其理不竭，其來不蛻，芒乎昧乎，未之盡者。（莊子，天下）

漢書藝文志道家著錄莊子五十二篇，今存三十三篇，計內篇七，外篇十五，雜篇十一。歷來各本皆有內篇，外雜則或有或缺。

陸德明云：「內篇衆家並同，其餘或有外而無雜。」

內篇涵義精深。

成玄英云「內篇理深，故每於文外，別立篇目。自外篇以去，則取篇首二字以爲題目。」

釋德清云「只內七篇已盡其意，其外篇皆蔓衍之說耳。」

內篇爲莊子所手訂，外雜二篇多爲後人所假託。

莊學後盛行於世。

續狂夫曰「唐玄宗號莊子爲南華眞人。京師置崇玄館。諸州生徒，習老莊文列者，謂之四子，蔭第與國子監同，謂之道舉。而莊子之稱南華經自此始。宋徽宗又追封微妙玄通眞君。」

第二節　道教

第一段　宗教

莊子之思想，在中國宗教史上佔重要之地位。中國宗教之發展，可分爲三期。

第一期爲多靈教，此爲游牧時代之宗教；宇宙中之萬物皆具有靈性。人類當此時代，心理作用尚爲幼稚狀態。見萬物畢呈，以爲皆含有神祕不測之力量。其宗教意識，爲含渾的，片斷的。

第二期爲祖先教。此爲農業時代之宗教。在此時代，人類之生活方式已由游蕩而轉至定居，家人得團居共處。在此集處之情形下，家族中發生濃烈親密之情感。年幼者尊重年老者，年老者體愛年幼者。由尊老而轉至尊祖，以成一宗教。此種宗教之性質爲虔敬生命之源泉。人類之生命有一本源，此本源爲神祕之力量，爲衆生之嘉惠。敬祖所以報本也。故祖先教重生命之來源，重人類之過去。此期之宗教意識爲濃厚的，集中的。

第三期爲道教。此爲農業社會在混亂之狀態，工商業崛起時之宗教。社會秩序破壞，舊有之宗教倫常，不能維繫人類之信念。人類之生活，陷於混雜之情形。社會中無可珍貴者，人只求苟全其生命。由此注視本人之生命，而產生全性葆生之思想。更進一步之發展則不特葆生而已，並欲永生。於是有一二好學深思之士，感覺生命之短促，而求所以永生之道。此乃有道教之發生。道教與祖先教同以生命問題爲核心。所不同者，祖先教回顧已往，敬重生命之來源。道教展視將來，注重生命之歸宿。道教之宗教意識爲熱烈的，玄學的。

宗教之發展爲增加的，而非替代的。由多靈教進至祖先教時，多靈教並不消滅，而與祖先教並存；不過祖先教在宗教之領域中佔重要之地位而已。及至道教期，多靈教與祖先教仍存在，而以道教佔重要之地位。

宗教之發展有性質的進步。當多靈教時，人類之心理作用在最幼稚之狀態，宗教亦呈渙散之形式。至祖先教時，人類之心理作用已較爲發達，宗教之情感較爲集中，而宗教之形式亦較爲確定。道教爲包含智慧之宗教，人類之心理作用至最發達之狀態。道教爲玄學的宗教，有教義之

成立有理論之擁護宗教之形式儀節，亦已固定

第二段　教義

道教之發展可分二期，一爲教義之成立，二爲教儀之成立。

道教之教義，肇始於老子。老子以淵博之士，生逢亂世，乃退隱著書二篇。在其書內，老子曾發表其對於生命之悲哀。人之生命短促，倏忽間卽將逝去；此生命不知何歸，亦可哀矣！人類之潛意識內，有一種生命之渴望，企求生命之延長。老子亦求長生。此種長生之希求，爲道教之發源。此思想由莊子發揮而光大之。

莊子之學說，本於老子。

老子曰：「天地尙不能久，而況人乎？」（二三）

此爲莊子思想之出發點。人之生命短促，應求所以長生之道。

老子曰：「專氣致柔。」（十）

莊子從此得長生之術。人之有死亡者，爲人有可滅之身體。今不培養其可滅之部分，而培養其不滅之部分，則專氣尙矣。專氣可以長生。

老子曰：「谷神不死。」（六）

此爲莊子思想之歸結。唯精神可以不死。

莊子學說以長生爲主。

芴漠無形，變化無常；死與？生與？天地並與？神明往與？芒乎何之？忽乎何適？萬物畢羅，莫足與歸。古之道術有在於是者，莊周聞其風而悅之。……獨與天地精神往來，而不敖倪於萬物，不譴是非，以與世俗處。……上與造物者游，而下與外死生無終始者爲友。其於本也，弘大而辟，深閎而肆；其於宗也，可謂稠適而上遂矣。（莊子，天下）

第三段　神僊

莊子重神明；唯專氣可以致之。

食氣者，神明而壽。不食者，不死而神。（大戴記，易本命）

神明，古又稱之爲僊人。僊字始見於周詩。

屢舞僊僊。（詩，賓之初筵）

僊爲飄逸之貌。神明超脫世俗，故爲飄逸之人。無軀體故可飛昇。

僊，長生僊去。（說文）　段注：僊字从人䙴，䙴，升高也。

莊子之門人曾述莊子之意而言及僊人。

去而上僊，乘彼白雲，至於帝鄉。（莊子，天地）

僊僊乎歸矣。（同，在宥）

僊人之思想流散於社會間。

屈原曰：「貴眞人之休德兮，美往世之登仙；與化去而不見兮，名聲著而日延。」（遠遊）

後又有服藥登僊之思想。楚頃襄王時有不死之藥。

有獻不死之藥於荆王者。（韓非子，說林）

此僊藥產於海外。

元洲有五芝，服此得長生不死，上多仙家。（十洲記）

社會間有習僊者，有入海求藥者。

而宋毋忌，正伯僑，充尙，羨門子高，最後皆燕人，爲方僊道，形解銷化，依於鬼神之事。……自威，宣，燕昭，使人入海，求蓬萊，方丈，瀛州。此三神山者，其傳在勃海中，去人不遠。患且至，則船風引而去。蓋嘗有至者，諸僊人及不死之藥皆在焉。其物禽獸盡白，而黃金銀爲宮闕。未至，望之如雲；及到，三神山反居水下。臨之，風輒引去，終莫能至云。（史記，封禪書）

第四段　教儀

道教之教儀，成於後漢。當桓帝時，沛國豐邑有張陵者倡設道教，入其門者皆須出五斗米，故謂之五斗米道。張陵之子衡，及孫魯，共修其術。陵稱天師，衡稱嗣師，魯稱孫師。後魯又號爲師君，稱其徒屬爲鬼卒，或姦令，傳習老子，爲人祈禱，又以符籙治病。魯之子盛乃移居於江西之龍虎山，世傳道統，稱爲天師。其傳家寶物，有劍，印，及都功籙三種。

第三節　玄學

第一段　道

莊學出於老學，亦崇道。道爲一體。

乃入於寥天一。（大宗師）

道通爲一；其分也成也；其成也毀也，凡物無成與毀，復通爲一。……已而不知其然謂之道。（齊物論）

道中有變化，而成萬物。萬物爲相對的，有成有毀。道爲絕對的，故爲一體。道中有自然之運行。

夫道有情有信，無爲無形；可傳而不可受，可得而不可見；自本自根，未有天地，自古以固存；神鬼神帝，生天生地；在太極之先而不爲高，在六極之下而不爲深，先天地生而不爲久，長於上古而不爲老。（大宗師）

道之運行有定則，故云有情有信。道爲自己存在，故云固存。道衍生萬物，而萬物以顯示道。

其爲物無不將也，無不迎也，無不毀也，無不成也。其名爲攖寧。攖寧也者，攖而後成者也。（同）

第二段　生死

生死問題，爲莊子思想之中心。人生而有死，實爲悲哀之事。

而彭祖乃今以久特聞，衆人匹之，不亦悲乎？（逍遙遊）

一受而成形，不亡以待盡。與物相刃相靡，其行盡如馳，而莫之能止，不亦悲乎？終身役役，而不見其成功，苶然疲役而不知其所歸，可不哀邪？人謂之不死，奚益？其形化，其心與之然，可不謂大哀乎？人之生也，固若是芒乎？其我獨芒，而人亦有不芒者乎？（齊物論）

死生亦大矣！（德充符）

超脫死亡之悲哀，有二途：一為達觀，二為養真。

達觀之道，在視生命為造化演變之一階段。生命為自然之運行，其來不喜，其去不悲。

予惡乎知說生之非惑邪？予惡乎知惡死之非弱喪而不知歸者邪？（齊物論）

古之真人，不知說生，不知惡死；其出不訢，其入不距；翛然而往，翛然而來而已矣。不忘其所始，不求其所終；受而喜之，忘而復之。（大宗師）

死與生，視為一體，則可無悅生惡死。

胡不直使彼以死生為一條，以可不可為一貫者，解其桎梏，其可乎？（德充符）

孰能以無為首，以生為脊，以死為尻；孰知死生存亡之一體者。（大宗師）

死生為萬化中之一化，其為樂至大。生不可貴，惟道可貴。

特犯人之形而猶喜之。若人之形者，萬化而未始有極也，其為樂可勝計邪？故聖人將遊於物之所不得遯，而皆存。（同）

死生之來，乃由命運主持。

死生，命也。其有夜旦之常，天也。人之有所不得與，皆物之情也。（同）

且夫得者時也，失者順也，安時而處順，哀樂不能入也。此古之所謂縣解也。（同） 成云：得者生也，失者死也。

崔云：以生爲縣，以死爲解。

超越死亡之第二途爲養眞。人由身軀與精神相合而成。精神爲人生之主宰。

若有眞宰，而特不得其眹。可行已信，而不見其形，有情而無形。百骸九竅六藏，賅而存焉，吾誰與爲親？汝皆說之乎？其有私焉？如是皆有爲臣妾乎？其臣妾不足以相治乎？其遞相爲君臣乎？其有眞君存焉？（齊物論）

修養精神之人，卽爲眞人。身軀由物質所造成，可以毀滅，故有死亡，身軀非爲眞人。欲求永生，須修鍊人之非質料之部分，如氣。氣爲不滅者。且人之生命不可無氣。故欲爲眞人，首須鍊氣。

古之眞人，其寢不夢，其覺無憂，其食不甘，其息深深。眞人之息以踵，衆人之息以喉。（大宗師）

陸長庚云：「眞人息息常歸於根。踵卽根也。玄家所謂命蒂。」

不食質料之物，故身無可毀之處。餐風飲露，專氣凝神，乃成神僊，可以不滅，而遨遊於雲霧之間。

藐姑射之山，有神人居焉；肌膚若冰雪，淖約若處子，不食五穀，吸風飲露，乘雲氣，御飛龍，而遊乎四海之外；其神凝，使物不疵癘而年穀熟。……之人也，物莫之傷，大浸稽天而不溺，大旱金石流，土山焦而不熱。（逍遙遊）

至人神矣！大澤焚而不能熱，河漢冱而不能寒，疾雷破山，風振海而不能驚。若然者，乘雲氣，騎日月，而遊乎四海之外。死生無變於己，而況利害之端乎？（齊物論）

眞人爲精神不死，白日飛昇之人。

而況官天地，府萬物，直寓六骸，象耳目，一知之所知，而心未嘗死者乎？彼且擇日而登假。（德充符）高誘云：「假，至也，或作蝦蟇氣也。」

第四節　知識學

第一段　知識

知識有大小之分。

大知閑閑，小知閒閒。（齊物論）成云：「閑閑，寬裕也。」兪云：「閒閒，謂好覗察人。」

小知爲從個人方面出發之知識，個人觀察宇宙中之萬物而得個別之知識。宇宙中之事物衆多，而人之生命有限，若窮盡知識則有傷身體。

吾生也有涯，而知也無涯；以有涯隨無涯，殆已；已而爲知者，殆而已矣。（養生主）

個別知識爲相對之知識，無一準則以衡知識之眞僞。

庸詎知吾所謂知之非不知邪？庸詎知吾所謂不知之非知邪？且吾嘗試問乎女：民溼寢則腰疾偏死，鰌然乎哉？木處則惴慄恂懼，猨猴然乎哉？三者孰知正處？民食芻豢，麋鹿食薦，蝍且甘帶，鴟鴉耆鼠，四者孰知正味？猨，猵狙以爲雌，麋與鹿交，鰌與魚游。毛嬙，麗姬，人之所美也，魚見之深入，鳥見之高飛，麋鹿見之決驟，四者孰知天下之

正色哉？（齊物論）

相對知識有其利弊。其弊爲引起紛爭。

且若亦知夫德之所蕩，而知之所爲出乎哉？德蕩乎名，知出乎爭。名也者，相札也。知也者，爭之器也。（人間世）

故聖人有所遊，而知爲孽。……聖人不謀，惡用知？（德充符）

其利爲指導養生。

知天之所爲，知人之所爲者，至矣。知天之所爲者，天而生也。知人之所爲者，以其知之所知，以養其知之所不知，終其天年而不中道夭者，是知之盛也。（大宗師）

小知之外，尙有大知。大知勝於小知。

小知不及大知，小年不及大年。（逍遙遊）

大知乃知道體，爲絕對之知識，亦爲眞知。

夫知有所待而後當，其所待者特未定也。庸詎知吾所謂天之非人乎？所謂人之非天乎？且有眞人而後有眞知。（大宗師）

大知非思慮之知識，乃體驗之知識，與道相合爲一，無用知識官能。

墮枝體，黜聰明，離形去知，同於大通，此謂坐忘。（大宗師）

以聖人之道告聖人之才，亦易矣。吾猶守而告之，三日而後能外天下。已外天下矣，吾又守之，七日而後能外物。

已外物矣，吾又守之九日而後能外生；已外生矣，而後能朝徹；朝徹而後能見獨；見獨而後能無古今；無古今而後能入於不死不生。（同上）

第二段　言辯

大道有運行而無言辯，言辯起於未得道體之全，道有畛域，乃有爭辯。

夫道未始有封，言未始有常，爲是而有畛也。……故曰：「辯也者，有不見也。」夫大道不章，大辯不言。……道昭而不道，言辯而不及。（齊物論）

言爲爭辯之始，言起於個別之知識。

夫言非吹也，言者有言，其所言者特未定也。果有言邪？其未嘗有言邪？其以爲異於鷇音，亦有辯乎，其無辯乎？道惡乎隱而有眞僞？言惡乎隱而有是非？道惡乎往而不存？言惡乎存而不可？道隱於小成，言隱於榮華。故有儒墨之是非，以是其所非而非其所是。欲是其所非而非其所是，則莫若以明。（同）

相對知識之辯論，不能求得結果。

既使我與若辯矣，若勝我，我不若勝，若果是也，我果非也邪？我勝若，若不吾勝，我果是也，而果非也邪？其或是也，其或非也邪？其俱是也，其俱非也邪？我與若不能相知也，則人固受其黮闇，吾誰使正之？使同乎若者正之，既與若同矣，惡能正之？使同乎我者正之，既同乎我矣，惡能正之？使異乎我與若者正之，既異乎我與若矣，惡能正之？使同乎我與若者正之，既同乎我與若矣，惡能正之？然則我與若與人，俱不能相知也，而待彼也邪？（同）

相對知識有比較，故有爭論。絕對知識無比較，故無爭論。道如鏡，自天照之，則長短彼此，悉失其相對性，而無言矣。

物無非彼，物無非是；自彼則不見，自知則知之；故曰：彼出於是，是亦因彼；彼是，方生之說也。雖然，方生方死，方死方生；方可方不可，方不可方可。因是因非，因非因是；是以聖人不由而照之於天，亦因是也。是亦彼也，彼亦是也；彼亦一是非，此亦一是非；果且有彼是乎哉？果且無彼是乎哉？彼是莫得其偶，謂之道樞。樞始得其環中，以應無窮。是亦一無窮，非亦一無窮也。故曰「莫若以明。」（同）

何謂和之以天倪？曰：是不是，然不然。是若果是也，則是之異乎不是也，亦無辯。然若果然也，則然之異乎不然也，亦無辯。化聲之相待，若其不相待。和之以天倪，因之以曼衍，所以窮年也。忘年忘義，振於無竟，故寓諸無竟。（同）

第五節　人生學

莊子爲宋人，傳殷人之思想。其人生態度爲聽天由命。

天下有大戒二：其一，命也；……自事其心者，哀樂不易施乎前，知其不可奈何而安之若命，德之至也。（人間世）

隨命而行，無事憂慮。

死生存亡，窮達貧富，賢與不肖，毀譽，飢渴，寒暑：是事之變，命之行也。日夜相代乎前，而知不能規乎其始者也。故不足以滑和，不可入於靈府。使之和豫，通而不失於兌。使日夜無郤，而與物爲春。是接而生時於心者也。是之謂

才全。（德充符）

不勞心靈，故不傷神。

至人之用心若鏡，不將不逆，應而不藏，故能勝物而不傷。（應帝王）

靠天喫飯，人若機械，無所求謀。

故聖有所遊，而知爲孽，約爲膠，德爲接，工爲商。聖人不謀，惡用知？不斲，惡用膠？無喪，惡用德？不貨，惡用商？四者天鬻也。天鬻也者，天食也。既受食於天，又惡用人？有人之形，無人之情。有人之形，故羣於人；無人之情，故是非不是於身。眇乎小哉，所以屬於人也；謷乎大哉，獨成其天。（德充符）

爲人只求庸庸碌碌，苟生盡年。

聖人不從事於務，不就利，不違害，不喜求，不緣道，無謂有謂，有謂無謂，而遊乎塵垢之外。（齊物論）

爲善無近名，爲惡無近刑，緣督以爲經，可以保身，可以全生，可以養親，可以盡年。（養生主）

全生之又一法，爲無用之材。

嗟乎！神人以此不材。宋有荊氏者，宜楸柏桑。其拱把而上者，求狙猴之杙者斬之；三圍四圍，求高名之麗者斬之；七圍八圍，貴人富商之家求樿傍者斬之。故未終其天年，而中道夭於斧斤，此材之患也。（人間世）

此種無用全生之思想，濫觴於周景王末年。

賓孟適郊，見雄雞自斷其尾，問之侍者曰：「憚其犧也。」（周語）

第十五章　名家

咸其輔頰舌。——易咸爻

第一節　綜論

第一段　源流

儒家分道派與名派。名派以孔子爲公祖，其學術重名分，謹治理，崇禮儀，辨虛實。名派習治國之道。名即政治之規範。

大宗伯以九儀之名，正邦國之位。（周官）

王者制名以安定社會。

王者之制名，名定而實辯，道行而志通，則慎率民而一焉。故析辭擅作以亂正名，使民疑惑，人多辯訟，則謂之大姦；其罪猶爲符節度量之罪也。（荀子，正名）

名使社會秩然有章。

名者所以正百物，敍尊卑，列貴賤，各控名而責實，無相僭濫者也。（隋書經籍志）

名亦所以蓄民。

以法爲分，以名爲表，以參爲驗，以稽爲決，其數一二三四是也。百官以此相齒，以事爲常，以衣食爲主，蕃息畜藏。老弱孤寡爲意，皆有以養民之理也。（莊子，天下）

名起於往古，稱之曰形名。形名爲君臣理政之道。

故書曰：「有形有名。形名者，古人有之，而非所以先也。」古之語大道者，五變而形名可舉，九變而賞罰可言也。……禮法度數，形名比詳，古人有之；此下之所以事上，非上之所以畜下也。（莊子，天道）

有言者自爲名，有事者自爲形，形名參同，君乃無事焉。（韓非子，主道）

第二段　學派

孔子尚寡言，然其教學有言語一科。

子曰：「從我於陳蔡者，皆不及門也。德行：顏淵，閔子騫，冉伯牛，仲弓。言語：宰我，子貢。政事：冉有，季路。文學：子游，子夏。」（論語，先進）

春秋時已重辭令，其甚者播弄言辭。

范文子暮退於朝，武子曰：「何暮也？」對曰：「有秦客廋辭於朝，大夫莫之能對也，吾知三焉。」（晉語）

儒家亦發展一批談辯之士，在戰國時被名爲形名家。形與刑通假。

蘇秦謂秦王曰：「夫刑名之家，皆曰白馬非馬也。」（戰國策，趙策）

形名家後簡稱名家，出於儒家之名派，而務於苛察繳繞。

名家者流，蓋出於禮官。古者名位不同，禮亦異數。孔子曰：「必也正名乎？名不正則言不順，言不順則事不成。」此其所長也。及譥者為之，則苟鉤鈲析亂而已。（漢書藝文志）

談辯之士，自具風度。

孔子舍於沙邱，見主人曰：『辯士也。』子路曰：「夫子何以識之？」曰：「其口窮蹻，其鼻空大，其服博，其睫流，其舉足也高，其踐地也深，鹿與而牛舍。」（困學紀聞）

名家所著之書稱為名。後於晉代在汲郡發現魏襄王之家，得古籍甚多，內有名，瑣語，繳書等。

第三段　概述

儒家之名，為社會之名，如秩序名位。名家之名，為事物之名，如方圓黑白。名家之學識，進至自然之研究，與知識之分析。儒家重實踐，而名家重理論。

名家思想之中心，為分判知識與事物，或名與實。知識為人之心靈以認識客觀世界之事物。事物則存於宇宙之內，而為人之所知者。

大道無形，稱器有名。名也者，正形者也。形正由名，則名不可差。……有形者必有名，有名者未必有形。形而不名，未必失其方員白黑之實。名而不可不尋名以檢其差。故亦有名以檢形，形以定名，名以定事，事以檢名。察其所以然，則形名之與事物，無所隱其理矣。……名者，名形者也；形者，應名者也。（尹文子大道上）

第二節　惠子

第一段　略傳

一、姓名。惠子名施。

二、鄉里。

高誘云「惠子，宋人。」

三、年代。與莊子並時，卒於莊子之前。

莊子送葬，過惠子之墓，顧謂從者曰：「自夫子之死也，吾無以爲質矣，吾無與言之矣。」（莊子，徐無鬼）

四、生平。惠施爲學識家而兼政治家，早年即志於從政，入梁說白圭。

施遊梁，見白圭，說之以彊。白圭無以應。施出，白圭告人曰：「新婦至，宜安矜煙視媚行。今惠子之遇我尙新，其說我有太甚者。」施聞之，曰：「不然，詩曰『愷悌君子，民之父母。』父母之敎子也，不待久。何乃比我於新婦乎？」（呂氏春秋，不屈）

見用於梁，爲法治。

施爲惠王定法，示諸民人，民人皆善之。獻諸王，王亦善之，以示翟翦。翟翦曰：「善也，而不可行。今舉大木者，前乎輿謣，後亦應之，此其於舉大木者善矣，豈無鄭衞之音哉？然不若此其宜也。夫國亦木之大者也。」（呂氏春秋，

淫辭）

後爲相。

惠子相梁，莊子往見之。（莊子，秋水）

折衝於戰國征伐之際，以安定民命。

匡章謂惠子曰：「公之學去尊，今又王齊，何也？」惠子曰：「今有人於此，欲必擊其愛子之頭。石可以代之；子頭所重也，石所輕也；擊其所輕，以免其所重，豈不可哉？齊之所以用兵不休，攻擊人不止者，大者可以王，其次可以霸也。今王齊，壽黔首之命，免民之死，是以石代愛子頭，何爲不爲？」（呂氏春秋，愛類）

此時之學者疾當時征戰之頻繁，多主非戰息兵。如孟子非戰，而惠子亦欲偃兵。

張儀欲以秦韓與魏之勢伐齊荆。而惠施欲以齊荆偃兵。（韓非子，內儲說上）

惠子在社會內，屬於君子階級，爲治小人階級之人物。

匡章毀施於王前，曰：「螟蝗農夫得而殺之，奚故？爲其害稼也。今惠施出，從者數百乘，步者數百人；少者數十乘，步者數十人；此無耕而食者，其害稼甚矣！」王謂施曰：「子亦言其志。」施曰：「使工女化而爲絲，不能治絲。使大匠化而爲木，不能治木。使聖人化而爲農夫，不能治農夫。施治農夫者也，何事比於螣螟哉？」（呂氏春秋，不屈）

五、著書。惠施爲博學之士，著書甚多。

惠施多方，其書五車。（莊子，天下）

至漢代僅存一篇。漢書藝文志名家著錄惠子一篇，書今佚。

第二段　概述

惠施爲一辯者，善於言辭，常用譬喻。

客謂梁王曰：「惠子言事善譬，使無譬則不能言矣。」王因謂惠子曰：「願先生言事直言無譬也。」惠子曰：「今有不知彈者，告之曰彈之狀如彈，則喻乎？」曰：「未也。」曰：「彈之狀如弓，以竹爲弦，則知乎？」曰：「知矣。」惠子曰：「夫說者固以所知喻其所不知而使人知之，王曰無譬則不可矣。」王曰：「善。」（說苑，善說）

其哲學興趣亦濃厚，與莊子爲知識之辯論。

莊子與惠子遊於濠梁之上。莊子曰：「儵魚出游從容，是魚樂也。」惠子曰：「子非魚，安知魚之樂？」莊子曰：「子非我，安知我不知魚之樂？」惠子曰：「我非子，固不知子矣；子固非魚也，子之不知魚之樂全矣。」莊子曰：「請循其本。子曰女安知魚樂云者，既已知吾知之而問我。我知之濠上也。」（莊子，秋水）

此辯論表現二人哲學態度之不同。莊子之哲學態度爲獨斷的(Dogmatic)，崇絕對之知識；以宇宙包含於道體之中，而道爲一整體。人若直驗道之內含，則宇宙各部皆可通會。莊子之哲學方法爲直覺(Intuition)。惠子之哲學態度爲懷疑的(Skeptic)，尙相對之知識；以宇宙包含萬物，非一種知識所可貫通。欲知萬物須從事物作個別的觀察以求得知識。惠子之哲學方法爲經驗(Experience)。

惠施學識廣博，按物探索。

惠施多方。……其道舛駁，其言也不中，麻物之意。（莊子，天下）　釋文：麻，古歷字，分別歷說之。

弱於德，強於物。（同）

夫充一尙可，曰愈貴道，幾矣。惠施不能以此自寧，散於萬物而不厭，卒以善辯爲名。惜乎！惠施之才，駘蕩而不得，逐萬物而不反；是窮響以聲，形與影競走也。悲夫！（同）

惠施勤學之結果，已得宇宙萬物之說。

南方有倚人焉，曰黃繚，問天地所以不墜不陷，風雨雷霆之故。惠施不辭而應，不慮而對；徧爲萬物說。說而不休，多而無已，猶以爲寡，益之以怪。（同）

又以雄辯稱於世。

惠施以此爲大觀於天下，而曉辯者。天下之辯者相與樂之。……惠施日以其知，與人之辯，特與天下之辯者爲怪，此其柢也。然惠施之口談，自以爲最賢，曰：「天地其壯乎？施存雄而無術。」（同）

此時辯論之主要問題，爲堅白論。

辯者有言曰：「離堅白，若縣寓。」（莊子，天道）

此辯論爲精微之學識。

夫堅白同異，有厚無厚之察，非不察也。（荀子，修身）

惠子亦以堅白鳴。

昭文之鼓琴也，師曠之枝策也，惠子之據梧也，三子之知，幾乎？皆其盛者也，故載之末年。唯其好之也，以異於彼；其好之也，欲以明之，彼非所明而明之，故以堅白之昧終。（莊子，齊物論）

莊子曰：「今子外乎子之神，勞乎子之精，倚樹而吟，據槁梧而瞑，天選子之形，子以堅白鳴。」（同，德充符）

其說世人有以怪異不合治道而非之者。

不法先王，不是禮義，而好治怪說，玩琦辭，甚察而不急，辯而無用，多事而寡功，不可以爲治綱紀，然而其持之有故，其言之成理，足以欺惑愚衆，是惠施鄧析也。（荀子，非十二子）

惠施之學識在戰國時自成一家，屬於名家，在儒墨各家之外。

惠子曰：「今夫儒墨楊秉，且方與我辯，相拂以辭，相鎮以聲，而未始吾非也。」（莊子，徐無鬼）

第三段　學說

惠施之學識極爲淵博，著述亦甚多；惜皆散失無存。今所知者，只莊子天下篇所載之十論，已爲惠學之一鱗一爪矣。且此十論只具論題而無解釋，惠子之原意莫得而知。解惠學者唯有以己意繹之。惠子之學深秘難識，與常人之思想相距甚遠，故人多以怪異之說詆之。惠學之精微處爲其相對論。常人之思想皆爲獨斷的，惠子之思想則重相對性。惠學與今日之哲學家科學家如亞力參德（Alexander）愛因斯坦（Einstein）所倡導之相對論（Theory of Relativity）甚爲相近。

在今日科學相對論之光耀內，惠學可以得其解釋。

惠學十論可分爲六類。

一、總說。

氾愛萬物，天地一體也。

宇宙爲一整體。宇宙內包藏萬物，此繁賾之萬物皆有其價値，皆須重視之，惠子不如道家之專重道而漠視事物。惠子重經驗內之事實，宇宙中之萬物皆須注意，皆須研究，道家尙一，名家尙多。

二、空間。

至大無外，謂之大一。至小無內，謂之小一。

空間爲無限的。測量空間可用元（Dimension），而以點爲起始。數學點（Mathematical point）無長寬高。此數學點在空間內往一定之方向直進而成線。線爲第一元，有長而無寬與高。線往與本身垂直（Perpendicular）之方向前進而成面。面爲第二元，有長與寬而無高。面往與本身垂直之方向前進而成體。體爲第三元，有長寬高。體佔有空間。長寬高三元可以無限的前進，故空間至大無外。空間之起始爲數學點，而數學點無長寬高，故空間至小無內。

無厚不可積也，其大千里。

此爲前論之附條。空間之二元爲長與寬而無高。此卽爲面。長與寬可以無限的前進，故大可至千里，然無高故不可積。

天與地卑，山與澤平。

荀子不苟篇作「山淵平，天地比。」

李頤云：「以地比天，則地卑於天。若宇宙之高，則天地皆卑；天地皆卑，則山與澤平矣。」

空間中之高低乃相對的，以觀察者之地位而定。觀察者立於地面，則山高而澤下，天高而地卑。若觀察者在空際而遙視地面，則山澤相平而天地相比。

三、時間。

日方中方睨；物方生方死。

此言時間爲相對的。

成玄英云：「睨，側視也。居西者呼爲中，處東者呼爲側，則無中側也。猶生死也。生者以死爲死，死者以生爲死。」

日之中側以觀察者之地位而定，無絕對的中與側。時間亦爲相對的。舊日之時間觀念以時間爲絕對的。英國物理學家牛頓(Newton)以空間與時間皆爲絕對的，空間爲靜止之三元體，時間爲永久不斷的奔流。滲透空間，從幽杳的將來，經歷現在，奔赴於糢糊的過去。此是萬古的湍流。時間爲超越空間的絕對的。但新物理學家如閔可夫斯基(Minkowski)則主宇宙爲一聯續體，空間與時間非分離的而爲混合的。宇宙爲四元，即長，寬，高，時。用愛因斯坦之語，宇宙爲四元空時聯續體，

(Feur dimensional space-time continuum)宇宙中之時間乃由比較而定。定一標準，而以宇宙中事變(Events)發生與此標準之關係而得時之先後。宇宙中之時間線可從任何標準而規定。故物之生死亦然。所謂生卽生命之開始；所謂死卽生命之終止。

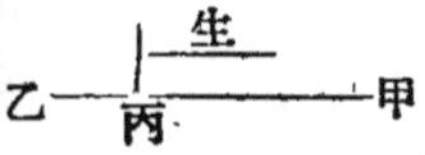

今使甲乙間爲時間線。從甲點觀察此時間線，則自丙點起有生命，故丙爲生。從乙點觀察之，則生命至丙點而止，故丙爲死。物之方生方死，乃觀察點之不同。

惠施另有一關於時間之論斷。

今日適越而昔來。

此言時間之先後爲相對的。所謂先乃距觀察者較遠之事變；所謂後，乃距觀察者較近之事變。如早晨起身後，先洗臉後用饍。所謂先後，乃觀察者以用饍之事變距離近而洗臉之事變距離遠。故洗臉在用饍之先。今惠子所提之問題亦然。

今使甲乙間爲時間線。從甲點觀察此線，則啓程事變之距離遠，故爲先；到越事變之距離近，故爲

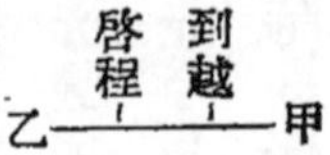

後。甲點觀察所得，爲先啓程而後到越。從乙點觀察此時間線，則反是。到越事變之距離遠，故爲先；啓程事變之距離近，故爲後。乙點觀察所得，爲先到越而後啓程。

四、方位。

南方無窮而有窮。

方位亦爲相對的。古代已有地圓之思想。惠子亦得此種思想。地面上無絕對的南與北。

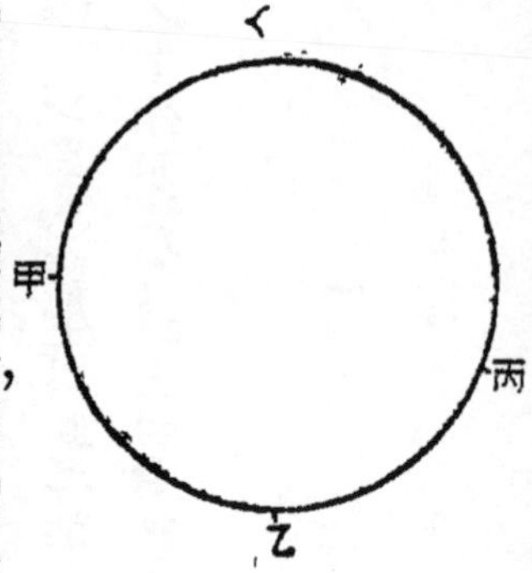

在圓地上定甲爲標準點，則凡甲至乙之方向皆爲南方。又定乙爲南極，則南方至乙點爲止。是南

方有窮。但南極爲假定的，若甲向乙方前進，可經過乙而至丙，則丙又在乙之南。如此可永遠前進；圓形無始無終，故南方無窮。

另一關於方位之論斷。

我知天下之中央，燕之北，越之南是也。

在圓地上，任何地點可爲燕之北，越之南。

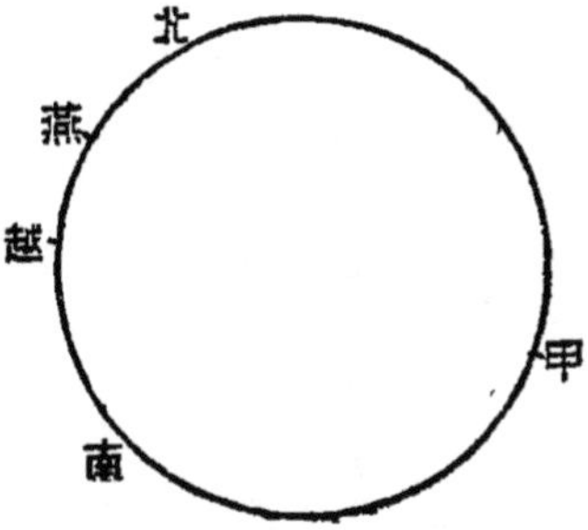

燕在北而越在南。燕更可向北前進而至甲點，越亦可向南前進而至甲點。故甲點在燕之北，越之南。圓地上任何點皆可如此。天下無中央。

五、同異。

「大同」而與「小同」異，此之謂小同異。萬物畢同畢異，此之謂大同異。

同異爲相對的，隨標準而定。

莊子曰：「自其異者視之，肝膽楚越也；自其同者視之，萬物皆一也。」（德充符）

若標準空泛，則萬物相同者甚多，但相同之處少，故爲小同。若標準嚴密，則萬物相同者少，而相同之處多，故爲大同。此爲小同異。若標準舉萬物盡相同者，則萬物畢同反是則畢異。此爲大同異。

六、連環。

連環可解也。

連環之解否，隨人之觀點而定。人有觀環之相連者。人亦有愛其環，則所見者皆環，而遺其相連性者。如此則有環而無連，是連環可解也。

第三節　公孫子

第一段　略傳

一、姓名。公孫子名龍。

二、鄉里。

司馬彪云：「龍，趙人。」

三、年代。後於惠施，與平原君同時。

四、生平好學而善辯。

公孫龍曰：「龍少學先王之道，長而明仁義之行，合同異，離堅白，然不然，可不可，困百家之知，窮衆口之辯，吾自以爲至達已。」（莊子，秋水）

爲平原君之客，與孔穿會見。

公孫龍，趙平原君之客也。孔穿，孔子之葉也。穿與龍會。穿謂龍曰：「臣居魯，側聞下風，高先生之智，說先生之行，願受業之日久矣；乃今得見。然所不取於先生者，獨不取先生之以白馬爲非馬耳。請去白馬非馬之學，穿請爲弟子。」公孫龍曰：「先生之言悖。龍之學，以白馬爲非馬者也。使龍去之，則龍無以敎；無以敎，而乃學於龍也者，悖。且夫欲學於龍者，以知與學焉爲不逮也。今敎龍去白馬非馬，是先敎而後師之也。先敎而後師之，不可。」（跡府）

又與孔穿辯論。

孔穿，公孫龍相與論於平原君所，至於藏三牙。公孫龍言藏之三牙甚辯。孔穿不應，少選，辭而出。明日，孔穿朝，平原君謂孔穿曰：「昔者公孫龍之言辯。」孔穿曰：「然，幾能令藏三牙矣！雖然，難！願得有問於君；謂藏三牙，甚難而實非也；謂藏兩牙，甚易而實是也。不知君將從易而是者乎？將從難而非者乎？」平原君不應。明日謂公孫龍曰：「公無與孔穿辯！」（呂氏春秋，審應）

後鄒衍至趙，言至道，公孫龍之學乃罷。

公孫龍善爲堅白之辯，及鄒衍過趙言至道，乃絀公孫龍。（史記平原君列傳）

五、著書。

公孫龍，六國時辯士也。疾名實之散亂，因資材之所長，爲守白之論。假物取譬，以守白辯。（跡府）

漢書藝文志名家著錄公孫龍子十四篇。隋書經籍志道家有守白論一卷。舊唐志載公孫龍子三卷。今道藏本三卷，凡六篇。內跡府一篇爲後人所作。

第二段　知識學

知識之條件有二，即能知與所知。能知屬主觀方面，爲心靈。所知屬客觀方面，爲事物。知識即二者中間之關係。若心靈與事物相離，則無知識發生。

心靈如何而知事物？心靈由感官而知外物。感官如眼，耳，口，鼻，手等。由眼，吾人見物之形狀，大小，顏色等性質。由耳得物之聲音。由口得味。由鼻得嗅。由手，得冷熱，輕重，粗細，軟硬等性質。此等性質皆感官中之印象，西洋哲學中稱爲觀念（Idea）。所謂知識，乃心靈中所得之此等觀念。外物之被知，亦以此等觀念爲代表。此等觀念背後之物的本身，非心靈所可達到，故不可知。知識情形，乃以觀念媒介於能知與所知之間。

宇宙中包含萬物。

天地與其所產焉，物也。（名實）

物不能直接被知。物之被知，乃其顯現於心靈中之觀念。此等觀念爲物之代表。

物以物其所物而不過焉，實也。（名實）

第一物字言世界中之事物。第二物字爲動詞，卽知識情形中之活動。「所物」乃代表物體之觀念。「不過」言此等觀念爲正確之代表。觀念或「所物」，公孫龍稱爲「實」。物不可知，「物」之代表「實」爲知識之對象。公孫龍又稱「實」爲「指」。

物莫非指，而指非指。天下無指，物無可以謂物。非指者天下無物，可謂指乎？（指物）

指卽感官所得之觀念。所謂物皆由觀念代表。無觀念則無物。指乃代表物，不是無寄託的假象。

知識尙有主觀的條件，卽心靈。心靈爲能知，爲神。

且猶白以目，以火見；而火不見，則火與目不見而神見。神不見，而見離。（堅白）

今舉一種物指——白。白之被知，乃由目與火光之情形而得見。誰知此白？目爲工具，本身不見。火亦不能見物。見物乃爲神。若神不見，則無見之事情發生。

堅以手，而手以捶，是捶與手知而不知；而神與不知。神乎，是之謂離焉。（同）

堅之被知亦然。捶在人體之外，不能知。手爲感官，乃知識之工具，本身亦不能知。知堅者乃心神。若無心神，則無堅。

觀念或指，或實，爲心理上之印象。若用語言文字去表述此觀念，卽爲名。名爲語言之符號，用以代表指或實。

夫名，實謂也。（名實）

名乃實之稱謂。

天下無指者，生於物之各有名，不爲指也。（指物）

學識之討論中，少言指者，因指已由語言符號所代表而爲名，故言名，卽言心理上之指。而天下無指有名。

名既代表指或實，則應爲正確之代表。

正其所實者，正其名也。其名正，則唯乎其彼此焉。（名實）謝希深云：「唯，應辭也。正其名者，謂施名當於彼此之實，故卽名求實，而後彼此皆應其名。」

正名爲求正確知識之要務。名家出於儒家，皆主正名。儒家正社會之名，而名家正知識之名。

第三段　辯談

第一目　堅白論

堅白之辯，爲名家之重要論題。堅白二性質可以分離。

堅白石三，可乎？曰：不可。曰：二，可乎？曰：可。曰：何哉？曰：無堅得白，其舉也二；無白得堅，其舉也二。（堅白）

論題只限於石之二種性質，卽堅與白。辯論之點，爲堅與白相離。公孫龍不言堅白石三，若言三，則須討論堅白與石之關係，性質與物體之關係。如此則辯論之範圍擴大而問題複雜。現問題縮小，限於堅白之相離。堅白何由而相離？

> 視不得其所堅而得其所白，無堅也。拊不得其所白而得其所堅，無白也。……得其白，得其堅，見與不見離。不見離，一一不相盈，故離。離也者，藏也。……石一也，堅白二也，而在於石。故有知焉，有不知焉；有見焉，有不見焉。故知與不知相與離，見與不見相與藏。藏故孰謂之不離？（同）

堅與白，乃由兩種感官所得之觀念。手得堅而不能得白，目得白而不能得堅。故堅與白相離。

此問題可加一反駁。堅白在知識情形內，只中間相離，而兩端相盈。在一種感官內，不能得另一種感官之觀念。故在感官內，觀念爲相離的。公孫龍云：「堅白二也，而在於石。」故堅白二性質在石內爲相盈的。堅與白非手與目知，而爲神知；故在神內堅白二性質爲相盈的。

第二目　白馬論

公孫龍另有一著名之辯論，爲白馬非馬。

「白馬非馬，可乎？」

曰：「可。」

曰：「何哉？」

曰：「馬者所以命形也；白者所以命色也；命色形者命非形也。故曰：白馬非馬。」

曰：「有白馬，不可謂無馬也。不可謂無馬者，非馬也？有白馬爲有馬，白之非馬，何也？」

曰：「求馬，黃黑馬皆可致。求白馬，黃黑馬不可致。使白馬乃馬也，是所求一也。所求一者，白者不異馬也。所求不異，如黃黑馬有可有不可，何也？可與不可，其相非明。故黃黑馬一也，而可以應有馬，而不可以應有白馬；是白馬之非馬審矣。」

曰：「以馬之有色爲非馬，天下非有無色之馬也。天下無馬可乎？」

曰：「馬固有色，故有白馬。使馬無色，有馬而已耳，安取白馬？故白者非馬也。白馬者，馬與白也。馬與白，非馬也。故曰白馬非馬也。」

曰：「馬未與白爲馬，白未與馬爲白。合馬與白，復名白馬；是相與以不相與爲名，未可。故曰：白馬非馬，未可。」

曰：「以有白馬爲有馬，謂有馬爲有黃馬，可乎？」

曰：「未可。」

曰：「以有馬爲異有黃馬，是異黃馬於馬也。異黃馬於馬，是以黃馬爲非馬。以黃馬爲非馬，而以白馬爲有馬；此飛者入池而棺槨異處，此天下之悖言亂辭也。」

曰：「有白馬，不可謂有馬者，離白之謂也。是離者，有白馬不可謂有馬也。故所以爲有馬者，獨以馬爲有馬耳。非有白馬爲有馬。故其爲有馬也，不可以謂馬馬也。」

曰：「白者不定所白，忘之而可也。白馬者言白，定所白也。定所白者，非白也。馬者，無去取於色，故黃黑皆可以應。

白馬者，有去取於色，黃黑馬皆所以色去，故唯白馬獨可以應耳。無去者，非有去也。故曰：白馬非馬。」（白馬）

此爲公孫龍之詭辯。此辯論雖聳動一時，然非正確之言論。公孫龍之謬誤處有二點。

一、公孫龍以觀念爲相盈。在堅白論內，公孫龍以觀念爲相離，而在白馬論內則反是。形與色相連而成「形色」。此「形色」中之形，與單獨之形異；「形色」中之色，與單獨之色異。故「白馬」之馬，與馬異；「白馬」之白，與白異。觀念相連而有一種內部的關係（Internal relation）。二觀念互相影響其內容。公孫龍此種見解爲一誤謬。觀念無此種內部的關係。白馬之白與白石之白相同，白馬之馬與黃馬之馬相同。故白馬是馬。

二、公孫龍以名亂實。在語言中，言「白馬」之意義，與言「馬」之意義不同。「白馬」爲有限定之馬；「馬」爲無限定之馬。二詞之反應亦不同。言「白馬」時，黃馬黑馬不能相應；言「馬」時則可。是「白馬」與「馬」異。此乃語言之運用。公孫龍遂以言詞之不同，以糊混實體之不同。言詞乃代表實體。「馬」之形爲從馬而得，「白馬」之形亦從馬而得。故言詞之運用雖有不同，此言詞所代表實體則一，故白馬是馬。

第四節　辯者

第一段　概述

戰國時，談辯之風盛行，惠施，公孫龍爲此輩中之特出者。二人之外，尙有一羣辯士。知名者有桓團。

桓團，桓團公孫龍辯者之徒。（莊子天下）

成玄英云：「桓團，趙人。」

次爲毛公。

班固云：「毛公，趙人與公孫龍等並游平原君趙勝家。」

毛公亦論堅白。

劉向云：「論堅白同異以爲可以治天下。」（別錄）

魏信陵君至趙，與之交遊。

公子聞趙有處士毛公，藏於博徒。……從之游甚歡。（史記信陵君列傳）

毛公曾著書，漢書藝文志名家著錄毛公九篇，書今佚。

再次爲綦毋子。

平原君見公孫龍及其徒綦毋子之屬，論白馬非馬之辯。（劉向，劉向別錄）

此羣辯士除一部分爲趙人外，有一部分爲楚人，其言論中有「郢」及「丁子」等詞，皆爲楚語。

辯士之言辯，瑜瑕互見；有作學術之談，有爲怪異之論，其詭譎之詞，能勝人而不能折人。

飾人之心，易人之意，能勝人之口，不能服人之心，辯者之囿也。（莊子天下）

以反人爲實而欲以勝人爲名，是以與衆不適也。（同）

第二段　論辯

第一目　學術

辯者之辯談有二十一論，載於莊子天下篇中。此等論辯可分爲八類，前四類爲學術，後四類爲詭辭。

一、知識。

（一）

指不至，至不絕。

指爲代表外物而呈現於人類感官中之觀念，此觀念爲心神所知識。但觀念不能悉數代表外物；外物有未能顯示之處，故曰「指不至。」即使知識展至精微之處，然觀念猶不能窮盡外物，故曰「至不絕。」

（二）

目不見。

目爲人之感官。外物由目而得印象，然後心神感應而可見物。目爲知識之具器，而非知識之領悟。目不見物，而心神見物。

（三）

火不熱。

熱爲火與人間之一種性質，人在火旁而身上感覺熱。但火之本身是否熱，吾人不得而知。熱乃以人之身體爲標準，而人之身體具感覺性。若以石置之火旁，則火失其熱。

二、空間。

（一）

郢有天下。

郢爲一城，何能有天下？郢與天下，原爲一體，同屬於宇宙。宇宙爲無限的。近代數學之解釋無限(Infinity)爲部分類似全體，(The part similar to the whole)。郢爲部分，天下爲全體。天下爲無限，郢亦爲無限。郢類似天下，卽郢有天下。

（二）

一尺之捶，日取其半，萬世不竭。

司馬彪云：「捶，杖也。」

此亦爲空間無限之論。捶爲佔空間之物。平分捶卽平分空間。半捶爲類似全捶，故爲無限。空間爲無限，故可永久分割。

（三）山出口。

山爲凸出之物，口爲凹下之物。常人言山，只重凸出之實體。但山除實體外，尙有四周之空氣。若注視山四周之空氣而忽其實體，則所謂山乃碗形之氣體，故山出口。

（四）鑿不圍枘。

成玄英云「鑿，孔也。枘者，內孔中之木。」

鑿爲孔，乃空虛之穴，常人以鑿爲四周木質而中空洞者。枘入其內，乃被圍。但鑿爲孔，而忽其四周。則枘塡滿鑿。枘與鑿相合，故鑿不圍枘。

三、運動。

（一）飛鳥之影，未嘗動也。

運動爲相對的；觀察點不同，則運動亦不同。常人以船在河上行動，而岸不動，此爲人立於岸上之觀點。若從船中人之觀察，則不覺船動，而見岸與樹木向後移動。再用一譬喻：有兩部汽車，用同等之速度，向相反之方面開駛，則甲車中人覺得乙車之速度加快一倍。反是亦然。若兩部汽車用同等之速度，向相同之方面開駛，則甲車中人看見乙車爲停止，乙車中人看見甲車爲停止。甲乙二車中人皆以二車爲停止，而看見兩旁之樹木房屋向後移動。在路旁之人則見二車行動，而樹木房屋靜止。故運動隨其觀點而異。

飛鳥與影亦然。在地上之人觀察飛鳥與影皆移動。但從飛鳥以觀察影，則影不動。從影以觀察飛鳥，則飛鳥不動。

（二）

鏃矢之疾，而有不行不止之時。

運動爲時間與空間之更移位置。時間之單位爲瞬（Instant），空間之單位爲點（Point）。所謂運動，乃時間上之某瞬，物在空間上之某點；至第二瞬時，物已移至其相鄰之次點。故鏃矢之經過空間，乃在一串瞬間經歷一串點。在某瞬時，矢之位置在某點。從此瞬以觀察矢，則矢停止於此點之上，此爲矢不行之時。從前瞬以觀察矢，則矢已移至此點，此爲矢不止之時。

（三）

輪不蹍地。

此論與鏃矢之論相同。輪爲圓形，輪與地有一點相切。地爲輪之切線(Tangent)。在某瞬間，輪之某點與地相切，是輪蹍地。從次瞬以觀此點，已不在地面。故從次瞬以觀前點，則輪不蹍地。

四、準繩。

(一)

矩不方，規不可以爲圓。

在相對論之光耀裏，此爲可能的。矩爲方，規爲圓。須要舊幾何學之空間，或猶克立的空間(Euclidian space)。此爲靜止的，相同性質的空間。故矩規可以爲方圓。但相對論建立新幾何學，倡非猶克立的空間 (Non-Euclidian space)。此爲運動的，相異性質的空間。空間有厚薄凹凸疏密，移動歪扭等性質，則矩規不能爲方圓。

(二)

龜長於蛇。

在四元之宇宙內，無絕對不變之事物。物之大小、形狀隨其運動之速度而變。故在四元體內，尺度失其效用。無不變之尺度，則無比較。

第二目　詭辯

五、算數。

（一）雞三足。

公孫龍云：「謂雞足一，數足二，二而一，故三。」（通變）

雞足之名詞與雞足之實體相加，此爲錯誤算數須要單位相同，單位不同，不能算數。

（二）黃馬，驪牛三。

司馬彪云：「牛馬以二爲三。曰牛，曰馬，曰牛馬，形之三也。」

黃馬與黑牛相連，非一物乃爲語言。以語言之牛馬與一牛、一馬相加而得三，此算數單位不同之錯誤。

六、發展。

（一）卵有毛。

宣穎云：「卵無毛，則鳥何自有也。」

鳥蛋可以發展成鳥；鳥有毛，故蛋亦有毛。此辯論之錯誤，在將生物發展之各階段中特性，任意移置。生物有潛能（Potentiality），有實在（Actuality），潛能可以發展成實在，但非實在。實在由潛能發展而成，但非潛能。潛能與實在，各有特性，不能互相調換。故鳥有毛而卵無毛。

（二）馬有卵。

馬爲胎生動物，但成胎之始有卵。此成胎之卵，不能認爲發展後生產時之卵。

（三）丁子有尾。

成玄英云：「楚人呼蝦蟆爲丁子。」

蝦蟆無尾，但蝦蟆在蝌蚪時候有尾。蝌蚪之尾不能認爲蝦蟆之尾。

七、文字。

（一）狗非犬。

孔子曰：「視犬之字，如畫狗也。」（說文）

狗指某種四足善吠之動物。犬爲文字以名此種動物者。此種動物可以不名犬，而另取一名。犬爲文字以代表此種動物——狗，而非爲狗。

（二）

犬可以爲羊。

常人用犬字名狗，但亦可用羊字名狗。文字由人類自定，非與動物相連。故犬可以爲羊。辯者又以此文句蒙蔽聽衆，以爲實體之狗，可以變而爲實體之羊。

㈢白狗黑。

有一白色之狗，吾人不用白字指白色，而用黑字指白色亦可。故白狗可以名爲黑狗。此種文字之變換，令人誤會實際顏色之變換。

八、言語。

孤駒未嘗有母。

李頤云：「駒生有母，言孤則無母。孤稱立，則母名去也。」

辯者播弄言語。以駒當孤時之無母，糊混駒之生而無母。

第十六章　墨辯

析辭而爲察，
言物而爲辨。——傳

第一節　綜論

第一段　引言

古代社會分大人，君子，小人三階級。社會中之文化亦由三階級遞相興盛。戰國時之思潮，分爲二大系，儒家代表君子階級，墨家代表小人階級。二家互相對抗，二家之徒屬亦衆多。

孔墨徒屬彌衆弟子彌豐充滿天下。（呂氏春秋，尊師）

孔墨之後學，顯榮於天下者衆矣不可勝數。（呂氏春秋，當染）

儒墨二家皆社會改良家，重實行。其門徒中亦有務言談者，如孔門有言語一科，墨徒有喜談辯者。

第二段　墨派

子墨子曰：「爲義猶是也，能談辯者談辯，能說書者說書，能從事者從事，然後義事成也。」（耕柱）

墨子之後，墨家分爲三派。

自墨子之死也，有相里氏之墨，有相夫氏之墨，有鄧陵氏之墨。故……墨之後，……墨離爲三。取舍相反不同，皆自謂眞……墨。（韓非子顯學）

三派中之一派爲北方之墨，二派爲南方之墨。

相里勤之弟子，五侯之徒，南方之墨者苦獲己齒鄧陵子之屬，俱誦墨經而倍譎不同，相謂別墨；以堅白同異之辯相訾，有觭偶不仵之辭相應。（莊子天下）

歷來之學者對於二書中所記之墨家派別，發生疑慮。其問題所在爲韓書中所言之相夫氏與莊書中所言之苦獲己齒。

相夫氏之相字，當爲涉上相字而譌。

山仲質云：「相夫一作祖夫。」

夫字依意林又作芬，故相夫氏當爲祖夫氏或祖芬氏。

常人將苦獲己齒分爲二人，其實爲一人。戰國時多雙姓，莊子書中亦常見雙姓，韓非子所言三墨皆爲雙姓；故天下篇所記之墨者亦應爲雙姓。苦獲爲姓。天下篇所記之墨者皆繫以名，故己齒爲名。

莊子天下篇所載亦爲三墨。計北方之墨者相里勤及其弟子五侯之屬。南方之墨者分爲二派，一爲苦獲己齒，二爲鄧陵子。

韓書中之祖夫氏即莊書中之苦獲氏。祖與苦通假，夫、芬與獲通假。故韓書與莊書所記脗合。

墨家分爲三派，皆出自墨翟，今分爲三，於是有正統之爭。每家皆自稱傳墨子正統，自稱爲眞墨，而詆諆其他二派爲別墨。

第三段　辯經

墨者著有辯經。

魯勝云：「墨辯有上下經，經各有說，凡四篇。」（墨辯注敍）

今墨子中又有大取，小取二篇，與上下經及說，共爲六篇。

辯經之作者，歷來亦成問題。按辯經爲墨子之徒屬所作，非墨子自著。論證如下：

一、墨子爲實行家，竭盡精力以救天下，雖亦及談辯，然以談辯須合乎行爲，不尙詭譎之辯。

子墨子曰：「言足以遷行者常之，不足以遷行者勿常。不足以遷行而常之，是蕩口也。」（貴義）

二、墨子反對多言，決不能自作辯經。

禽子問曰：「多言有益乎？」墨子曰：「蝦蟆蛙黽，日夜而鳴，舌乾擗然而人不聽之。今鶴雞時夜而鳴，天下振動。多言何益，唯言之時也。」（太平御覽引墨書）

三、辯經稱爲經。經乃戰國末世之名稱。韓非子儲說內有經多篇。辯經當爲同時之作品。

四、辯經中有反駁戰國時之學說者，故其成書當在戰國末葉。

(一)反駁告子之仁義內外說。

[經]仁義之爲外內也非。

告子與孟子同時，後於墨子。

(二)反駁鄒子之五行相勝說。

[經]五行毋常勝，說在宜。

鄒子與公孫龍同時。五行相勝之說雖見於春秋時，然盛行於學術界乃始於鄒衍。

宋書歷志曰：「五德更王，唯有二家之說，鄒衍以相勝立體，劉向以相生爲義」

第四段　應名

戰國時以辯學著名者，有名家與墨家。名墨之對峙，乃儒墨抗衡中之一面。名墨二家之辯論，互相訾應。然二家孰爲創說，孰爲反動？在考察之下，當以名家爲創說，而墨家爲反動。

一、戰國時以辯論出名者，爲形名家，或稱名家。而辯論之重要題目爲「離堅白」及「白馬非馬」等，此皆爲名家之學說。

二、墨家原爲操勞之學派，後由實行家轉至理論家；此種轉變當爲受社會環境之影響。社會間必先有談辯之風氣，然後墨家亦趨向談辯。開此談辯之風氣者爲名家。

三、從一般談辯之論題觀察，名家之說在前，墨家之說在後。名家之學說：

(一)白馬非馬。（公孫龍子，白馬）

(二)牛無齒。（同，通變）

(三)狗非犬。（莊子，天下）

此皆聳動聽聞之言論。墨家之學說：

(一)白馬馬也，乘白馬，乘馬也。（小取）

(二)牛有齒。（經說下）

(三)狗，犬也。（經下）

此皆常人之思想，非在名家詭辯之後，無提出之必要。

四、從思想發展上觀察，名家在前，墨辯在後。名家多詭辯之士，以怪辭勝人。墨家見思想之紊亂，乃發展一種辯學，納思想於正軌。思想整理，乃在思想擾亂之後。

第二節　宇宙學

第一段　空時

宇宙為一整體，然計度宇宙，乃有空間與時間之產生。空間即淮南子所謂之「上下四方，」

爲三元體。

〔經〕宇：彌異所也。

〔說〕宇：冡東西南北。

玉篇云「彌，徧也。」

宇宙爲無限，所謂空間，卽包有一切之處所，蒙罩任何方向之伸展。時間則爲先後之繼續，卽淮南子所謂之「古往今來」，佔宇宙之一元。

〔經〕久：彌異時也。

〔說〕久：合古今旦莫。

久爲時間之總稱，時爲時間之部分，久爲包含一切之片斷時刻。

宇宙中之空與時，非爲宇宙中不相聯屬之二部分。宇宙爲一，從計量宇宙中之事變，乃以宇宙中之某種情況曰空，又以另一情況曰時。空與時互相聯屬，無空不能得時，無時不能得空。故宇宙中無絕然劃分之空間與時間，而宇宙有空時（Space-time）。空與時爲相對的而非絕對的。此種思想與今日新物理學中所倡之相對論適相脗合。

〔經〕宇：或徙；說在長。

〔說〕宇：長徙而有處，宇南北在旦有在莫。

孫詒讓云：「說文戈部云：『或，邦也。』或從土作域，此卽邦域正字，亦此書古字之一也。徙者，言宇之方位，轉徙不常，屢遷而無窮也。」

宇宙爲運動的。運動卽宇宙中之部分移動位置。空間亦爲運動的，其中之區域從某處移至另一處。在此移動內而有時間發生。長卽是時間。當空間運動在某點發生時爲時間上之某瞬；此運動移至鄰點時，則爲時間上之第二瞬。故空間之移動而發生時間之先後。

反是亦然。時間之變遷，有空間爲之記載。所謂時間中之某瞬，乃指有一事變在空間之某點上發生。時間之第二瞬，則此事變在空間已移至次點。時間之聯續，乃以事變在空間內發生之位置以表明之。故經說云：「長徙而有處。」空與時，相聯而不可分。

段玉裁云：「韋昭曰：『天宇所受曰宙。』宙字從宀者，宙不出乎宇也。」

空與時，乃從宇宙之計量而起。

〔經〕宇進無近，說在敷。

〔說〕區不可偏舉，宇也。近行者先敷近，後敷遠。久有窮無窮。

孫詒讓云：「說文寸部云：『尃，布也。』敷義則與尃近，蓋分布步履之謂。」

宇不是偏舉一區之謂。宇是無遠近的。遠近是以人之步履爲定。先所敷步爲近，後所敷步爲遠。近與遠爲空間上之移動，先與後爲時間上之移動。遠近在空間內爲一區。但空間爲無限。先後在時間上爲有窮，但時間爲無窮。

另有一條申述同樣之思想。

〔經〕行脩以久，說在先後。

〔說〕行行者必先近而後遠。遠近，脩也；先後，久也。民行脩必以久也。

脩爲空間，以遠近計之。久爲時間，以先後計之。遠近與先後，或空與時，即宇宙中事變之兩種觀測。

宇宙爲渾然一體，爲無限的。在宇宙內若劃出一區域，則此區域爲有限。

〔經〕窮或有前不容尺也。

〔說〕窮：或不容尺，有窮。莫不容尺，無窮也。

或即域，尺即線。空間區域中至於邊際，其前不能容一線，則爲有窮。若其前可以容線，則此區域之界限打破。空間無界限，則爲無窮。

宇宙無始無終，故稱爲久。若在時間內分出一部分，則有始有終。部分時間爲久之一部，而非全久。

〔經〕始，當時也。

〔說〕始：時，或有久，或無久。始當無久。

當時是指時間內一定之位置，劃分出一個開始。有始即有終，此爲一部分之時間，故爲無久。

第二段　運動

宇宙爲運動的。何爲動?

〔經〕動或徙也。

〔說〕動偏際徙，若戶樞它蠶。

顏師古云「樞，門扇所由開閉者也。」

孫詒讓云：「它即蛇正字，……戶樞它蠶皆常動之物。」

動是空間位置之轉移，故云「域徙」。際即空間，偏際即不限定一部分之空間。空間之任何位置，皆可移動。

動有程度之不同，故生靜止。動爲空與時之轉移。如事變在空間之第一點，爲時間之第一瞬。此事變移至空間之第二點，在時間爲第二瞬。若運動之程度稍慢，時間至第二瞬時，事變仍在空間之第一點，此即爲止。靜止乃佔有時間之謂。

〔經〕止以久也。

〔說〕止無久之不止，……若矢過楹。有久之不止，……若人過梁。

宇宙爲動的，故無絕對之靜止。靜止乃由二種不同速度之運動而生。運動之疾者，視運動之緩者爲靜止。靜止乃多佔時間之運動。靜止之佔有時間，亦有多寡之殊。矢過柱佔較短之時間，人過橋佔較長之時間。

運動由力而成。

〔經〕力形之所以奮也。

〔說〕力：重之謂，下舉重奮也。

重爲下墮。今將下墮之物舉而上之，卽爲力或奮由力而生動。

宇宙中之運動，有其因果律。

〔經〕故所得而後成也。

〔說〕故：小故，有之不必然，無立必不然。體也，若有端。大故，有之必然，若見之成見也。

故卽原因。有原因然後有結果。原因有大小之分。小因不爲決定果之主因，所以有之不必然；但不能缺少，所以無之必不然。大因爲決定果之主因，所以有之必然。

第三節　知識學

第一段　生物

宇宙中之現象，可分爲無機與有機二種。有機體卽生物。生之意義：

〔經〕生形與知處也。

〔說〕生：生盈之生，商，不可必也。

白虎通云：「商者，强也。」

說文云：「必，分極也，从八弋。」

孫詒讓云：「此言形體與知識合并同居則生。」

無機體祇有形而無知。形與知同處則爲生。形與知相滿盈則生强盛。二者不可分割，若分割則無生。

生物爲有知覺的。除知覺外，生物又有欲望。生物用知識以避免不正當之欲望，使正當欲望可以發展。

〔經〕平：知無欲惡也。

〔說〕平：惔然。

孫詒讓云：「集韻云：『憺，或作惔。』說文：『憺，安也。』即今所謂無欲惡。」

生物保持其平安之狀態，即使正當欲望發展，而避免不正當之欲望。此事需要知識。

生物爲有動作的。動作用以求得欲望之滿足。知識則幫助此種運用。

〔經〕爲：窮知而縣於欲也。

〔說〕爲：欲難其指，智不知其害，是智之罪也。若智之愼之也，無遺於其害也；而猶欲難之，則離之。

畢沅云：「㒨同懸。」

尹相陽云：「⿰養隹，養之異文。」

孫詒讓云：「詩釋文云：『罹，本亦作離。』離之，謂因欲而罹患也。」

生物盡其知識，指導行爲，以求得欲望之滿足。欲望有正當與不正當之分。正當之欲望，爲合於全體之利益。不正當之欲望，爲合於身體一部分之利益，同時引出其他部分之患害。孟子以人體有大小之分，人宜修養其大體。

孟子曰：「養其一指而失其肩背，而不知也，則爲狼疾人也。飮食之人，則人賤之矣；爲其養小以失大也。」（告子下）

養小體乃無智之罪。其結果將得患害。所以需要知識以引導行爲，求得生物大量之利益。

第二段　知識

第一目　條件

知識之發生有三條件。一爲知識之器具，卽官能。

〔經〕：知，材也。

〔說〕：知知也者，所以知也，而不必知，若明。

知識首需工具或官能。官能卽「材，」卽「所以知。」知識之重要官能爲目，或明。官能具備，然不必有知識；知識尙有第二條件，爲心靈之要求。

〔經〕慮求也。

〔說〕慮慮也者，以其知有求也而不必得之，若睨。

說文云「慮謀思也。」

慮爲心靈之發動。心靈有所求謀，然後用官能以知識外物。睨爲旁視，乃有所求之視，與普通空泛之視不同。求謀與官能爲知識之主觀方面二條件，尙不能完成知識。知識有第三條件爲外物。

〔經〕知接也。

〔說〕知知也者，以其知過物而能貌之，若見。

知識之產生，乃由主觀條件與客觀條件相接觸。在此接觸中，客觀世界中之事物，印入官能而成印象。此印象代表事物而爲心靈所知識，於是知識乃得完成。

第二目　組織

從感官中所得之知識，乃片斷之印象。此等零碎印象，由心靈組織而成智。智古作𢜔。

〔經〕𢜔明也。

〔說〕𢜔𢜔也者，以其知論物而其知也著，若明。

釋名云「論倫也，有倫理也。」

零碎之知識，經倫比排列，聯絡，而得一系統。知識之內容愈加明顯。明卽精微之知識。

見察謂之明。（管子宙合）

知微之謂明。（韓非子，難四）

精微之知識卽爲智。

第三目　理性

知識之來源有二：一爲經驗，卽從感官所得之知識。二爲理性，卽從理解所得之知識。

〔經〕知而不以五路，說在久。

〔說〕知：以目見，而目以火見，而火不見，惟以五路知久，不當以目見，若以火見。

五路者，五官也。從五官所得之知識，爲經驗知識。久爲時間。此種知識不從感官而得，乃從思想及理性而來。此爲從內部而得之知識。

第四目　種類

知識有三種。

〔經〕知：聞，說，親。

〔說〕知：傳受之，聞也。方不𢈔，說也。身觀焉，親也。

集韻云：「障，或作𢈔。」

知識可分爲親知，說知，聞知。

親知爲自身觀察所得之知識，從五官所得之經驗。

說知爲思想之知識。

〔經〕說所以明也。

明爲經過理性所組織之知識。理性具普遍性，其所組織之知識，可用於同類之事物，故云「方不障。」

聞知爲傳聞之知識。

〔經〕聞：傳，親。

〔說〕聞：或告之傳也；身親焉親也。

聞知又可分爲二種。一爲親身所聞者，二爲經多人所傳告者。

知識之傳受，不能精確。

〔經〕物之所以然，與所以知之，與所以使人知之，不必同，說在病。

〔說〕物，或傷之，然也。見之，知也。告之，使知也。

物之本然與我們之知識，不必相同。知識與傳知，亦不必相同。

第四節　論理學

第一段　引言

知識用言語表述之而成言論。言論加以條理之分析，整理，組織，而成論理學。論理學之內容爲：

摹略萬物之然，論求羣言之比。（小取）

萬物之本然印入心靈而成知識。知識中之觀念，由言語規摹要約而成言論之單位；然後組合而成論辭。探討論辭之學，卽爲論理學。

論理學研究之對象有四：爲名，辭，說，辯。

以名擧實，以辭抒意，以說出故。（小取）

第二段　名

言論組織之單位爲名。名以擧實。何爲實？

〔經〕實榮也。

〔說〕實其志氣之見也，使之如己，不若金聲玉服。

實爲外物之表現，榮卽顯示其本性；如己爲其本然之狀態。實爲外物之眞確現象，而非虛僞附加之物，如金聲玉服。

實在知識關係內，爲心靈上之觀念或印象；此爲舉，卽名家所謂之指。

〔經〕說擬實也。

〔說〕：舉告以之名，舉彼實也。

觀念摹擬實相而爲知識。心靈上之觀念，可由言語之符號表述之，此言語符號之代表觀念者爲名。

〔經〕：言出舉也。

〔說〕：言言也者，口態之出名者也。名若畫虎也。言，謂也。言由名致也。

言語爲聲音之符號，由口不同之姿態出之。言爲稱謂，轉譯心靈上之印象，此卽爲名言傳達心意。

〔經〕：言口之利也。

〔說〕：執所言而意得見，心之辯也。

言出名而名出實，名實須互相印合。眞確之知識，乃爲人類之實用。

〔經〕名，實，合，爲。

〔說〕所以謂，名也。所謂，實也。名實耦合也。志行，爲也。

名是言語傳達實；實是言語所說之內容。名與實須有相合之關係，如此則爲眞知識，而可應用於實行。

名之種類有三。

〔經〕名：達，類，私。

〔說〕名：「物」達也有實必待之名也命之「馬」類也若實也者，必以是名也命之「臧」私也；是名也，止於是實也聲出口俱有名若姓字儷，

出口之聲皆為名。名代表實名實之相聯，有如姓字之相儷。名所代表之實，有範圍廣狹之不同。範圍最廣者為達名。達，通也。如物字可為萬物之通名。其次為範圍較小者，包含萬物中之一部分；此部分之物皆為同類者，為類名。如馬字指一切之馬類而言。三為範圍最小之名，如臧為一人之名，此為私名。

言為稱謂，謂亦有三種。

〔經〕謂：命，舉，加。

〔說〕謂：狗犬，命也。狗犬，舉也。叱狗，加也。

用一文字以為狗名，此為命謂，乃主觀方面之言。此文字指示一實物，為舉謂，乃對客觀事物之言。實物外之附加言語，如叱喝，乃加謂。

第三段　辭

第一目　性質

名組織而成辭；辭表述意思，爲一判斷。辭有各種性質之不同。

夫物或乃是而然，或是而不然，或一周而一不周，或一是而一不是，不可常用也。故言多方，殊類異故，則不可偏觀也。（小取）

論辭不可作一概觀，亦不可作一相同之用。論辭隨其性質而定其應用。論辭之性質，可大別之如下。

（一）是而然之辭。

驪馬，馬也；乘驪馬，乘馬也。獲，人也；愛獲，愛人也。（小取）

言黑馬時注重實體之馬，而不注重黑色，則乘黑馬即爲乘馬。馬與黑馬二名意義相同。獲爲人，愛獲乃愛其人，非愛其特異之處。獲與人二名在論辭內之意義相同。

（二）是而不然之辭。

車，木也；乘車，非乘木也。盜，人也；多盜，非多人也；無盜，非無人也。

車爲木所製，然車與木二名之意義不同。木名內包含一切之木。車名則爲木名中之一部分。故車可包含於木內，而木不包含於車內。盜爲人之有限定者。盜包含於人內，而人不包含於盜內。

（三）不是而然之辭。

且入井，非入井也；止且入井，止入井也。且出門，非出門也：止且出門，止出門也。

且爲時間上之將來。將來之事不可作爲現在之事。入井爲現在之事，且入井爲將來之事。二者有時間之不同。阻止一名，用於將來之事。阻止乃阻止未發生之事，止且入井爲將來之事，止入井亦爲將來之事。二者之時間相同。

(四)一周而一不周之辭。

愛人，待周愛人而後爲愛人。不愛人，不待周不愛人，不周愛因爲不愛人矣。乘馬，不待周乘馬，然後爲乘馬也；有乘於馬，因爲乘馬矣。逮至不乘馬，待周不乘馬，而後爲不乘馬。

辭中之名有周徧之不同。「乘馬」辭中之馬名，爲不周徧之名。此馬爲馬類中之一部分。「不乘馬」辭中之馬名，爲周徧之名，乃指全馬類皆不乘用。

(五)一是而一不是之辭。

之馬之目盼，則謂之馬盼；之馬之目大，而不謂之馬大。之牛之毛黃，則謂之牛黃；之牛之毛衆，而不謂之牛衆。

目視非目本身而視，乃馬用目而視。目大指目之本身而言，故不可以馬全體互換。毛黃指全部之毛爲黃色。全部之毛可以牛互換。毛衆指毛之數目，以一單毛爲單位；單毛不能與牛互換。

第二目　種類

論辭之形式，可分爲四種。

(一)盡辭即全稱論辭(Universal proposition)：

[經]盡莫不然也。

盡辭爲述全部物類之辭。

(二)或辭，即特稱論辭(Particular proposition)。

或也者，不盡也。(小取)

域辭乃限於一區域，述特殊事物之辭。

(三)敍辭，即確說論辭(Categorical proposition)。

墨書未擧此類論辭。

(四)假辭，即假設論辭(Hypothetical proposition)。

假者，今不然也。(小取)

假辭之形式爲「若是……，則……」在某種情形之下，則有某種事件發生。「今不然」即現在未實現之情形。

第四段　說

辭組織而成說。說爲推說或推論，乃根據理由之斷定。故云：「以說出故。」推論需要法則。

效者，爲之法也。所效者，所以爲之法也。故中效則是也，不中效則非也。(小取)

所效卽爲法則，效爲仿效此法則；合法則爲是，否則爲非。小取篇內提出四種法則。

(一)譬。

辟也者，舉他物而以明之也。

譬法以他物爲喻。

談說之術，分別以喻之，譬稱以明之。（荀子，非相）

夫譬喻也者，生於直告之不明，故假物之然否以彰之。（潛夫論，釋難）

(二)侔。

侔也者，比辭而俱行也。

說文云：「侔，齊等也。」

孫詒讓云：「謂辭義齊等，比而同之。」

侔法爲相比之法。舉一例於下：

龍聞楚王……喪其弓，左右請求之。王曰：「止，楚王遺弓，楚人得之，又何求乎？」仲尼聞之曰：「亦曰：『人亡之，人得之，』而已，何必楚？」若此，仲尼異「楚人」於所謂「人」。夫是仲尼異「楚人」於所謂「人」，而非龍異「白馬」於所謂「馬」，悖。（公孫龍子，跡府）

此爲公孫龍用侔法以答孔穿之言。

比法亦有限度。

辟之侔也有所至而止。其然也，有所以然也；其然也同，其所以然不必同。（小取）

比祇能比其然，而不能比其所以然。

比須有相比之情形。情形不同，不能相比。

〔經〕異類不比，說在量。

〔說〕異：木與夜孰長？智與粟孰多？爵，親，行，價，四者孰貴？麋與虎，孰高？

此亦爲比法之限度。

（三）援。

援也者，曰子然，我奚獨不可以然也。

孫詒讓云：「說文：『援，引也。』謂引彼以例此。」

援法爲援例之法。若甲然，乙與甲相同，則乙亦然。

〔經〕擢慮不疑，說在所謂。

〔說〕擢：疑，無謂也。臧也今死，而春也得之，又死也，可。

說文云：「擢，引也。」

引例以決疑。臧服毒藥而死，今春服之亦必死。

(四)推。

推也者，以其所不取之同於其所取者，予之也。是猶謂他者同也，吾豈謂他者異也。

說文云：「予，相推予也。」

推法爲從已知推測未知之法。「所取者」爲已觀察之事物，「所不取者」爲未觀察之事物。若「所不取者」與「所取者」同，則推論而予之爲同；在未能提出相反之例證時，不能以爲異。

〔經〕推其所然者於未然者，說在推之。

〔說〕推：堯善治，自今推諸古也；自古推之今，則堯不能治也。

推爲將已然者加於未然者，將已知加於未知。如古代爲野蠻時代，無治理。古人以其所知之野蠻狀態而推測今日亦爲野蠻；今日社會進步，有治理；今人以其所知之治理以推測未知之古人堯爲善治；實則堯之爲人，乃後人推測之辭。

推法爲求新知之法，新知之是否眞實，可由學者研究之。

〔經〕正因以別道。

〔說〕正：彼舉然者，以爲此其然也，則舉不然者而問之。

研究之法，爲提出相反之意見，今有一斷論以此爲然，另一人可以此爲不然而質詢之。

〔經〕正類以行之，說在同。

〔說〕正：彼以此其然也，說是其然也。我以此其不然也，疑是其然也。此然是必然，則俱。

二人各提不同之意見，一以爲是，一以爲非。若結果爲是，則說是者爲眞，而說非者爲假。二人對於問題之解決則俱於一。

推法注重事物之同異。何爲同？

〔經〕同：重，體，合，類。

〔說〕同：二名一實，重同也。不外於兼，體同也。俱處於室，合同也。有以同，類同也。

同有此四種。何爲異？

〔經〕異：二，不體，不合，不類。

〔說〕異：二畢異，二也。不連屬，不體也。不同所，不合也。不有同，不類也。

異亦有四種，爲同之反面。

推法與近代論理學中之歸納法（Induction）相近。英哲米爾（Mill）提倡五種方法，墨辯有其三種。

（一）求同法。

〔經〕法同則觀其同。

〔說〕法：法取同，觀巧轉。

孟荀列傳)

當秦始皇三十四年時，荀卿疾世餓死。李斯之相秦也，始皇任之，人臣無二，然而郇卿爲之不食。(鹽鐵論毀學)

五、著書。

荀卿嫉濁世之政，亡國亂君相屬，不遂大道，而營於巫祝，信禨祥；鄙儒小拘如莊周等，又滑稽亂俗；於是推儒、墨、道德之行事興壞序列著數萬言而卒。(史記)

荀書篇目甚多，劉向校定爲三十二篇。

劉向云：「孫卿書凡三百二十二篇，以相校，除重複二百九十篇，定著三十二篇。」(校書敍錄)

題爲孫卿新書或又作孫卿子。漢書藝文志儒家載孫卿子三十二篇。隋書經籍志載孫卿子十二卷。唐武宗時，楊倞定以今本，更名荀子。

楊倞云：「以文字繁多，故分舊十二卷三十二篇爲二十卷。其篇第亦頗有移易，使以類相從云。」(荀子序)

第二節　人生學

荀子生於戰國叔世，百家之思想皆受薰染，然大體以儒家爲宗；其性惡論，禮樂論，爲儒家中之最接近孔子思想者。

荀子之人生觀，分判本性與作爲。本性爲何？

生之所以然者謂之性。（正名）

凡性者，天之就也，不可學，不可事。（性惡）

本性爲人之天稟，爲人之自然所賦與的資質。本性不可製造，而可訓練。訓練爲人之作爲，荀子名曰僞。社會中制度文物，皆人之作爲也。

不可學，不可事而在人者，謂之性。可學而能，可事而成之在人者，謂之僞。是性僞之分也。（性惡）

性爲人之材具，可用以有作爲。僞爲社會之文物，可爲人性活動之規範。性與僞，相互爲用。

性者，本始材朴也。僞者，文禮隆盛也。無性則僞之無所加，無僞則性不能自美。性僞合，然後聖人之名一，天下之功於是就也。（禮論）

人性爲生物之資質，不具倫理之價值。今以社會組織之觀點以察性，然後性有善惡之論。人性是否合於社會組織？此爲一問題。社會組織既已存在於人羣，且公認爲人羣所必需者；於是凡促成社會組織者爲善，其破壞者爲惡。此爲人所設立之倫理標準。荀子亦接受此標準。

凡古今天下之所謂善者，正理平治也；所謂惡者，偏險悖亂也。是善惡之分也已。（性惡）

今以此標準衡人之本性，則人之本性合於所謂惡者，人性祇圖私利而忘公益。

人之性固小人，無私無法，則唯利之見耳。（榮辱）

順性而行，社會將大亂。

今人之性，生而有好利焉；順是，故爭奪生而辭讓亡焉。生而有疾惡焉；順是，故殘賊生而忠信亡焉。生而耳目之欲，有好聲色焉；順是，故淫亂生而禮義文理亡焉。然則從人之性，順人之情，必出於爭奪，合於犯文亂理，而歸於暴。故必將有師法之化，禮義之道，然後出於辭讓，合於文理，而歸於治。用此觀之，然則人之性惡明矣。（性惡）

由此而斷定人之性爲惡。人性不合於社會治理。欲求社會治理，必須訓練人性以合於社會需要。此卽孔子克己復禮之意。合於社會需要者爲善。

今人之性惡，必將待師法然後正，得禮義然後治。今人無師法，則偏險而不正；無禮義，則悖亂而不治。（同）

人性之合於社會治理，乃由於人之作爲。

人之性惡，其善者僞也。（同）

楊倞云：「僞，爲也，矯也，矯其本性也。」

社會中之美德，皆矯抑人性，施以教導之結果。

今人之性，飢而欲飽，寒而欲煖，勞而欲休，此人之情性也。今人飢，見長而不敢先食者，將有所讓也；勞而不敢求息者，將有所代也。夫子之讓乎父，弟之讓乎兄，子之代乎父，弟之代乎兄，此二行者，皆反於性而悖於情也。然而孝子之道，禮義之文理也。故順情性則不辭讓矣；辭讓則悖於情性矣。用此觀之，然則人之性惡明矣。其善者僞也。（同）

此爲至理之論。人性爲背叛社會制度的。欲求社會之成立，必須教導人性以適之。此種思想，與今日德國心理分析學家費洛德（Freud）之社會觀甚爲相近。

荀子之思想注重社會人羣。

道者，何也？曰：君道也。君者，何也？曰：能羣也。（君道）

人羣中之事務在人爲。

道者，非天之道，非地之道，人之所以道也。（儒效）

荀子重人爲而輕天命。

故君子敬其在己者，而不慕其在天者。小人錯其在己者，而慕其在天者。君子敬其在己者，而不慕其在天者，是以日進也。小人錯其在己者，而慕其在天者，是以日退也。（天論）

人爲制天。

大天而思之，孰與物畜而制之？從天而頌之，孰與制天命而用之？望時而待之，孰與應時而使之？因物而多之，孰與騁能而化之？思物而物之，孰與理物而勿失之也？願於物之所以生，孰與有物之所以成？故錯人而思天，則失萬物之情。（同）

第三節　心理學

天地設人，備之以身軀，具之以心靈。二者又各有其運用。

天職既立，天功既成，形具而神生，好惡喜怒哀樂藏焉，夫是之謂天情。耳目鼻口形態，各有接而不相能也，夫是之謂天官。心居中虛，以治五官，夫是之謂天君。裁非其類，以養其類，夫是之謂天養。順其類者謂之福，逆其類者謂之禍，夫是之謂天政。（天論）

身軀為人之具體，有其作用；而心靈為之調度。

生之所以然者謂之性。生之和所生，精合感應，不事而自然，謂之性。性之好惡喜怒哀樂，謂之情。情然而心為之擇，謂之慮。心慮而能為之動，謂之偽。慮積焉，能習焉，而後成，謂之偽。正利而為，謂之事。正義而為，謂之行。所以知之在人者謂之智。知有所合，謂之智。所以能之在人者，謂之能。能有所合，謂之能。性傷謂之病。節遇謂之命。（正名）

身軀內包藏物欲。

性者天之就也，情者性之質也，欲者情之應也。（解蔽）

物欲為非理性的要求，或衝動，常引起不良之結果。

欲為蔽。（解蔽）

天下害生縱欲。（彊國）

物欲須有所調整，然後可以滿足其希求。

心靈爲身軀之主宰，調節物欲。心靈自身發動而非被動。

心者，形之君也，而神明之主也，出令而無所受令；自禁也，自使也，自奪也，自取也，自行也，自止也。（解蔽）

心靈爲自主的，自由的。

心靈裁制物欲以完成人生之要求。

凡語治而待去欲者，無以道欲而困於有欲者也。凡語治而待寡欲者，無以節欲而困於多欲者也。……欲不待可得，而求者從所可。欲不待可得，所受乎天也。求者從所可，所受乎心也。天性有欲，心爲之制節。所受乎天之一欲，制於所受乎心之多，固難類所受乎天也。……故欲過之而動不及，心止之也。心之所可中理，則欲雖多，奚傷於治？（正名）

此爲荀子之特見。前哲多主去欲或寡欲，荀子見欲多無害，欲而無理性之裁制，斯爲害。凡人生而有欲，欲爲人自然之領稟，又安可去之？人格之完成，乃欲經合理之組織與訓練。

聖人縱其欲，兼其情而制焉者理矣。（解蔽）

心何由而節制物欲？心須合乎道。

心也者，道之工宰也。（正名）

心若何而合乎道？

人何以知道？曰：心。心何以知？曰：虛壹而靜。心未嘗不臧也，然而有所謂虛。心未嘗不兩也，然而有所謂一。心未嘗不動也，然而有所謂靜。人生而有知，知而有志，志也者藏也，然而有所謂虛；不以所已藏害所將受，謂之虛。心生而有知，知而有異，異也者同時兼知之，同時兼知之，兩也，然而有所謂一，不以夫一害此一，謂之壹。心臥則夢，偷則自行，使之則謀，故心未嘗不動也，然而有所謂靜，不以夢劇亂知，謂之靜。未得道而求道者，謂之虛壹而靜，作之則，將須道者之虛則入，將事道者之壹則盡，將思道者靜之靜則察，知道察，知道行，體道者也。虛壹而靜，謂之大清明。萬物莫形而不見，莫見而不論，莫論而失位。（解蔽）

天生之知卽理也。心靈當未擾亂之時，理清晳而可制物矣。

故人心譬如槃水，正錯而勿動，則湛濁在下，而清明在上，則足以見鬚眉而察膚理矣。微風過之，湛濁動乎下，清明亂於上，則不可以得本形之正也。心亦如是矣。故導之以理，養之以清，物莫之傾，則足以定是非，決嫌疑矣。小物引之，則其正外易，其心內傾，則不足以決庶理矣。（同）

心靈具有理性，而其運用之情況爲清明。

第四節　知識學

戰國時名墨二家倡爲異說，是非混淆，知識錯亂，社會秩序亦因之而破壞。

今聖王沒，名守慢，奇辭起，名實亂，是非之形不明，則雖守法之吏，誦數之儒，亦皆亂也。（正名）

欲使社會治平，必使知識歸於正軌。知識中之重要者爲名，名乃社會中人士的思想交通之媒介。

散名之加於萬物者，則從諸夏之成俗，曲期遠方異俗之鄉，則因之而爲通。（同）

彼名辭也者，志義之使也，足以相通則舍之矣。（同）

知識能達交通之目的則可矣，不務眩奇也。

知識之性質若何？名何由而有？

異形離心交喻，異物名實互紐；貴賤不明，同異不別，如是，志必有不喻之患，而事必有困廢之禍。故知者爲之分別制名以指實；上以明貴賤，下以辨同異。貴賤明，同異別，如是，則志無不喻之患，事無困廢之禍，此所爲有名也。（同）

人類知事物之實，而以語言之符號：名，以表述之。名以喻志，志以成事。

故名足以指實，辭足以見極，則舍之矣。（同）

正確之知識以正物，正確之言辭以正知。如此，則正名之工作盡矣。

正確知識之條件有二。一爲官能。

然則何緣而以同異？曰：緣天官。凡同類同情者，其天官之意物也同。故比方之疑似而通，是所以共其約名以相期也。形體，色理以目異；聲音清濁，調節，奇聲以耳異；甘，苦，鹹，淡，辛，酸，奇味以口異；香，臭，芬，鬱，腥，臊，漏，庮，奇臭以鼻異；疾，養，滄，熱，滑，鈹，輕，重，以形體異。（同）

官能探索外物，以其感性而得外物之印象。此等印象累積而成記憶，是爲經驗。

二爲心靈。心靈爲精神的活動，組織經驗，參考經驗，以成知識。

心有徵知。徵知則緣耳而知聲可也，緣目而知形可也。然而徵知必將待天官之當簿其類，然後可也。五官簿之而不知，心徵之而無說，則人莫不然謂之不知。此所緣而以同異也。（同）

知識爲精神領悟外物。

知識爲心理上之事件，若使社會化則必以語言轉譯之。語言符號之傳達知識觀念者爲名。語言之運用，乃社會之習俗，乃人類之便利。

名無固宜，約之以命，約定俗成謂之宜，異於約則謂之不宜。名無固實，約之以命，約定俗成謂之實名。名有固善，徑易而不拂，謂之善名。（同）

名以指實，但世界內之實有相同者，有相異者。相同者用同名，相異者用異名。

然後隨而命之，同則同之，異則異之。單足以喻則單，單不足以喻則兼。單與兼無所相避則共，雖共不爲害矣。知異實者之異名也，故使異實者莫不異名也，不可亂也，猶使同實者莫不同名也。（同）

實有同異，因而名有同異。實之同異有程度之差別；名亦然。由相同可以漸漸推至相異，反是亦可。此爲名之分類或排列。其大相同者爲大共名，其大相異者爲大別名。

故萬物雖衆，有時而欲偏舉之，故謂之物。物也者，大共名也。推而共之，共則有共，至於無共然後止。有時而欲偏舉之，故謂之鳥獸。鳥獸也者，大別名也。推而別之，別則有別，至於無別然後止。（同）

名以指實，實有個別之分，由此而生算數。

物有同狀而異所者，有異狀而同所者，可別也。狀同而爲異所者，雖可合，謂之二實。狀變而實無別，而爲異者，謂之化。有化而無別，謂之一實。此事之所以稽實定數也。（同）

正確之言辭即正名。正名爲撥亂返治之道。

今聖王沒，天下亂，姦言起，君子無埶以臨之，無刑以禁之，故辨說也。實不喩然後命，命不喩然後期，期不喩然後說，說不喩然後辨。故期命辨說也者，用之大文也，而王業之始也。名聞而實喩，名之用也。累而成文，名之累也。用麗俱得，謂之知名。名也者，所以期累實也。辭也者，兼異實之名以論一意也。辨說也者，不異實名以喩動靜之道也。期命也者，辨說之用也。辨說也者，心之象道也。心也者，道之工宰也。道也者，治之經理也。心合於道，說合於心，辭合於說。正名而期，質情而喩，辨異而不過，推類而不悖。聽則合文，辨則盡故。以正道而辨姦，猶引繩以持曲直；是故邪說不能亂，百家無所竄。（同）

名正則人民避浮囂而務實事，社會建功而政治治平矣。

故王者之制名，名定而實辨，道行而志通，則愼率民而一焉。故析辭擅作，以亂正名，使民疑惑，人多辨訟，則謂之大姦，其罪猶爲符節度量之罪也。故其民莫敢託爲奇辭以亂正名，故其民愨。愨則易使，易使則功。其民莫敢託爲奇辭以亂正名，故壹於道法而謹於循令矣。如是則其迹長矣。迹長功成，治之極也。是謹於守名約之功也。（同）

第五節　社會學

人爲羣居之動物，人羣而有組織，是爲社會。

水火有氣而無生，草木有生而無知，禽獸有知而無義；人有氣，有生，有知，亦且有義，故爲天下貴也。力不若牛，走不若馬，而牛馬爲用，何也？曰：人能羣，彼不能羣也。人何以能羣？曰：分。分何以能行？曰：義。故義分則和，和則一，一則多力，多力則彊，彊則勝物；故宮室可得而居也。故序四時，裁萬物，兼利天下，無它故焉，得之分義也。故人生不能無羣，羣而無分則爭，爭則亂，亂則離，離則弱，弱則不能勝物；故宮室不可得而居也。不可少頃舍禮義之謂也。（王制）

人羣組織首重秩序。秩序立則社會井然有章。秩序之綱目爲分與義，分卽有所辨別也，義卽守其分也。分又名辨，辨別爲人類與禽獸相異之處。

人之所以爲人者何以也？曰：以其有辨也。飢而欲食，寒而欲煖，勞而欲息，好利而惡害，是人之所生而有也，是無待而然者也，是禹桀之所同也。然則人之所以爲人者，非特以二足而無毛也，以其有辨也。今夫狌狌形狀亦二足而無毛也，然而君子啜其羹，食其胾。故人之所以爲人者，非特以二足而無毛也，以其有辨也。夫禽獸有父子，而無父子之親；有牝牡，而無男女之別；故人道莫不有辨，辨莫大於分，分莫大於禮。（非相）

社會中之分辨卽爲禮。

社會爲何而需分？分所以設立秩序。社會爲何而需要秩序？秩序所以形成組織。人羣何以需要組織？因人之能力不如禽獸，若散漫則生命難以維持。人羣團結以厚勢力，用以求得其物欲之滿足。禮卽團結人羣，調節消費之制度。

> 禮起於何也？曰：人生而有欲；欲而不得，則不能無求；求而無度量分界，則不能不爭；爭則亂；亂則窮。先王惡其亂也，故制禮義以分之，以養人之欲，給人之求。使欲必不窮乎物，物必不屈於欲；兩者相持而長，是禮之所起也。（禮論）

荀子用經濟觀點解釋禮；此爲荀子之創說。禮雖有經濟意義，然禮之本原則爲宗教。

> 禮有三本。天地者，生之本也。先祖者，類之本也。君師者，治之本也。無天地惡生？無先祖惡出？無君師惡治？三者偏亡焉，無安人。故禮上事天，下事地，尊先祖而隆君師，是禮之三本也。（同）

禮之本原出於宗教，然禮之制定則出於君子。

> 天地者，生之始也。禮義者，治之始也。君子者，禮義之始也。爲之貫之，積重之，致好之者，君子也。故天地生君子，君子理天地。君子者，天地之參也，萬物之總也，民之父母也。無君子，則天地不理，禮義無統，上無君師，下無父子，夫是之謂至亂。君臣，父子，兄弟，夫婦，始則終，終則始，與天地同理，與萬世同久，夫是之謂大本。（王制）

君子參合宇宙之理以制禮，故禮博大深宏。禮具宗教之性質，而有經濟之應用。禮與人同生於宇宙，故禮可爲人生之規範。

禮之理誠深矣；堅白同異之察，入焉而溺。其理誠大矣；擅作典制辟陋之說，入焉而喪。其理誠高矣；暴慢恣睢，輕俗以爲高之屬，入焉而墜。故繩墨誠陳矣，則不可欺以曲直。衡誠縣矣，則不可欺以輕重。規矩誠設矣，則不可欺以方圓。君子審於禮，則不可欺以詐僞。故繩者直之至，衡者平之至，規矩者方圓之至，禮者人道之極也。（禮論）

小之則禮可爲人生行爲之準則。

凡用血氣，志意，知慮，由禮則治通；不由禮則勃亂提僈。食飲，衣服，居處，動靜，由禮則和節；不由禮則觸陷生疾。容貌，態度，進退，趨行，由禮則雅；不由禮則夷固僻違，庸衆而野。故人無禮則不生，事無禮則不成，國家無禮則不甯。（修身）

禮不僅治生，亦所以送死。

禮者謹於治生死者也。生，人之始也；死，人之終也。終始俱善，人道畢矣。（禮論）

人生外形之規範爲禮，其內心之陶冶爲樂。

夫樂者，樂也，人情之所必不免也。故人不能無樂。樂則必發於聲音，形於動靜，人之道也。聲音，動靜，性術之變，盡是矣。（樂論）

樂所以宣洩人情。

君子以鐘鼓道志，以琴瑟樂心。動以干戚，飾以羽旄，從以磬管。故其清明象天，其廣大象地，其俯仰周旋有似於四時。故樂行而志清，禮修而行成，耳目聰明，血氣和平，移風易俗，天下皆寧，美善相樂。故曰：樂者，樂也。君子樂得其道，小人樂得其欲。以道制欲，則樂而不亂；以欲忘道，則惑而不樂。故樂者所以道樂也。金石絲竹所以道德也。樂行而民鄉方矣。故樂者治人之盛者也。（同）

樂可促進治道。

夫聲音之入人也深，其化人也速。故先王謹爲之文。樂中平則民和而不流，樂肅莊則民齊而不亂。民和齊則兵勁城固，敵國不敢嬰也。如是，則百姓莫不安其處，樂其鄉，以至足其上矣。然後名聲於是白，光輝於是大，四海之民莫不願得以爲師。是王者之始也。（同）

禮與樂完成人道。

且樂也者，和之不可變者也。禮也者，理之不可易者也。樂合同，禮別異。禮樂之統，管乎人心矣。窮本極變，樂之情也。著誠去僞，禮之經也。（同）

第六節　政治學

社會之成立，乃其中有所分辨。在多數分辨中，有一種分辨爲統治者與被治者，此卽爲政治制度。

萬物同宇而異體，無宜而有用於人，數也。人倫竝處，同求而異道，同欲而異知，性也。皆有可也，知愚同。所可異也，知愚分。勢同而知異，行私而無禍，縱欲而不窮，則民心奮而不可說也。如是，則知者未得治也。知者未得治，則功

名未成也，功名未成則羣衆未縣也。羣衆未縣，則君臣未立也。無君以制臣，無上以制下。（富國）

政治乃分別上下，設置君臣。君爲政治之首領，而秩序之主持者。

人之生不能無羣。羣而無分則爭，爭則亂，亂則窮矣。故無分者，人之大害也。有分者，天下之大利也。而人君者，所以管分之樞要也。（同）

君治理民衆，宜受優越之待遇。

若夫重色而衣之，重味而食之，重財物而制之，合天下而君之，非特以爲淫泰也；固以爲一天下，治萬變，財萬物，養萬民，兼利天下者，爲莫若仁人之善也夫。故其知慮足以治之，其仁厚足以安之，其德音足以化之，得之則治，失之則亂。百姓誠賴其知也，故相率而爲之勞苦以務佚之，以養其知也。誠美其厚也，故爲之出死斷亡以覆救之，以養其厚也。誠美其德也，故爲之雕琢刻鏤黼黻文章，以藩飾之，以養其德也。故仁人在上，百姓貴之如帝，親之如父母，爲之出死斷亡而不偷者，無他它故焉，其所是焉誠美，其所得焉誠大，其所利焉誠多。（同）

君主自身尊榮，而民衆亦得治養。

君者，何也？曰：能羣也。能羣者，何也？曰：善生養人者也；善班治人者也；善顯設人者也；善藩飾人者也。善生養人者，人親之；善班治人者，人安之；善顯設人者，人樂之；善藩飾人者，人榮之。四統者俱，而天下歸之。夫是之謂能羣。（君道）

君主爲臣民之準則。

君者，儀也。儀正而景正。君者，槃也。槃圓而水圓。君者盂也。盂方而水方。（同）

君者，民之原也。原清則流清；原濁則流濁。（同）

人君治國，在選用輔佐。

故治國有道，人主有職；若夫貫日而治詳，一日而曲別之，是所使夫百吏官人爲也。……若夫論一相而兼率之，使臣下百吏莫不宿道鄉方而務，是人主之職也。（王霸）

選用之標準，爲賢良能幹者。

人主胡不廣焉，無卹親疏無論貴賤。唯誠能之求若是則人臣輕職讓賢，而安隨其後。（同）

能者用之，不能者去之。

請問爲政：曰賢能不待次而擧，罷不能不待須而廢，元惡不待敎而誅。（王制）

賢良之人乃有所修養，而善於措施之人。

王者之人，飾動以禮義，聽斷以類，明振毫末擧措應變而不窮。夫是之謂有原，是王者之人也。（同）

荀子重人治而輕法治。法爲固定之條例，有時而不適於應變。人則可以無此患。

故法而不議，則法之所不至者必廢；職而不通，則職之所不及者必隊。故法而議，職而通，無隱謀，無遺善，而百事無過，非君子莫能。故公平者，職之衡也；中和者，聽之繩也。其有法者以法行，無法者以類擧，聽之盡也。偏黨而無經，聽之辟也。故有良法而亂者有之矣。有君子而亂者，自古及今，未嘗聞也。（王制）

且法由人而立由人而行，故法具不足爲治；治者人爲之事也。

有治人，無治法。羿之法非亡也，而羿不世中；禹之法猶存，而夏不世王。故法不能獨立，類不能自行。得其人則存，失其人則亡。法者治之端也；君子者法之原也。故有君子，則法雖省，足以徧矣。無君子，則法雖具，失先後之施，不能應事之變，足以亂矣。不知法之義，而正法之數者，雖博臨事必亂。故明主急得其人，而闇主急得其執。（君道）

政治中已定君臣上下之分，則各勤其務。如是，則國治矣。

治國者分已定，則主相臣下百吏各謹其所聞，不務聽其所不聞；各謹其所見，不務視其所不見。所聞所見，誠以齊矣，則雖幽閒隱辟，百姓莫敢不敬分安制，以化其上，是治國之徵也。（王霸）

人主之職務爲治人與養人。養人卽使民富。

故王者富民，霸者富士。（王制）

富民之道，在生產與節約兼施。

足國之道，節用裕民，而善藏其餘。節用以禮，裕民以政。彼裕民，故多餘。裕民則民富；民富則田肥以易；田肥以易，則出實者百倍。上以法取焉，而下以禮節用之；餘若丘山，不時焚燒，無所藏之。夫君子奚患乎無餘。（富國）

生產在務農殖。

兼足天下之道在明分。掩地表畝，刺屮殖穀，多糞肥田，是農夫衆庶之事也。守時力民，進事長功，和齊百姓，使人不偷，是將率之事也。高者不旱，下者不水，寒暑和節，而五穀以時熟，是天之事也。若夫兼而覆之，兼而愛之，兼而

制之，歲雖凶敗水旱，使百姓無凍餒之患，則是聖君賢相之事也。(同)

君子階級調度民衆以從事生產，又減輕其稅歛，則國家富足。

量地而立國，計利而畜民，度人力而授事，使民必勝事，事必出利，利足以生民，皆使衣食百用出入相揜，必時臧餘，謂之稱數。故自天子通於庶人，事無大小多少，由是推之。故曰朝無幸位，民無幸生，此之謂也。輕田野之稅，平關市之征，省商賈之數，罕興兵役，無奪農時，如是，則國富矣。

第十八章　韓子

韓子之術，明法尚功。——王充

第一節　略傳

一、姓名。韓子名非。

二、鄉里。韓人。

三、年代。生年不詳，卒於秦始皇十四年，當西曆紀元前二三三年。

四、生平。

韓非者韓之諸公子也。喜刑名法術之學，而其歸本於黃老。非為人口吃，不能道說，而善著書。與李斯俱事荀卿；斯自以為不如非。非見韓之削弱，數以書諫韓王。韓王不能用。於是韓非疾治國不務修明其法制，執勢以御其臣下；富國彊兵，而以求人任賢，反舉浮淫之蠹而加之於功實之上。以為儒者用文亂法，而俠者以武犯禁。寬則寵名譽之人，急則用介冑之士。今者所養非所用，所用非所養；悲廉直不容於邪枉之臣，觀往者得失之變，故作孤憤，五蠹，內外儲，說林，說難十餘萬言。……人或傳其書至秦。秦王見孤憤，五蠹之書，曰：「嗟乎！寡人得見此人與之游，死不恨矣。」李斯曰：「此韓非之所著書也。」秦因急攻韓。韓王始不用非，及急，迺遣非使秦。秦王悅之，未信用。李斯姚賈害之，毀之曰：「韓非，韓之諸公子也。今王欲幷諸侯，非終爲韓不爲秦，此人之情也。今王不用，久留而歸之，此自遺患也。不如以過法誅之。」秦王以爲然，下吏治非。李斯使人遺非藥，使自殺。韓非欲自陳，不得見。秦王後悔之，使人赦之，非已死矣。（史記老莊申韓列傳）

五、著書。漢書藝文志法家著錄韓子五十五篇。隋書經籍志載韓子二十卷。今本篇數卷數並同。

第二節　法家

第一段　引言

法家爲君子階級之尙法術者。漢書藝文志云：

法家者流，蓋出於理官。信賞必罰，以輔禮制。易曰：「先王以明罰飭法。」此其所長也。及刻者爲之，則無敎化，去仁愛，專任刑法，而欲以致治，至於殘害至親，傷恩薄厚。

法家欲去人情之偏袒，而立一客觀準則，以爲治道。法之種類有四。

法有四呈：一曰不變之法，君臣上下是也。二曰齊俗之法，能鄙同異是也。三曰治衆之法，慶賞刑罰是也。四曰平準之法，律度權衡是也。（尹文子）

法之起原，由來已久。法家之成，始於管子。

韓非曰：「今境內之民皆言治，藏管商之法者，家有之。」（五蠹）

春秋，戰國之世，言法術者甚衆，如子產，田駢，愼到，李悝等，皆是。其重要者，除管仲而外，有商鞅，申不害及韓非。而韓非尤爲法家中之特出者。

太史公曰：「韓子引繩墨，切事情，明是非，其極慘礉少恩，皆原於道德之意。」（史記）

法家皆理智明哲之人，務實際而輕情感。

第二段　管仲

管仲字夷吾，齊人。與鮑叔爲友，鮑叔自以爲不及。

鮑叔曰：「臣之所不若夷吾者五。寬惠柔民，弗若也。治國家不失其柄，弗若也。忠信可結於百姓，弗若也。制禮義可法於四方，弗若也。執枹鼓立於軍門，使百姓皆加勇焉，弗若也。」（齊語）

管仲佐齊桓公成霸業。

子曰：「管仲相桓公，霸諸侯，一匡天下，民到於今受其賜。微管仲，吾其被髮左衽矣。」（論語）

子曰：「桓公九合諸侯，不以兵車，管仲之力也。如其仁，如其仁。」（同）

漢書藝文志道家著錄筦子八十六篇。

管仲之政治思想，首重民生，次立綱紀。人民之組成社會，在求得生存，故經濟爲國家之本。

凡有地牧民者，務在四時，守在倉廩。國多財則遠者來，地辟舉則民留處。倉廩實則知禮節，衣食足則知榮辱。上服度則六親固，四維張則君令行。故省刑之要在禁文巧，守國之度在飾四維。……四維不張，國乃滅亡。（管子，牧民國頌）

國家之綱紀，爲禮義廉恥四維爲立國之道。

國有四維。一維絕則傾，二維絕則危，三維絕則覆，四維絕則滅。傾可正也，危可安也，覆可起也，滅不可復錯也。何謂四維？一曰禮。二曰義。三曰廉。四曰恥。禮不踰節，義不自進，廉不蔽惡，恥不從枉。故不踰節則上位安，不自進則民無巧詐，不蔽惡則行自全，不從枉則邪事不生。（同，四維）

政治中之施措，爲裕民與治民。

錯國於不傾之地，積於不涸之倉，藏於不竭之府。下令於流水之原，使民於不爭之官，明必死之路，開必得之門。不爲不可成，不求不可得，不處不可久，不行不可復。錯國於不傾之地者，授有德也。積於不涸之倉者，務五穀也。藏於不竭之府者，養桑麻育六畜也。下令於流水之原者，令順民心也。使民於不爭之官者，使各爲其所長也。明必死之路者，嚴刑罰也。開必得之門者，信慶賞也。不爲不可成者，量民力也。不求不可得者，不彊民以其所惡也。不處不可久者，不偷取一世也。不行不可復者，不欺其民也。故授有德則國安，務五穀則食足，養桑麻，育六畜，則民富。令順民心則威令行。使民各爲其所長則用備。嚴刑罰則民遠邪。信慶賞則民輕難。量民力則事無不成。不彊民以其所惡則詐僞不生。不偷取一世，則民無怨心。不欺其民，則下親其上。（同，四維）

治民之道爲用法，法所以一民。

故明王之所恆者二：一曰明法而固守之。二曰禁民私而收使之。此二者主之所恆也。夫法者上之所以一民使下也。私者下之所以侵法亂主也。故聖君置儀設法而固守之，然故諶杵習士聞識博學之人，不可亂也。（管子，任法）

法由君所創，立公以去私。

故曰：有生法，有守法，有法於法。夫生法者，君也。守法者，臣也。法於法者，民也。君臣上下貴賤皆從法，此謂爲大治。

故主有三術。夫愛人不私賞也，惡人不私罰也。置儀設法以度量斷者，上主也。愛人而私賞之，惡人而私罰之，倍大臣，離左右，專以其心斷者，中主也。臣有所愛而爲私賞之，有所惡而爲私罰之，倍其公法，損其正心，專聽其大臣者，危主也。（同）

法行則民治。

法制不議，則民不相私。刑殺毋赦，則民不偷於爲善。爵祿毋假，則下不亂其上。三者藏於官則爲法，施於國則成俗，其餘不彊而治矣。（同，法禁）

管仲於政治之實際設施，爲組織民衆，與訓練民衆。

制鄙：三十家爲邑，邑有司。十邑爲卒，卒有卒帥。十卒爲鄉，鄉有鄉帥。三鄉爲縣，縣有縣帥。十縣爲屬，屬有大夫。五屬故立五大夫，各使治一屬焉。立五正，各使聽一屬焉。是故正之政聽屬，牧政聽縣，下政聽鄉。（齊語）

訓練民衆乃使民衆軍事化。

管子曰：「作內政而寄軍令焉」……管子於是制國五家爲軌，軌爲之長。十軌爲里，里有司。四里爲連，連爲之長。十連爲鄉，鄉有良人焉，以爲軍令。五家爲軌，故五人爲伍，軌長帥之。十軌爲里，故五十人爲小戎，里有司帥之。四里爲連，故二百人爲卒，連長帥之。十連爲鄉，故二千人爲旅，鄉良人帥之。五鄉一帥，故萬人爲一軍，五鄉之帥帥之。三軍，故有中軍之鼓，有國子之鼓，有高子之鼓。春以蒐振旅，秋以獮治兵。是故卒伍整於里，軍旅整於郊。內敎既成，令勿使遷徙。伍之人祭祀同福，死喪同恤，禍災共之。人與人相疇，家與家相疇，世同居，少同遊。故夜戰聲相聞，足以不乖。晝戰目相見，足以相識。其歡欣足以相死。居同樂，行同和，死同哀。是故守則同固，戰則同彊。（同）

政治與軍事並修，則國强矣。

第三段　公孫鞅

史記商君列傳云：

商君者，衞之諸庶孽公子也，名鞅，姓公孫氏，其祖本姬姓也。鞅少好刑名之學，事魏相公叔痤，爲中庶子。

魏不能用，乃入秦。

衞鞅亡魏入秦，孝公以爲相，封之於商，號曰商君。商君治秦，法令至行，公平無私，罰不諱强大，賞不私親近，法及太子，黥劓其傅，朞年之後，道不拾遺，民不妄取，兵革大强，諸侯畏懼。（秦策）

商鞅之法令，由環境所造成。

秦國之俗，貪狼强力，寡義而趨利。可威以刑，而不可化以善，可勸以賞，而不可厲以名。被險而帶河，四塞以爲固，地利形便，畜積殷富，孝公欲以虎狼之勢而吞諸侯，故商鞅之法生焉。（淮南子要略）

漢書藝文志法家著錄商君二十九篇。

商鞅爲創作之政治家，因時制宜，變法求强。

孝公旣用衞鞅，鞅欲變法，恐天下議己。衞鞅曰：「疑行無名，疑事無功。且夫有高人之行者，固見非於世。有獨知之慮者，必見敖於民。愚者闇於成事，知者見於未萌。民不可與慮始，而可與樂成。論至德者不和於俗，成大功者不謀於衆。是以聖人苟可以彊國，不法其故；苟可以利民，不循其禮。……治世不一道，便國不法古。故湯武不循古而王，夏殷不易禮而亡。反古者不可非，而循禮者不足多。」孝公曰：「善。」以衞鞅爲左庶長，卒定變法之令。（史記）

以新法矯秦國之敝陋，尙公道而去私利，明賞罰而非便辟。

古秦之俗，君臣廢法而服私，是以國亂兵弱而主卑。商君說秦孝公以變法易俗，而明公道，賞告姦，困末作而利本事。當此之時，秦民習故俗之有罪可以得免，無功可以得尊顯也，故輕犯新法。於是犯之者其誅重而必；告之者，其賞厚而信。故姦莫不得，而被刑者衆，民疾怨而衆過日聞。孝公不聽，遂行商鞅之法。民後知有罪之必誅，而私姦者衆也，故民莫犯，其刑無所加。是以國治而兵强，地廣而主尊。此其所以然者，匿罪之罰重，而告姦之賞厚也。此亦使天下必爲己視聽之道也。（韓非子，姦刼弑臣）

治道乃集中思想，崇尚實利。

商君教秦孝公以連什伍設告坐之過。燔詩書而明法令，塞私門之請，而遂公家之勞。禁游宦之民，而顯耕戰之士。孝公行之，主以尊安，國以富強。（同，和氏）

以嚴刑峻罰使民就範。

公孫鞅之法也，重輕罪。重罪者，人之所難犯也。而小過者，人之所易去也。使人去其所易，無離其所難，此治之道。夫小過不生，大罪不至，是人無罪而亂不生也。一曰：公孫鞅曰「行刑重其輕者，輕者不至，重者不來。是謂以刑去刑。」（同內儲說上）

商鞅新法之內容，爲使民衆紀律化，生產化，軍事化。

令民爲什伍，而相收司連坐。不告姦者腰斬；告姦者與斬敵首同賞；匿姦者與降敵同罰。民有二男以上不分異者，倍其賦。有軍功者各以率受上爵；爲私鬬者各以輕重被刑大小。僇力本業耕織致粟帛多者復其身。事末利及怠而貧者，舉以爲收孥。宗室非有軍功論，不得爲屬籍。明尊卑爵秩等級，各以差次名田宅，臣妾衣服以家次。有功者顯榮，無功者雖富無所芬華。（史記）

新法行之十年，秦國富強。

第四段　申不害

史記老莊申韓列傳云：

申不害者，京人也；故鄭之賤臣，學術以干韓昭侯。昭侯用為相，內修政教，外應諸侯，十五年，終申子之身，國治兵強，無侵韓者。申子之學本於黃老而主刑名，著書二篇，號曰申子。

漢書藝文志法家載申子六篇，書今佚。

韓用申不害，行其三符，兵不侵境，蓋十五年。其後不能用之，又不察其書，兵挫軍破，國并於秦。（論衡）

申子之思想淵源於老子，政治中崇尚無為。

善為主者，倚於愚，立於不盈，設於不敢，藏於無事；竄端匿疏，示天下無為。是以近者親之，遠者懷之。示人有餘者，人奪之；示人不足者，人與之。剛者折，危者覆，動者搖，靜者安。名自正也，事自定也。是以有道者自名而正之，隨事而定之也。（羣書治要引申子大體）

人君貴無事，臣下任治務。

申子曰：「至智棄智，至仁忘仁，至德不德，無言無思，靜以待時，時至而應，心暇者勝；凡應之理，清淨公素，而正始卒焉。此治紀無唱有和，無先有隨。古之王者，其所為少，而其所因多。因者，君術也；為者，臣道也。為則擾矣，因則靜矣。因冬為寒，因夏為暑，君奚事哉？故曰：君道無知無為，而賢於有知有為，則得之矣。」（呂氏春秋，任數）

臣下各有等級，不可混亂。

申子曰：「治不踰官，雖知不言。」（韓非子，難三）

昭侯謂申子曰：「子嘗教寡人循功勞，視次第。」（韓策）

治民在用法。

申子曰：「堯之治也，善明法察令而已。聖君任法而不任智，任數而不任說。黃帝之治天下，置法而不變，使民安樂其法也。」又曰：「君必明法正義，若懸權衡以稱輕重，所以一羣臣也。」（藝文類聚引）

申子曰：「失之數而求之信，則疑矣。」（韓非子，難三）

法以定賞罰，不徇人情。

韓昭侯謂申子曰：「法度甚易行也。」申子曰：「法者，見功而與賞，因能而受官。今君設法度，而聽左右之請，此所以難行也。」昭侯曰：「吾自今以來知行法矣，寡人奚聽矣。」（韓非子，外儲說左上）

申子爲法家中之小焉者。

太史公曰：「申子卑卑，施之於名實。」（史記）

第三節　社會學

第一段　亂源

當韓非之世，天下大亂，民不聊生。韓非目睹當時之紛擾，而探索社會紊亂之原因。

一、物質之原因。人口之增加速於給養之增加，供不應求，乃有爭攘。

古者，丈夫不耕，草木之實足食也。婦人不織，禽獸之皮足衣也。不事力而養足，人民少而財有餘，故民不爭。是以，厚賞不行，重罰不用而民自治。今人有五子不爲多，子又有五子，大父未死而有二十五孫。是以人民衆而貨財寡，事力勞而供養薄，故民爭；雖倍賞累罰而不免於亂。（五蠹）

二、私行之原因社會中人士皆尙私利而忘公益，有私無公，此所以亂也。

古者蒼頡之作書也，自環者謂之私，背私謂之公。公私之相背也，乃蒼頡固已知之矣；今以爲同利者，不察之患也。然則爲匹夫計者，莫如修仁義而習文學。仁義修則見信，見信則受事；文學習，則爲明師，爲明師則顯榮，此匹夫之美也。然則無巧而受事，無爵而顯榮，有政如此，則國必亂。（同）

三、空談之原因尙言談，不務實際，爲一亂因。

今境內之民皆言治，藏商管之法者家有之，而國愈貧；言耕者衆，執耒者寡也。境內皆言兵，藏孫吳之書者家有之，而兵愈弱；言戰者多，被甲者少也。……今修文學，習言談，則無耕之勞而有富之實，無戰之危而有貴之尊，則人孰不爲也？是以百人事智而一人用力，事智者衆則法敗，用力者寡則國貧，此世之所以亂也。（同）

四、思想之原因社會內之思想拒中則社會亂。

自愚誣之學，雜反之辭爭，而人主俱聽之。故海內之士言無定術，行無常儀。夫冰炭不同器而久，寒暑不兼時而至；雜反之學不兩立而治。今兼聽雜學繆行同異之辭，安得無亂乎？（顯學）

第二段　對策

第一目　俗論

當時人士有提出社會救濟之策者，在韓非視之，皆非中肯之論。

一、常人以社會混亂乃因貧窮者衆，欲求治平，可取富人之餘財以賑濟貧人，此非善法。

今世之學士語治者，多曰：「與貧窮地，以實無資」。今夫與人相若也，無豐年旁入之利，而獨以完給者，非力則儉也；與人相若也，無饑饉疾疢禍罪之殃，獨以貧窮者，非侈則惰也。侈而惰者貧，而力而儉者富。今上徵斂於富人，以布施於貧家，是奪力儉而與侈惰也；而欲索民之疾作而節用，不可得也。（顯學）

二、常人以社會混亂乃上下階級間之不相愛，故相愛爲社會治平之方術，此亦非善法。

今上下之接，無父子之澤，而欲以行義禁下，則交必有郄矣。且父母之於子也，產男則相賀，產女則殺之。此俱出父母之懷衽，然男子受賀，女子殺之者，慮其後便，計之長利也。故父母之於子也，猶用計算之心以相待也，而況無父子之澤乎？今學者之說人主也，皆去求利之心，出相愛之道，是求人主之過於父母之親也，此不熟於論恩，詐而誣也，故明主不受也。（六反）

第二目　實策

韓非自提社會之對策四條：

一、行合於用，人民之行動合於實用。

磐石千里，不可謂富；象人百萬，不可謂强。石非不大，數非不衆也，而不可謂富强者，磐石不生粟，象人不可使距敵也。今官商技藝之士，亦不墾而食，是地不墾，與磐石一貫也。儒俠毋軍勞而顯榮者，則民不使，與象人同事也。

夫知禍磐石象人，而不知禍官商儒俠爲不墾之地，不使之民，不知事類者也。（顯學）

二、尊貴益民　人民重私行者無益於社會，其重公利者有益於社會。有益者，社會宜尊貴之，培養之。

畏死遠難，降北之民也，而世尊之曰：貴生之士。學道立方，離法之民也，而世尊之曰：文學之士。遊居厚養，牟食之民也，而世尊之曰：有能之士。語曲牟知，僞詐之民也，而世尊之曰：辯智之士。行劍攻殺，暴憿之民也，而世尊之曰：磏勇之士。活賊匿姦，當死之民也，而世尊之曰：任俠之士。此六民者，世之所譽也。赴險殉誠，死節之民也，而世少之曰：失計之民也。寡聞從令，全法之民也，而世少之曰：樸陋之民也。力作而食，生利之民也，而世少之曰：寡能之民也。嘉厚純粹，整穀之民也，而世少之曰：愚戇之民也。重命畏事，尊上之民也，而世少之曰：怯懾之民也。挫賊遏姦，明上之民也，而世少之曰：讇讒之民也。此六者，世之所毀也。姦僞無益之民六，而世譽之如彼；耕戰有益之民六，而世毀之如此；此之謂六反。（六反）

三、言合於用　社會中之人士不尙空談。

夫言行者，以功用爲之的彀者也。夫砥礪殺矢，而以妄發，其端未嘗不中秋毫也，然不可謂善射者，無常儀的也。設五寸之的，引十步之遠，非羿逢蒙不能必中者，有常儀的也。故有常，則羿逢蒙以五寸的爲巧；無常，則以妄發之中秋毫爲拙。今聽言觀行，不以功用爲之的彀，言雖至察，行雖至堅，則妄發之說也。（問辯）

四、統一思想　使社會內之思想集中。

且夫人主於聽學也，若是其言，宜布之官而用其身；若非其言，宜去其身而息其端。（顯學）

此四策行，則社會平治矣。

第四節 政治學

第一段 理論

政治有三本曰利，曰威，曰名。

聖人之所以爲治道者三：一曰利，二曰威，三曰名。夫利者，所以得民也。威者，所以行令也。名者，上下之所同道也。非此三者，雖有不急矣……夫立名號所以爲尊也……設爵位所以爲賤貴基也……威利所以行令也……法令所以爲治也。（詭使）

利爲政治之基礎，上下階級皆於政治中得其利。

霸王者，人主之大利也。人主挾大利以聽治，故其任官者當能，其賞罰無私。使士民明焉，盡力致死，則功伐可立，而爵祿可致；爵祿致而富貴之業成矣。富貴者，人臣之大利也。人臣挾大利以從事，故其行危至死，其力盡而不望。此謂君不仁，臣不忠，則可以霸王矣。（六反）

威爲政治之性質，威勢卽爲政治中之權力。

君執柄以處勢，故令行禁止。柄者，殺生之制也；勢者，勝衆之資也。（八經）

人民服於威勢。

且民者固服於勢，寡能懷於義。（五蠹）

故父母之愛不足以敎子，必待州部之嚴刑者，民固驕於愛，聽於威矣。（同）

名爲政治之外形。政治在維持社會中之秩序，其工具爲法。

政治中之人物爲君與臣。君爲政治之首領，總率一切庶政。臣爲佐治之人物，應爲智術之士。

智術之士，必遠見而明察，不明察不能燭私。能法之士，必强毅而勁直，不勁直不能矯姦。人臣循令而從事，案法而治官。（孤憤）

政治重法治而輕人治。人治以人爲準則，然人多自私自利，故社會莫由得治。

重人也者，無令而擅爲，虧法以利私，耗國以便家，力能得其君，此所謂重人也。（同）

人治則須求賢人。然賢人不多得，則莫由爲治矣。

今人主處制人之勢，有一國之厚，重賞嚴誅，得操其柄，以修明術之所燭，雖有田常子罕之臣，不敢欺也，奚待於不欺之士？今貞信之士不盈於十，而境內之官以百數；必任貞信之士，則人不足官。人不足官，則治者寡而亂者衆矣。故明主之道，一法而不求智，固術而不慕信，故法不敗而羣臣無姦詐矣。（五蠹）

法治則無此弊。

政治中之政策，宜應合世變，不當墨守古法。

世異則事異，……事異則備變。上古競於道德，中世逐於智謀，當今爭於氣力。（五蠹）

在此爭於氣力之世，政治之目的在求富強。

夫王者能攻人者也，而安則不可攻也。強則能攻人者也，治則不可攻也。治強不可責於外，內政之有也。（同）

富強之根本，在修明內政。

故明主之治國也，適其時事，以致財物；論其賦稅，以均貧富；厚其爵祿，以盡賢能；重其刑罰，以禁姦邪；使民以力得富，以事致貴，以過受罪，以功致賞，而不念慈惠之賜，此帝王之政也。（六反）

第二段　運用

第一目　術

政治運用有二道，一曰術，二曰法。

人主用術以馭臣下，察政事。

術者，因任而授官，循名而責實，操殺生之柄，課羣臣之能者也，此人主之所執也。（定法）

術乃人主之因應事變。

術者，藏之於胸中，以偶衆端，而潛御羣臣者也。（難三）

人主憑術以用人。

是以有道之主，不求清潔之吏，而務必知之術也。（八說）

故無術以用人，任智則君欺，任修則事亂，此無術之患也。（同）

術有七種。

主之所用也七術。……

一曰：衆端參觀——觀聽不參，則誠不聞；聽有門戶，則臣壅塞。

二曰：必罰明威——愛多者則法不立，威寡者則下侵上；是以刑罰不必，則禁令不行。

三曰：信賞盡能——賞譽薄而謾者下不用；賞譽厚而信者下輕死。

四曰：一聽責下——一聽則愚智不分，責下則人臣不參。

五曰：疑詔詭使——數見久待而不任，姦則鹿散，使人問他，則不鬻私。

六曰：挾知而問——挾智而問，則不智者至，深智一物，衆隱皆變。

七曰：倒言反事——倒言反事以嘗所疑，則姦情得。（內儲說上）

第二目　法

人臣用法以治民。

法之創制有二根據。一爲心理的根據。

凡治天下，必因人情。人情者有好惡，故賞罰可用。賞罰可用，則禁令可立，而治道具矣。（八經）

二爲社會的根據。

竊以爲立法術設度數，所以利民萌便衆庶之道也。（問田）

有此二根據，乃隨事宜以立法，法必盡事。

書約而弟子辯，法省而民訟萌，是以聖人之書必著論，明主之法必詳事。（八說）

然後由官府公布之，保藏之。

法者，編著之圖籍，設之於官府，而布之於百姓者也。（難三）

由官吏用之以治民。

法者，憲令著於官府，刑罰必於民心，賞存乎愼法，而罰加乎姦令者也；此臣之所師也。（定法）

法必須固定而決斷。固定則民易遵，決斷則民莫敢侵犯。

是以賞莫如厚而信，使民利之；罰莫如重而必，使民畏之；法莫如一而固，使民知之。故主施賞不遷，行誅無赦，譽輔而賞，毀隨其罰，則賢不肖俱盡其力矣。（五蠹）

不合法者皆禁之。

明主之國，令者言最貴者也；法者事最適者也。言無二貴，法不兩適，故言行而不軌於法令者，必禁。（問辯）

法之功用：一爲勸善懲惡。

聖王之立法也，其賞足以勸善，其威足以勝暴，其備足以必完法。（守道）

二爲去私存公。

夫立法令者以廢私也。法令行而私道廢矣。私者所以亂法也。……道私者亂，道法者治。上無其道，則智有私詞，賢者有私意。上有私惠，下有私欲。聖智成羣，造言作辭，以非法措於上；上不禁塞，又從而尊之，是教下不聽上，不從法也。（詭使）

法之使用，常有困難。害少利多則用之。

法所以制事，事所以名功也。法立而有難，權其難而事成則立之。事成而有害，權其害而功多則爲之。無難之法，無害之功，天下無有也。（八說）

法之使用，先苦而後利。

故法之爲道，前苦而長利；仁之爲道，偷樂而後窮。聖人權其輕重，出其大利，故用法之相忍，而棄仁人之相憐也。（六反）

法與術不同，法顯而術隱。

故法莫如顯，而術不欲見。是以明主言法，則境內卑賤莫不聞知也。用術，則親愛近習莫之得聞也。（難三）

君用術而臣用法。

君無術則弊於上，臣無法則亂於下。此不可一無，皆帝王之具也。（定法）

法爲立國之道。

明法者强，慢法者弱。强弱如是其明矣；而世主弗爲，國亡宜矣。語曰：「家有常業，雖飢不餓；國有常法，雖危不亡」。夫舍常法而從私意，則臣下飾於智能；臣下飾於智能，則法禁不立矣；是妄意之道行，治國之道廢也。治國之道，去害法者，則不惑於智能，不矯於名譽矣。（飾邪）

政治能勤求法治，則國可以富强矣。

故明主之國，無書簡之文，以法爲敎；無先王之語，以吏爲師；無私劍之捍，以斬首爲勇；是境內之民，其言談者必軌於法，動作者歸之於功，爲勇者盡之於軍；是故無事則國富，有事則兵强，此之謂王資。既畜王資而承敵國之釁，超五帝侔三王者，必此法也。（五蠹）

第十九章　後哲

天下同歸而殊塗，一致而百慮。——易繫辭

第一節　綜論

第一段　尊法

春秋、戰國之亂世，至秦始皇時而告一結束。始皇兼幷六國，於二十六年，即西歷紀元前二二一年，建皇帝之號。中國史運中開一新局面。天下歸於一統，政令出於中央。此爲古代未有之政制。

李斯曰「昔者五帝地方千里，其外侯服夷服，諸侯或朝或否，天子不能制。今陛下興義兵，誅殘賊，平定天下，海內爲郡縣，法令由一統，自上古以來未嘗有，五帝所不及。」（史記秦始皇本紀）

在此新時代之始，將有新設施。天下之混亂已久，今將轉至治理。當混亂之時，人各有所表見；社會內之思想爲拒中的。

荀子曰：「若夫非分是非，非治曲直，非辨治亂，非治人道，雖能之無益於人，不能無損於人；案直將治怪說，玩奇辭，以相撓滑也；案彊鉗而利口，厚顏而忍詬，無正而恣睢，妄辨而幾利，不好辭讓，不敬禮節，而好相推擠，此亂世

姦人之說也則天下之治說者方多然矣。」（解蔽）

撥亂返治，卽使社會內之思想由拒中而轉至集中。使思想集中卽文化統制政策。而用此政策者爲法家。商鞅首創焚書明法之議。

> 商君敎秦孝公燔詩書而明法令。塞私門之請，而遂公家之勞。（韓非子和氏）

韓非亦倡思想集中之敎；其言曰：

> 故明主之國，無書簡之文，以法爲敎；無先王之語，以吏爲師。（五蠹）

秦建帝國，其丞相李斯與韓非同道，亦主文化統制，故於始皇三十四年奏請焚書以統一天下之思想；其言曰：

> 五帝不相復，三代不相襲，各以治。非其相反，時變異也。今陛下創大業，建萬世之功，固非愚儒所知。且越言乃三代之事，何足法也。異時諸侯並爭，厚招游學。今天下已定，法令出一。百姓當家則力農工，士則學習法令辟禁。今諸生不師今而學古，以非當世，惑亂黔首。丞相臣斯昧死言：古者天下散亂，莫之能一；是以諸侯並作，語皆道古以害今，飾虛言以亂實。人善其所私學，以非上之所建立。今皇帝并有天下，別黑白而定一尊。私學而相與非法敎人，聞令下則各以其學議之。入則心非，出則巷議。夸主以爲名，異取以爲高，率羣下以造謗。如此弗禁，則主勢降乎上，黨與成乎下。禁之便。臣請史官非秦紀皆燒之。非博士官所職，天下敢有藏詩、書、百家語者，悉詣守尉雜燒之。有敢偶語詩書，棄市。以古非今者，族。吏見知不舉者，與同罪。令下三十日不燒，黥爲城旦。所不去者醫藥、卜

筮、種樹之書。若欲有學法令，以吏爲師。（史記，秦始皇本紀）

始皇下令焚書，天下詩書百家之書，銷燬殆盡。諸生中以儒者喜道古，多犯禁令者，始皇坑殺之。

始皇曰：「吾前收天下書不中用者，盡去之。悉召文學方術士甚衆，欲以興太平。……盧生等吾尊賜之甚厚，今乃誹謗我，以重吾不德也。諸生在咸陽者，吾使人廉問，或爲訞言以亂黔首。」於是使御史悉案問諸生，諸生傳相告引，乃自除犯禁者四百六十餘人，皆阬之咸陽，使天下知之以懲後。益發謫徙邊。始皇長子扶蘇諫曰：「天下初定，遠方黔首未集，諸生皆誦法孔子。今上皆重法繩之，臣恐天下不安，唯上察之。」（同）

始皇所阬者，皆誦法孔子之儒者，因儒者皆是古而非今，不合於治道。

始皇欲使天下之思想集中於法令，故欲求學者以吏爲師。法令以外之書籍，皆銷滅之。秦亡漢興，蕭何收秦圖籍。此圖籍皆法令之書也，非詩書百家之言。如書一項，在孝文帝時，天下祇一人傳其書。

孝文帝時，欲求能治尚書者，天下無有。乃聞伏生能治，欲召之。……秦時焚書，伏生壁藏之。其後兵大起，流亡。漢定，伏生求其書，亡數十篇，獨得二十九篇，卽以教於齊魯之間。學者由是頗能言尚書。（史記，儒林列傳）

秦焚書政策，甚著成效。天下書籍散失幾盡。漢代反秦之政，重收書籍。

漢興，改秦之敗，大收篇籍，廣開獻書之路。……於是建藏書之策，置寫書之官，下及諸子傳說，皆充祕府。至成帝時，以書頗散亡，使謁者陳農求遺書於天下。（漢書，藝文志）

第二段　尊儒

自帝國成立，天下一統，文化趨於集中。秦代以法令統制思想，故有焚書之舉。及秦亡，此政策亦隨之而亡。漢興，另求統制政策，經數世之推衍，卒以儒術統制思想。

漢代尊儒之故，厥有二端。

一、為儒者之干進。自春秋戰國以來，儒者以官吏為職業，凡有任事之處，儒者無不活動以求之。秦之季世，陳涉起事，自以為王。儒者卽干謁之，以求任用。

> 陳涉之王也，而魯諸儒持孔氏之禮器往歸陳王。於是孔甲為陳涉博士，卒與涉俱死。（史記，儒林列傳）

沛公至魯，儒者申公見之。

> 高祖過魯，申公以弟子從師入見高祖于魯南宮。（同）

儒者叔孫通數降求仕，卒以易服仕於漢。

> 叔孫通者，薛人也。秦時以文學徵待詔博士。數歲，陳勝起山東。……迺亡去之薛，薛已降楚矣。及項梁之薛，叔孫通從之。敗於定陶，從懷王。懷王為義帝，徙長沙，叔孫通留事項王。漢二年，漢王從五諸侯入彭城，叔孫通降漢王。漢王敗而西，因竟從漢。叔孫通儒服，漢王憎之，迺變其服，服短衣楚製，漢王喜。叔孫通之降漢，從儒生弟子百餘人。（史記，叔孫通列傳）

二、為貴族之利用。儒家主尊君，故貴族多欲利用之以鞏固其特殊地位。孔子生時，齊景公卽欲利用之以得食其粟。

齊景公問政於孔子。孔子對曰：「君君臣臣，父父子子。」公曰：「善哉！信如君不君，臣不臣，父不父，子不子；雖有粟，吾得而食諸？」（論語）

當秦代儒者皆歌功頌德，然未見信用。

二十八年，始皇東行郡縣，上鄒嶧山。立石，與魯諸儒生議刻石頌秦德。（史記，秦始皇本紀）

三十四年，始皇置酒咸陽宮，博士七十人前爲壽。

秦尚法吏而輕儒士。

侯生盧生相與謀曰：「始皇爲人，天性剛戾自用。……專任獄吏，獄吏得親幸。博士雖七十人，特備員弗用。」（同）

漢初儒者亦不見用。高祖尤嫌惡儒者。

騎士曰：「沛公不好儒。諸客冠儒冠來者，沛公輒解其冠，溲溺其中。與人言，常大罵。」（史記，酈生列傳）

以後諸帝各有所好。

孝惠呂后時，公卿皆武力有功之臣。孝文時頗徵用，然孝文帝本好刑名之言。及至孝景，不任儒者，而竇太后又好黃老之術，故諸博士具官待問，未有進者。（同，儒林列傳）

漢帝雖不喜儒者，然儒者敬之尊之，以求親幸。如叔孫通制官儀以尊君而卑臣。

漢五年，已幷天下，諸侯共尊漢王爲皇帝於定陶。叔孫通就其儀號。高帝悉去秦苛儀法爲簡易。羣臣飲酒爭功，醉或妄呼，拔劍擊柱。高帝患之。叔孫通知上益厭之也，說上曰：「夫儒者，難與進取，可與守成。臣願徵魯諸生與臣弟子共起朝儀。」高帝曰：「得無難乎？」叔孫通曰：「五帝異樂，三王不同禮。禮者，因時世人情爲之節文者也。故夏殷周之禮所因損益可知者，謂不相復也。臣願頗采古禮與秦儀雜就之。」上曰：「可，試爲之，令易知，度吾所能行爲之。」於是叔孫通使徵魯諸生三十餘人。魯有兩生不肯行，曰：「公所事者且十主，皆面諛以得親貴。今天下初定，死者未葬，傷者未起，又欲起禮樂。禮樂所由起，積德百年而後可興也。吾不忍爲公所爲。公所爲不合古，吾不行。公往矣，無汙我。」叔孫通笑曰：「若眞鄙儒也，不知時變。」遂與所徵三十人西，及上左右爲學者與其弟子百餘人爲綿蕞野外習之，月餘。叔孫通曰：「上可試觀。」上卽觀，使行禮，曰：「吾能爲此。」迺令羣臣習肄，會十月。漢七年，長樂宮成，諸侯羣臣皆朝十月。儀：先平明，謁者治禮……於是高帝曰：「吾迺今日知爲皇帝之貴也。」迺拜叔孫通爲太常，賜金五百斤。叔孫通因進曰：「諸弟子儒生隨臣久矣，與臣共爲儀，願陛下官之。」高帝悉以爲郎。（同，叔孫通列傳）

漢武帝欲張君權，乃延用儒士。

孝武皇帝初卽位，尤敬鬼神之祀。元年，漢興已六十餘歲矣，天下乂安，薦紳之屬皆望天子封禪改正度也；而上鄉儒術，招賢良。趙綰、王臧等以文學爲公卿，欲議古立明堂城南，以朝諸侯。草巡狩封禪改歷服色……後六年，竇太后崩。其明年，上徵文學之士公孫弘等。（同，孝武本紀）

建元元年，武帝舉賢良方正，直言極諫之士。上親策問以古今治道。董仲舒對策言政治須更張。

今漢繼秦之後，如朽木糞牆矣，雖欲善治之，亡可奈何！法出而姦生，令下而詐起，如以湯止沸，抱薪救火，愈甚亡益也。竊譬之琴瑟不調，甚者必解而更張之，迺可鼓也。爲政而不行，甚者必變而更化之，迺可理也。……今臨政而願治七十餘歲矣，不如退而更化。更化則可善治，善治則災害日去，福祿日來。……夫仁義禮知信五常之道，王者所當修飭也。五者修飭，故受天之祜，而享鬼神之靈，德施於方外，延及羣生也。（對策一）

治道在更改教化。秦以法令爲教，漢當以儒術爲教。

春秋大一統者，天地之常經，古今之通誼也。今師異道，人異論，百家殊方，指意不同，是以上亡以持一統；法制數變，下不知所守。臣愚以爲諸不在六藝之科，孔子之術者，皆絕其道，勿使並進。邪辟之說滅息，然後統紀可一，而法度可明，民知所從矣。（對策三）

以六藝及孔術統一天下之思想，然後治理可臻。六藝與孔術有辨。六藝爲古代之公產，民族之典籍。先秦如儒、墨等各家皆研習之。孔術爲一家言，尊古而尚禮，敬君而教順，爲儒家者流。儒家亦研習六藝，而六藝非儒家之書。董仲舒之對策乃尊儒而非尊經。尊儒則儒家對於經籍之見解，由政治之力量而官文化。太史公贊孔子曰：「自天子王侯，中國言六藝者，折中於夫子。」是六藝之儒說，行於世矣。

建立儒家文化，須培養儒家人材。

故養士之大者，莫大庠太學。太學者，賢士之所關也，敎化之本原也。今以一郡一國之衆，對亡應書者，是王道往往而絕也。臣願陛下興太學，置明師，以養天下之士；數考問以盡其材，則英俊宜可得矣。（對策二）

元朔五年，公孫弘爲相，定文學取士之法，而儒化確立矣。

公孫弘議曰：「聞三代之道，鄉里有敎，夏曰校，殷曰序，周曰庠。其勸善也，顯之朝廷；其懲惡也，加之刑罰；故敎化之行也，建首善自京師始，由內及外。今陛下昭至德，開大明，配天地，本人倫，勸學修禮，崇化厲賢，以風四方，太平之原也。古者政敎未洽，不備其禮，請因舊官而興焉。爲博士官置弟子五十人，復其身。……能通一藝以上，補文學掌故；缺其高第，可以爲郎中者，太常籍奏。卽有秀才異等，輒以名聞。」制曰：「可。」自此以來，則公卿大夫士吏，斌斌多文學之士矣。（史記，儒林列傳）

儒化確立之後，學者皆修儒術，誦儒書。儒書以論語，孟子，荀子三書爲正宗。漢人戴聖總其大成，撰禮記。

第二節　易象

第一段　引言

易象之名，見於春秋之世。

晉侯使韓宣子來聘，且告爲政而來見禮也。觀書於大史氏，見易象與魯春秋，曰：「周禮盡在魯矣。」（左昭二）

韓宣子所見之易象，乃載周易占筮之形象之書。周易當占筮之時，卦排列成象；載此形象之書爲易象。

八卦成列，象在其中矣。（繫辭下）

戰國時，學者以陰陽說解周易。

易以道陰陽。（莊子，天下）

戰國時之書籍，有藏於魏襄王之冢者，後於晉代被人發現。

杜預曰：「會汲郡汲縣有發其界內舊冢者，大得古書，皆簡編科斗文字。……周易及紀年最爲分了。周易上下篇，與今正同，別有陰陽說，而無彖、象、文言、繫辭。」（春秋傳後序）

今本周易十翼中之彖、象，在戰國時未有，當爲後人因左傳中易象之名而造作者。

易傳中之彖、象，其意義相同。

易者，象也。象也者，像也。象者，材也。（繫辭下）　注：材，才德也。彖言成卦之材以統卦義也。

彖者，言乎象者也。（繫辭上）

易傳用文字以記卦之意旨，此與春秋時載卦之形象者有別。

王弼云：「夫彖者，何也？統論一卦之體，明其所由之主者也。……夫象者，出意者也；言者，明象者也。」（周易略例）

易傳中彖象之年代，當在秦漢統一之後。有二條云：

正家而天下定矣。（家人彖）

家以上卽爲天下，未有國別，此當在統一之後。

剛中正，履帝位而不疚，光明也。（履彖）

帝位卽皇帝之位。此在秦漢之時。從此二條，可見彖象作於秦漢時代。秦代焚詩書，故當在漢代。

彖象之思想，有出於論語、孟子二書者。

一、出於論語者。

曾子曰：「君子思不出其位。」（論語）

艮象曰：「君子以思不出其位。」

二、出於孟子者。

（一）

師彖曰：「師，衆也。貞，正也。能以衆正，可以王矣。」

此演述孟子之思想。

孟子曰：「今王與百姓同樂，則王矣。」（梁惠王下）

（二）

乾彖曰：「乾道變化，各正性命。」

性命二字聯用出於孟子。

孟子曰「性也有命焉……命也，有性焉」（盡心下）

彖象之作，當在漢代提倡論語孟子二書之時。

趙岐云「漢興除秦虐禁開延道德孝文皇帝欲廣遊學之路，論語孝經孟子爾雅皆置博士。」（孟子題辭）

故彖、象爲漢文帝時博士所作。

彖與象或爲二人所作。彖之思想，接近老子；而象之思想，接近孔子。

第二段　宇宙學

易彖陳述關於宇宙之哲理。

唯君子爲能通天下之志。（同人）

宇宙有其恆常，歷久而不敝。

天地之道恆久而不已也利有攸往，終則有始也日月得天而能久照。四時變化而能久成。……觀其所恆而天地萬物之情可見矣。（恆）

宇宙有其自然之運行。

天地以順動，故日月不過，而四時不忒。（豫）

此運行爲對動的，調劑的。

天道下濟而光明，地道卑而上行。天道虧盈而益謙，地道變盈而流謙，（謙）

日中則昃，月盈則食。天地盈虛，與時消息。（豐）

天地調劑而萬物生長。

天地相遇，品物咸章也。（姤）

天地感而萬物化生。（咸）

天尤爲宇宙中之主要勢力。

天施地生，其益无方。（益）

大哉乾元，萬物資始，乃統天。雲行雨施，品物流形。大明終始，六位時成，時乘六龍以御天。乾道變化，各正性命，保合太和，乃利貞。首出庶物，萬國咸寧。（乾）

第三段　人生學

易象爲人生哲學。

人應自立。

恆，君子以立不易方。

大過，君子以獨立不懼，遯世无悶。

應自强。

天行健，君子以自強不息。

須修德行。

小畜，君子以懿文德。

升，君子以順德積小以高大。

修德之方法一爲以德爲鄰。

漸，君子以居賢德善俗。

二爲以善爲友。

遯，君子以遠小人不惡而嚴。

學善而去惡。

益，君子以見善則遷有過則改。

大有，君子以遏惡揚善順天休命。

自處則修省。

蹇，君子以反身修德。

震，君子以恐懼修省。

三爲寡欲崇儉。

損，君子以懲忿窒慾。
否君子以儉德辟難，不可榮以祿。
四爲行禮厚物。
大壯，君子以非禮弗履。
咸，君子以虛受人。
坤，君子以厚德載物。
德行具則自昭遂志。
晉，君子以自昭明德。
困，君子以致命遂志。
人除修德外，應求知。求知之方法，一爲學古。
大畜，君子以多識前言往行，以畜其德。
二爲辨物。
同人，君子以類族辨物。
未濟，君子以愼辨物居方。
三爲講習。

兌，君子以朋友講習。

人之應世爲言行；人宜愼言力行。

頤，君子以愼言語，節飮食。

家人，君子以言有物，而行有恆。

蒙，君子以果行育德。

第三節　大學

第一段　引言

經籍中有禮經。漢書藝文志禮家著錄經十七篇。禮經又名儀禮或士禮。漢代學者傳授之。

漢興，魯高堂生傳士禮十七篇。訖孝宣世，后倉最明。戴德，戴聖，慶普，皆其弟子，三家立於學官。（漢書藝文志）

高堂生及后倉皆武帝時之學者。武帝立五經博士，后倉爲禮經博士。

武帝立五經博士，書唯有歐陽，禮后，易楊，春秋公羊而已。（漢書儒林傳贊）

后氏爲學官，有所著述。漢書藝文志禮家載曲臺后倉九篇。

倉說禮數萬言，號曰后氏曲臺記，授沛聞人通漢子方，梁戴德延君，戴聖次君，沛慶普孝公。孝公爲東平太傅，德號大戴，爲信都太傅，聖號小戴，以博士論石渠，至九江太守。由是禮有大戴，小戴，慶氏之學。（漢書儒林傳）

戴聖繼后倉爲禮經博士，撰禮記四十九篇。

孔穎達云：「按別錄禮記四十九篇。」（禮記正義，樂記）

戴德撰禮記八十五篇，號大戴記。班固合二戴所撰得百三十一篇，稱之曰記，著於藝文志之禮家。

戴聖於武、宣時，爲學官，值儒學初興之際。學者皆誦習儒籍，而戴聖亦深受孟子與荀子二書之影響。其所撰之禮記，多取材於前人之著述，其思想則與孟子甚爲接近。禮記一書，爲儒家學說之總集成。

宋淳熙間，朱熹取禮記中之大學、中庸二篇，合論語與孟子二書而成四書。元延祐間，舉行四書科舉。

第二段　本論

大學爲治政之學。

鄭玄云：「大學者，以其記博學，可以爲政也。」（禮記目錄）

政事乃社會內上層階級或大人之職務。

朱熹云：「大學者，大人之學也。」

大學之思想，出於孟子。戴聖取孟子大人之說而組成大學。孟子書中有大人。

孟子曰：「有大人者，正己而物正者也。」（盡心上）

孟子曰：「大人者，不失其赤子之心者也。」（離婁下）

大人正己而存心，保存本心即爲誠。

孟子曰：「誠身有道，不明乎善，不誠其身矣。是故誠者，天之道也；思誠者，人之道也。至誠而不動者，未之有也。不誠，未有能動者也。」（離婁上）

孟子曰：「萬物皆備於我矣，反身而誠，樂莫大焉。」（盡心上）

誠心，然後身正身修。身修，則國與天下平治矣。

孟子曰：「行有不得者，皆反求諸己，其身正而天下歸之。」（離婁上）

孟子曰：「君子之守，修其身而天下平。」（盡心下）

修身而家族亦敦睦。

孟子曰：「人人親其親，長其長，而天下平。」（離婁上）

故誠心，修身，睦家，治國，平天下，爲一貫之事。

孟子曰：「天下之本在國，國之本在家，家之本在身。」（離婁上）

此皆爲大人之事。

戴聖將孟子此種思想組成系統而成大學。大學有三綱領。

大學之道，在明明德，在親民，在止於至善。（大學）

第一，大人須知天顯明天之明命於人類社會內。

大甲曰：「顧諟天之明命。」（大學）

天之明命卽天之本德，卽爲誠。孟子曰：「誠者，天之道也。」

第二，大人須親民，卽治民。

第三，大人須止於至善。善卽孟子所謂人之本性爲善。人能明其本性，卽能正其身。孟子曰：「不明乎善，不誠其身矣。」人在社會與宇宙之內，同屬一體。人性爲善，宇宙亦爲善。人之行爲，若能和協於人與物之際，則止於至善矣。

大人秉此三綱而實行之，其實行之法如下：

古之欲明明德於天下者，先治其國。欲治其國者，先齊其家。欲齊其家者，先修其身。欲修其身者，先正其心。欲正其心者，先誠其意。欲誠其意者，先致其知。致知在格物。物格而后知至。知至而后意誠。意誠而后心正。心正而后身修。身修而后家齊。家齊而后國治。國治而后天下平。（大學）

實行之起點爲格物。物卽萬物。萬物屬於宇宙，人亦然；是萬物與人爲一。孟子曰：「萬物皆備於我矣。」人能明人之性，卽能明物之性。人能正己，卽能正物。故孟子曰：「大人者，正己而物正者也。」人能明人與物之性，卽明宇宙之性。宇宙有自然秩序與運行。宇宙爲善爲誠。人能誠，則社會內，宇宙內之秩序可以保持，而家國天下齊平矣。此種情態爲「至善」，亦爲大人應爲之事。大學此意乃述孟子之思想，而孟子之思想得於老子。

第四節　中庸

中庸為禮記之一篇。沈約以為子思子所作，實為臆說。中庸與大學同屬於禮記，皆為戴聖所作。其論證如下。

一、戴聖作大學與中庸；二篇內有相同之言論。

大學曰：「所謂誠其意者，毋自欺也，如惡惡臭，如好好色，此之謂自謙；故君子必慎其獨也。」

中庸曰：「莫見乎隱，莫顯乎微，故君子慎其獨也。」

二、戴聖為梁人，其所著書，有道及本地景況者。梁地有名山曰華嶽。梁地在華山之南。

華陽黑水惟梁州。（禹貢）

戴聖於中庸內引用本地之華山為喻。

及其廣厚，載華嶽而不重。（中庸二六）

中庸為記中和之書。

鄭玄云：「中庸者，以其記中和之為用也。」（禮記目錄）

中庸亦演述老、孟之思想，一、述老子之思想。

不見而章，不動而變，無爲而成。（中庸二六）

二、述孟子之思想。

（一）

孟子曰：「仁也者，人也。」（盡心下）

中庸曰：「仁者，人也。」（二十）

（二）

孟子曰：「仁者如射。射者正己而後發。發而不中，不怨勝己者，反求諸己而已矣。」（公孫丑上）

中庸曰：「子曰射有似乎君子，失諸正鵠，反求諸其身。」（十四）

中庸論中和之道。

天命之謂性，率性之謂道，修道之謂教。道也者，不可須臾離也；可離，非道也。是故君子戒慎乎其所不睹，恐懼乎其所不聞。莫見乎隱，莫顯乎微，故君子慎其獨也。喜怒哀樂之未發，謂之中，發而皆中節，謂之和。中也者，天下之大本也，和也者，天下之達道也。致中和，天地位焉，萬物育焉（一）

率性爲道，乃性善說，天命爲性，乃人性與宇宙相通。

自誠明謂之性，自明誠謂之教，誠則明矣，明則誠矣。唯天下至誠，爲能盡其性。能盡其性，則能盡人之性，能盡人之性，則能盡物之性，能盡物之性，則可以贊天地之化育，可以贊天地之化育，則可以與天地參矣。（二一）

人生與宇宙爲一大和諧。

第五節 禮運

戴聖陳述其政治理想於禮記中之禮運篇。

大道之行也，天下爲公，選賢與能，講信修睦。故人不獨親其親，不獨子其子。使老有所終，壯有所用，幼有所長。矜寡孤獨廢疾者，皆有所養。男有分，女有歸。貨惡其棄於地也，不必藏於己。力惡其不出於身也，不必爲己。是故謀閉而不興，盜竊亂賊而不作。故外戶而不閉，是謂大同。

今大道既隱，天下爲家，各親其親，各子其子。貨力爲己。大人世及以爲禮，城郭溝池以爲固。禮義以爲紀，以正君臣，以篤父子，以睦兄弟，以和夫婦，以設制度，以立田里，以賢勇知，以功爲己。故謀用是作，而兵由此起。禹、湯、文、武、成王、周公，由此其選也。此六君子者，未有不謹於禮者也，以著其義，以考其信，著有過，刑仁講讓，示民有常。如有不由此者，在執者去，衆以爲殃。是謂小康。

大同之世，爲政治之極致。然不易實現，於是有小康之世。小康之世，爲禮制文物之社會；以文明建設求人羣之福利。大同與小康之分別，在大同之社會爲公，而小康之社會爲私。爲公則以社會爲基礎，爲私則以個人爲基礎。爲公則求公益，爲私則求私利。在公益中個人可以求得幸福，而在私利中社會不能求得樂利。此大同之所以優於小康也。

戴聖之政治理想，與人性論有密切之關係。若人性為善，則有大同之社會。若人性為惡，則有小康之社會。大同社會為人類美滿之社會，然大道常隱，莫由實現。於是人類祇有小康社會。然則人性或為惡者與？人性為惡，則大同社會終至可望而不可卽，永為人類努力之鵠的而已。

第二十章　結論

明鏡者，所以察形也。往古者，所以知今也。——戴德

第一節　哲學

天地設而萬物生焉。萬物中以人爲貴。

惟天地萬物父母，惟人萬物之靈。（書泰誓）

人有其本性，有其衝動。人生之基本衝動有二，一爲生育衝動，二爲生存衝動。人生之事業，乃此二大衝動之運用。

故人者，天地之心也，五行之端也，食味別聲被色而生者也。（禮記禮運）

食與聲色，卽告子所謂之「食色，性也。」人之本性作用，一曰求食，卽生存之活動；二曰求色，卽生育之活動。人秉此二大要求而活動，於是創造世界之文化與文明。人爲世界之建設者。

男者，任也；子者，孳也。男子者，言任天地之道，如長萬物之義也。故謂之丈夫。丈者，長也；夫者扶也；言長萬物也。知可爲者，知不可爲者；知可言者，知不可言者；知可行者，知不可行者。是故審論而明其別，謂之知，所以正夫德者。女者，如也；子者，孳也。女子者，言如男子之敎而長其義理者也。（大戴記本命）

人生二大衝動，影響於人類社會之構成。古代社會內，有一部分人士擔任生育衝動所發展之事務；另一部分人士擔任生存衝動所發展之事務。此種人生作務之劃分，乃有社會階級之形成。

從生育內產生新生命。生命爲何？人莫得其解。於是有一種神秘誠虔之心理發生，以爲宇宙內有一奧秘深幽之勢力，爲一切事物之主宰，爲人類生命之源泉，爲宇宙萬變之總因。此勢力宜受尊敬，宜受禮拜。由此而產生宗教。

生存乃維持現有之生命。人生包含欲望甚多。此等欲望皆要求滿足，於是從事勞作以遷變物質而滿足欲求。此即爲經濟。

太史公曰：「至若詩書所述虞夏以來，耳目欲極聲色之好，口欲窮芻豢之味，身安逸樂而心誇矜勢能之榮，使俗之漸民久矣。……故待農而食之，虞而出之，工而成之，商而通之。此寧有政教發徵期會哉？人各任其能，竭其力，以得所欲。……故曰：天下熙熙，皆爲利來；天下壤壤，皆爲利往。」（史記，貨殖列傳）

經濟工作乃求生命之利益，而生命得以維持其本狀。

人類社會內有一部分人擔任宗教性質之工作，此爲君子階級。另一部分人擔任經濟性質之工作，此爲小人階級。

人類之文化隨其社會工作之性質而分別發展。中國古代文化依君子與小人二階級而嬗變。君子階級處社會之上層，故其思潮尤爲發達，衍分數派。

中國古代學術之派系可以圖表錄之。

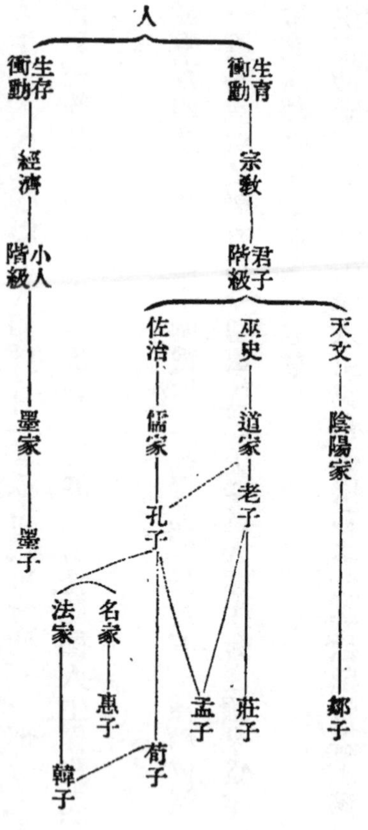

先秦學術依君子與小人二階級而發達。君子階級之工作，其重要者有天文、巫史、佐治三項。由此三項工作而發展出陰陽家、道家、儒家。由儒家又發展出名家與法家。故君子階級之思潮有五派，小人階級發展出墨家，祇一派。

先秦六家各有獨創之學說，漢代學者司馬談纂論各家之要義

談爲太史公。太史公仕於建元、元封之間，愍學者之不達其意而師悖，乃論六家之要旨。

(一)陰陽家

竊嘗觀陰陽之術，大祥而衆忌諱，使人拘而多所畏。然其序四時之大順，不可失也。

夫陰陽四時八位十二度二十四節，各有敎令，順之者昌，逆之者不死則亡，未必然也。故曰：使人拘而多畏。夫春生夏長秋收冬藏，此天道之大經也，弗順則無以爲天下綱紀；故曰：四時之大順，不可失也。

(二)道家

道家使人精神專一，動合無形，贍足萬物。

道家無爲，又曰無不爲。其實易行，其辭難知。其術以虛無爲本，以因循爲用。無成勢，無常形，故能究萬物之情。不爲物先，不爲物後，故能爲萬物主。有法無法，因時爲業。有度無度，因物與合。故曰：聖人不朽，時變是守。

(三)儒家

儒者博而寡要，勞而少功，是以其事難盡從。然其序君臣父子之禮，列夫婦長幼之別，不可易也。

夫儒者以六藝爲法。六藝經傳以千萬數，累世不能通其學，當年不能究其禮，故曰：博而寡要，勞而少功。若夫列君臣父子之禮，序夫婦長幼之別，百家弗能易也。

(四)名家

名家使人儉而善失眞，然其正名實，不可不察也。

名家苛察繳繞，使人不得反其意，專決於名而失人情，故曰：使人儉而善失眞。若夫控名責實，參伍不失，此不可不察也。

(五)法家

法家嚴而少恩；然其正君臣上下之分，不可改矣。

法家不別親疏，不殊貴賤，一斷於法，則親親尊尊之恩絕矣。可以行一時之計，而不可長用也。故曰嚴而少恩。若尊主卑臣，明分職，不得相踰越，雖百家不能改也。

(六)墨家

墨者儉而難遵，是以其事不可偏循；然其彊本節用，不可廢也。

墨者亦尚堯舜道，言其德行曰：堂高三尺，土階三等，茅茨不剪，采椽不刮。食土簋，啜土刑，糲粱之食，藜藿之羹。夏日葛衣，冬日鹿裘。送死桐棺三寸，舉音不盡其哀。教喪禮，必以此爲萬民之率。使天下法若此，則尊卑無別也。夫世異時移，事業不必同；故曰儉而難遵。要其彊本節用，則人給家足之道也。此墨子之所長，雖百家不能廢也。

六家馳騁於戰國之世；迨至戰國末葉，風行於世者爲儒墨二家，亦即君子思潮與小人思潮競爭激烈之時。

韓非曰：「世之顯學，儒、墨也。儒之所至，孔丘也。墨之所至，墨翟也。」(顯學)

秦代統一，不崇學術。漢代至武帝之時，始定尊儒之政策。自此以後，諸家皆以衰微矣。

第二節　史學

中國歲紀緜邈，自洪荒以至開明，不知若干時矣。文物之起，始於農業生產時代，農業由神農氏所創作，故中國之文化史斷自神農氏。神農氏以前，杳茫難徵信。

太史公曰：「夫神農以前，吾不知已。」（史記貨殖列傳）

神農爲苗族之酋長，與華族之酋長黃帝互相爭雄，卒爲黃帝所滅。自此以後，中國史進入文化時代，與邃古之野蠻時代迥不相侔。

中國文化史期，始於黃帝、伯禹之時。中國文化史期可分爲三大時期。

一、列國期。

自黃帝起至戰國之結束，約二千餘年，爲列國期。此期爲中國文化史期之序期。中國當草昧時代，天下散亂，毫無組合。然男女有交接，有生育，所生育之幼弱，依附其母，此爲人類原始之組合。此後而形成母系社會。社會已成，而生存問題轉至重要位置。最初之生存形式爲漁獵生產，後轉至牧畜生產，而母系社會亦變至父系社會。當此之時，天下有無數之部落，各自爲政，各不相涉。部落爲散漫人羣之略有集中之組合。部落有逐漸强大者，於是修武備，以稱雄長。稱雄爲全人羣有向中之趨勢。然稱雄不能固定，隨起隨伏。至禹之時，武備修明，能維持稱雄至數世之久，此乃有朝代之建立。然衆部落仍保持其獨立狀態。朝代爲全人羣向中之更進一步表現。至周代之始，曾滅多國而封建多國，是中央之權力更大。至秦始皇兼併六國而成大一統之局面，而列國期止於此。在列國期內，中華民族由散漫而至組合，由多而至一。民族文化則有君子與小人二大思潮。

二、皇國期

自秦始皇稱帝至清代之覆亡，約二千餘年，爲皇國期。此期爲皇帝一統之政治。社會內有上下階級之分。社會之重心，繫於上層階級。社會內之制度、作業、教化等，皆以擁護上層階級之利益爲依歸。下層階級在此時期無本身之價值與注意。社會之福利，齊聚於上層階級。

皇國期之社會以上層階級爲重心，而上層階級擔任人類生育奮動所發展之工作，其重要者爲宗敎。故皇國期之文化爲宗敎文化。宗敎文化以情感爲基礎。此期之中心敎訓爲愛，爲古代希臘哲人所謂之「伊洛思」(Eros)。

三、民國期

自辛亥革命，民國成立，至此後二千餘年，爲民國期。此期爲國民一統之政治，社會內無階級之劃分，凡國內人士皆爲國民。社會之組織乃爲中華民族全體求福利。

民國期之社會，乃由民衆推倒貴族而設立。民衆擔任人類生存奮動所發展之工作，故民國期之文化爲經濟文化。經濟文化以理智爲基礎。此期之中心教訓爲理，爲古代希臘哲人所謂之「羅閣思」（Logos）。

中國古代哲學史終

中華哲學叢書
中國古代哲學史

作　　者／陳元德　著
主　　編／劉郁君
美術編輯／中華書局編輯部

出 版 者／中華書局
發 行 人／張敏君
行銷經理／王新君
地　　址／11494 台北市內湖區舊宗路二段181巷8號5樓
客服專線／02-8797-8396　　傳　　真／02-8797-8909
網　　址／www.chunghwabook.com.tw
匯款帳號／兆豐國際商業銀行　東內湖分行
067-09-036932　中華書局股份有限公司

法律顧問／安侯法律事務所
印刷公司／維中科技有限公司　海瑞印刷品有限公司
出版日期／2015年7月台五版
版本備註／據1978年9月台四版復刻重製
定　　價／NTD 490

國家圖書館出版品預行編目（CIP）資料

中國古代哲學史 / 陳元德著.　— 台五版. —
台北市 : 中華書局, 2015.07
面 ; 公分. —(中華哲學叢書)
ISBN 978-957-43-2520-7(平裝)

1.中國哲學史 2.先秦哲學

120.9　　104009905

NO.B0002
ISBN 978-957-43-2520-7（平裝）

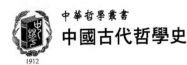